American Policy in the Middle East

高尚涛 ◎ 主编

美国中东政策分析

当代世界出版社
THE CONTEMPORARY WORLD PRESS

图书在版编目（CIP）数据

美国中东政策分析 / 高尚涛主编. -- 北京：当代世界出版社，2024.3
ISBN 978-7-5090-1818-7

Ⅰ.①美… Ⅱ.①高… Ⅲ.①美国对外政策-中东问题-研究 Ⅳ.①D871.20②D815.4

中国国家版本馆 CIP 数据核字（2024）第 035853 号

书　　名：	美国中东政策分析
作　　者：	高尚涛 主编
出 品 人：	吕　辉
策划编辑：	刘娟娟
责任编辑：	魏银萍　姜松秀
出版发行：	当代世界出版社
地　　址：	北京市地安门东大街 70-9 号
邮　　编：	100009
邮　　箱：	ddsjchubanshe@163.com
编务电话：	(010) 83908377
发行电话：	(010) 83908410 转 806
传　　真：	(010) 83908410 转 812
经　　销：	新华书店
印　　刷：	廊坊市印艺阁数字科技有限公司
开　　本：	710 毫米×1000 毫米　1/16
印　　张：	16.875
字　　数：	227 千字
版　　次：	2024 年 3 月第 1 版
印　　次：	2024 年 3 月第 1 次
书　　号：	ISBN 978-7-5090-1818-7
定　　价：	88.00 元

法律顾问：北京市东卫律师事务所　钱汪龙律师团队　(010) 65542827
版权所有，翻印必究；未经许可，不得转载。

目 录

前 言 / 1

第一章　美国中东政策研究回顾 / 1
一、伙伴关系研究回顾 / 1
二、美以特殊关系研究回顾 / 11
三、经济因素研究回顾 / 17
四、大国竞争因素研究回顾 / 24

第二章　美国中东政策中的伙伴关系因素 / 28
一、伙伴关系与美国中东政策研究引论 / 28
二、美国坚持维护阿拉伯伙伴关系的战略 / 31
三、美埃外交行为与伙伴关系落地 / 40
四、伙伴关系考虑对美国中东政策的影响 / 50
五、结语 / 61

第三章　美国中东政策中的美以特殊关系因素 / 69
一、美以特殊关系与美国中东政策研究引论 / 69
二、美以特殊关系的背景 / 71
三、美以特殊关系对美国中东政策的重要影响 / 79
四、美以特殊关系在美国外交行动中的表现 / 91
五、美国维护美以特殊关系的影响 / 121
六、结语 / 123

第四章 美国中东政策中的经济因素 / 125
一、经济因素与美国中东政策研究引论 / 125
二、美国政府对其中东经济利益的表述 / 129
三、美国政府维护其中东经济利益的行动 / 153
四、结语 / 191

第五章 美国中东政策中的大国竞争因素 / 194
一、大国竞争因素与美国中东政策研究引论 / 194
二、域外大国与美国中东政策 / 196
三、域外大国对美国中东政策影响的实例分析 / 210
四、美国对中国角色认知变化的影响 / 218
五、结语 / 220

后　记 / 222

参考文献 / 226
一、中文文献 / 226
二、英文文献 / 242

前　言

中东是我们研究的主要地区。自古以来，中东地区便备受世界各国瞩目。新航路开辟后，欧洲各国开始向东扩张，并依照距离远近，将中国、日本等东亚国家命名为"远东"，将奥斯曼帝国境内的巴尔干半岛、埃及和黎凡特地区命名为"近东"。① 1900 年，波斯帝国银行行长、英国将军托马斯·戈登首次将波斯和阿富汗一带称为"中东"，明确了近东和远东之间的界限。② 1920 年，奥斯曼帝国行将崩溃之际，英国皇家地理学会常设地名委员会将近东的范围限定在巴尔干半岛内，中东逐渐成为自小亚细亚半岛至伊朗高原之间所有国家和地区的统称。③ 美国政府对中东的认识同样是一个漫长的过程。1947 年 3 月，美国总统杜鲁门在国会发表讲话，表示美国将土耳其的领土完整视作"维护中东秩序不可或缺的关键"，代表美国政府承认了这一地理名词的合法性。④ 1957 年，美国国务卿杜勒斯在阐述艾森豪威尔主义时正

---

① 朱和海：《"中东"的由来、性质、使用和内涵等问题考》，载《西亚非洲》，2014 年第 3 期，第 151—154 页。

② Thomas Edward Gordon, "The Problems of the Middle East", *Nineteenth Century*, Vol. 37, 1900, pp. 413–414.

③ Roderic H. Darison, "Where Is the Middle East", *Foreign Affairs*, Vol. 38, 1960, pp. 665–675.

④ 张士智、赵慧杰：《美国中东关系史》，北京：中国社会科学出版社，1993 年版，第 105 页。

式将中东定义为"北起叙利亚和伊拉克、南达阿拉伯半岛及苏丹和埃塞俄比亚、西接利比亚、东至巴基斯坦范围内的广大地区",并表示美国愿意对前者内部的所有国家提供经济和军事援助,以此阻滞苏联南下扩张的步伐。① 综上所述,人们对中东地区有着各种各样的称呼。

本书整体上采用了实证研究的设计,需要统一主要概念的界定和遵循统一的案例选择标准。在本书中,"中东"主要是一个地缘政治和文化概念,不仅被用来指一系列的政治国家,也被用作"一种社会和文明的文化名称"。② 在我国,"中东"主要指从地中海东部、南部到波斯湾沿岸的部分地区,在我国的官方文献中被称为"西亚北非地区"。狭义概念上的"中东"主要包括巴林、埃及、伊朗、伊拉克、以色列、约旦、科威特、黎巴嫩、阿曼、卡塔尔、沙特、叙利亚、巴勒斯坦、阿联酋、也门、土耳其这16个国家。广义上的"中东"一般在上述基础上加上塞浦路斯、苏丹、摩洛哥、突尼斯、利比亚、阿尔及利亚和毛里塔尼亚等国。本书所指的中东国家主要是指狭义上的中东国家。"阿拉伯国家"是指主要由阿拉伯人构成并由阿拉伯人统治的国家。阿拉伯人是指在中东地区说阿拉伯语、认同阿拉伯文化、具有阿拉伯身份认同的人。阿拉伯国家都信仰伊斯兰教,有着相似的风俗习惯。与之类似的一个概念是"伊斯兰国家"(或者"穆斯林国家")。"伊斯兰国家"主要是指以伊斯兰教为国教和大多数居民信奉伊斯兰教的国家。相较于阿拉伯国家,伊斯兰国家强调的是伊斯兰教信仰,它不仅包括主要分布在中东地区的阿拉伯国家,还包括中东地区以非阿拉伯民族为主体的伊朗、土耳其等国,以及世界各地以伊斯兰教为国教的国家和地区,比如巴基斯坦、马来西亚等国。

美国中东政策是本书研究的另一个主要内容。华盛顿早在1909年

---

① Roderic H. Darison, "Where Is the Middle East", *Foreign Affairs*, Vol. 38, 1960, pp. 665–675.

② 西德尼·内特尔顿·费希尔著,姚梓良译:《中东史》,北京:商务印书馆,1980年版,第1页。

便设立近东事务局,以此帮助本国资本寻找新的原料产地和商品市场,同时以经济手段扩大自身在西半球之外的政治影响力。① 1919年巴黎和会召开期间,威尔逊正式提出"十四点提议",大力推动各殖民地人民实现"民族自决",而这其中自然包括中东国家。② 在二战结束、美苏对峙的背景下,美国政府先后推出杜鲁门主义和艾森豪威尔主义,试图通过对以土耳其等中东国家为代表的第三世界国家提供经济和军事援助,从而防止"共产主义入侵",巩固并扩大美国主导的"自由世界"。③ 由此一来,美国对中东外交进入全新阶段,华盛顿的中东政策也逐渐系统化。为了深入了解美国制定中东政策的主要考量及其在中东地区的外交行动,我们设计了本书的研究任务。

本书研究的核心问题是,美国制定中东政策的重要考虑有哪些?为了深入回答这一研究问题,我们设计了以下研究步骤:首先,在研究筹备阶段,研究团队成员共同对美国外交政策的代表性文件和文献进行收集和整理,从中归纳出美国制定中东政策的常见要素,并从中选取四个主要要素,进行深入研究。其次,研究团队成员每人负责一个要素,围绕一个核心问题"某个因素是美国制定中东政策的重要考虑吗?",进行文本层面和外交行为层面的双重分析,在充分研究的基础上作出判断。判断结果可对中国在中东地区的外交决策提供参考。

研究人员的具体研究步骤如下:第一步,研究者系统阅读美国政府(白宫、国务院、国防部)、国会(参议院和众议院)、智库的有关报告和研究文章、学术著作,从这些文献中研判,某个因素是否是美国制定中东政策的重要考虑。如果答案是肯定的,就可以进入第二步

---

① Harold F. Williamson, et al. *The American Petroleum Industry (1899 - 1959)*, Evanston, I. L.: Northwestern University Press, 1959, p.295.

② "President Woodrow Wilson's Fourteen Points", https://avalon.law.yale.edu/20th_century/wilson14.asp.

③ Michael Beschloss, *Our Documents: 100 Milestone Documents from the National Archives*, Oxford: Oxford University Press, 2006, pp.194 - 199; "The Eisenhower Doctrine, 1957", https://history.state.gov/milestones/1953-1960/eisenhower-doctrine.

研究，通过选取和考察美国政府在特定时间段内的中东外交行动，判断美国是否在实际行动中贯彻了这一政策考虑。经过这两个方面的研究论证，我们可以较好地证明，某个因素的确是（或不是）美国制定中东政策的重要考虑。如果研究的结论是肯定的，即某个因素是美国制定中东政策的重要考虑，那么，我们就可以进一步将其作为中国在中东地区进行决策的参考。

整个研究任务的分工如下：高尚涛负责研究任务的制定、研究框架的设计和研究队伍的组建、组织和协调，负责确定主要研究问题和整体研究思路，负责确定研究标准并追踪研究进程，并对最终研究结果进行审核和修改。负责具体撰写任务的研究队伍成员包括高尚涛和尹浩然、叶羽、张子健、王姝铮等外交学院2020级硕士研究生。具体写作分工是：高尚涛负责前言、第一章和后记，尹浩然负责第二章，叶羽负责第三章，张子健负责第四章，王姝铮负责第五章。

文本分析是本书的主要研究方法。文本研究是语言学的一个基本研究方法，现在也是人文社科领域较为常用的研究方法之一。文本研究既包括分析文本的形式也包括分析文本的意义和功能；也包括文本自身的生产也包括文本的分析、理解和应用。① 文本分析这一研究方法在实践运用中已经得到了比较专业化的发展，比如法律语篇研究、新闻语篇研究、政治语篇研究等。国际关系研究中最常见的研究方法就是文献研究法和调查研究法的结合。② 国际关系的研究者通常不是国际事件的亲历者，难以在现场对事件进行直接的观察和研究。受此限制，国际关系研究人员的直接研究对象就是各类文本和文献，文本解读和分析也就成为国际关系研究的基础。文本根据发布主体不同可以大致分为三类：第一类是各个国际关系主体在进行国际交往的过程中发布的正式文本，如条约、声明、公报等；第二类是媒体对国际关系行为体的交往互动进行报道产生的文本，如通讯、新闻评论等；第三类是

---

① 吴宪忠、李景富：《现代文本研究综述》，载《情报科学》，2008年第8期，第1227页。
② 阎学通、孙学峰：《国际关系研究实用方法》，北京：人民出版社，2001年版，第34页。

各类学术研究主体发布的研究性文本,如专著、论文等。其中,国家作为国家关系的主要行为主体,在参与国际交往互动的过程中发布的各种文本(如政府报告、领导人讲话等)既权威又严谨,对研究者而言具有较高的研究价值,是了解和分析这些国家政策意图及政治态度的最直接研究材料之一。

英国语言学家诺曼·费尔克拉夫在他的代表作《话语与社会变迁》中提出,话语与社会之间存在一种辩证关系:一方面社会结构决定话语,话语受到社会结构的限制;另一方面话语建构了社会,话语可以改变社会;同时,话语也可以作为政治实践,用于建立、维护和改变权力关系和权力实体。他将话语分析划分为三个向度:文本向度(文本语言本身)、话语实践向度(文本的产生及解释)和社会实践向度(文本对社会现实的建构)。[1] 将这一分析方法借鉴应用到国际关系领域,可以尝试建立这样一种分析框架,即国际关系行为体国家,发布的正式文本如何认知、定义当时国际关系中的事件和人物,而这样的认知、定义赋予这些事件和人物怎样的含义,以及这样的含义如何影响和建构国际关系中的后续"事实"。这一思路对本研究极为重要。

比较研究也是文本分析的重要方法之一。在不同的政府执政时期,其政策文本表述的风格、内容可能存在较大的差异。此外,国际局势和国家战略也可能存在较大差异。通过比较不同时期政府文件中的文本差异,可以帮助我们更好地理解美国政府对域外大国的认知调整,进而分析这种调整可能带来的政策变化。此外,通过比较同一主体对不同客体的认知变化,有助于我们分析主体认知过程中具有确定性的一面,为其他客体提供参考。

在本研究过程中,文本的选择是基础与核心,文本的解读是关键,即通过把握美国对参与中东地区事务域外大国角色和行为的认知及认知的变化,来判断这一因素是否会对美国制定其中东政策产生影响。

---

[1] 诺曼·费尔克拉夫著,殷晓蓉译:《话语与社会变迁》,北京:华夏出版社,2003年版,第4页。

对于案例选择的标准，本书主要坚持以下四个原则。①一是选择数据丰富的案例。在选择美国与中东国家的交往案例中，代表性案例应具有丰富的数据，包括美国官方文件、决策者的正式讲话、外交史上的具体记录等。只有翔实的数据支撑，才能方便我们还原当时真实的决策图景，有助于我们理解美国决策者在处理关系时的基本考量和具体想法。二是选择变量存在极值的案例。在案例选择时，通过选择变量有极值的案例可以对结论进行强检验。所谓"强检验"，是指验证结果要么是因为理论起作用，要么是因为理论失败。根据这种定义，选择自变量有极端值的案例进行检验才可能是强检验。因为在这种检验中，如果极端的结果出现了，那它不太可能是其他因素造成的；如果极端的结果没有出现，除了理论的失败外，不可能有别的原因。基于此，在本研究中所选取的案例，也必须是自变量倾向于极大值或极小值的案例，以更好地进行强检验。三是选择自变量、因变量或条件变量随着时空变化而产生案例内较大差异的案例。理论是根据自变量值的变化来对其影响作出的预言，因此案例内自变量值的差异越大，所拥有的可检验的预言就越多。在这种案例中，与研究变量一样，其原因和影响也应当有很大的变化。换句话说，当案例的特征随着研究变量的变化而变化时，即当研究变量的值很高导致各种要素出现时，或者当研究变量的值很低导致各种要素消失时，那么有待确定的原因和影响就得以显现出来。②四是选择具有典型背景特征的案例。在案例选择的过程中，如果选择具有一般性或典型背景条件的案例，那么在这些案例检验中通过的理论更可能具备一般性，即可以被广泛地运用到其他案例。因此在案例选择中，本研究倾向于选择对多个案例都适用的大背景，从而使验证结果更具一般性。

---

① 高尚涛：《国际关系的权力与规范》，北京：世界知识出版社，2008年版，第104—107页。

② 斯蒂芬·范埃弗拉著，陈琪译：《政治学研究方法指南》，北京：北京大学出版社，2006年版，第75—77页。

本书的内容主要包括前言、第一章至第五章、后记。前言对研究背景、研究设计、研究内容、研究方法、研究历程进行了简要说明。第一章主要是文献回顾，系统梳理了本书以前的主要相关研究成果，并对其可能涵义和启发进行了基本总结。

第二章主要讨论美国伙伴关系对其中东政策的影响。这一章的基本观点是：美国政府将中东地区视为其海外利益的自然重心，不得不通过加强与中东阿拉伯国家的关系，以保证自身的能源安全以及在中东投射军事力量的能力。该章通过对自小布什政府以来的美国的国家安全战略报告、国防报告、国情咨文等政策性文件进行分析，得出一个基本假设：伙伴关系考虑的确是影响美国中东政策的重要因素。在此基础上，该章通过对穆巴拉克政府时期的美埃关系进行分析，验证了前面的假设是成立的。该章研究发现，美国通过保障伙伴国安全等方式，使自己拥有了在中东地区的大国影响力，确保了中东成为美国维护全球霸权的重要一环。但是，美阿伙伴关系也越来越受到严峻考验。基于此，中国应继续致力于扩大与阿拉伯国家之间的政治经济合作，为中阿关系的长期稳定发展固本强基。

第三章主要讨论美以特殊关系对美国中东政策的塑造。该章的主要观点是：美以关系是一对特殊的关系，对美国中东政策具有重要影响。美国在中东事务中一直与以色列保持着密切互动，对以色列给予极大支持。该章主要考察"9·11"事件后美以特殊关系对美国中东政策的塑造。在小布什政府时期，美国在巴以问题上尽管支持"两国方案"，但未实质性改变对以色列的偏袒；在奥巴马政府时期，美以两国围绕阿以和平、伊朗核问题，产生了一定摩擦；特朗普政府上台后为修复奥巴马时期受损的美以关系则采取了高度偏袒以色列的对外政策。美国维护美以特殊关系不仅使得巴以问题日益边缘化，而且激发了中东亲美、反美力量之间的博弈，加剧了地区局势的不稳定。

第四章主要探讨经济因素对美国中东政策的影响。该章主要内容是：自 21 世纪以来，确保石油流动等经济因素始终在美国中东政策中扮演重要角色。该章以沙特、阿联酋和埃及三国为研究对象，通过梳理近20年间美国国务院涉及三国的官方报告发现，能源、经贸和军售三个经济因素在美国政府的中东政策中占有重要地位。然后，该章又通过考察白宫的高层互访、政策协调和倡议建设等外交行动，确认了美国在实践层面也非常重视能源安全、贸易投资和军火交易。

第五章主要讨论大国竞争因素对美国中东政策的影响。该章的基本观点是：美国对域外大国的整体性角色认知是变化的，且这种认知的变化也会在中东地区事务中得到体现；美国基于对域外大国在中东地区角色的认知差异，对其自身中东政策进行了调整。即：美国对域外大国的角色认知决定美国对域外大国行为的判断，从而影响美国的中东政策。该章选取伊朗核问题和叙利亚问题为案例，通过观察美国在中东地区的交往互动验证了本章的假设。

在后记中，本书简单讨论了美国中东政策的影响因素对中国在中东地区推动共建"一带一路"和构建人类命运共同体方面所具有的启发作用。

这项研究历时三年多，中间经历了外部环境的巨大变化和研究议程的重新设定。本项研究最初设计的研究思路是：首先，研究团队的主要研究人员，借去美国访学（富布莱特高级访问学者项目）的机会，通过走访美国政府的有关决策者、美国国会的有关政策辩护者、美国智库和高校的有关研究人员，得到美国中东政策制定的第一手资料（零次文献），在此基础上归纳出美国进行中东问题决策需要重点考虑的几个重要因素；随后，在此基础上分析这些因素对美国中东政策制定的影响机制和影响权重，及其在实际外交行动中完整体现出来的程度；最后，描绘出一个美国中东政策决策机制的定性图景，为中国在中东地区推进合作共建提供参考。

但是，由于富布莱特项目被特朗普政府单方面取消了，既定的研究设想无法落实。项目负责人不得已重新设计研究思路，转而尝试在国内通过文献阅读和分析完成研究工作。我们组织外交学院2020级中东方向的硕士研究生加入研究队伍,从通过收集资料确定影响美国中东决策的重要因素开始,一步一步艰难推进。在全球突发新冠疫情的形势下,很多研究活动无法进行,但整个研究活动还是坚持了下来。由于研究团队的条件受限,加之有些团队成员很难完全达到项目设计的要求和标准,导致最终呈现出来的研究成果无法完全达到该项目的设计水平。不足之处主要表现在:一是对文献的收集还不够充分,二是对文献的阅读和归纳不完全到位,三是案例研究做得还不够扎实,四是对策建议的针对性不是很强、可操作化程度有所欠缺。项目负责人在最终提交的研究成果基础上尽量做了优化处理,但系统性问题很难完全纠正过来,留下一定的遗憾。

尽管如此,本书所呈现出来的最终成果,仍具有一定的学术意义和参考价值。本书是目前国内已知的一般性研究美国中东政策及其与中国关系的为数不多的公开出版物之一。本书中提出的很多观点,力求在总结提炼的基础上使其一般化,从而可以为我们提供稳定的指引和启发。正如这个研究项目的设计所要求的,本书的研究不追求跟踪分析那些动态变化的过程,而是尽可能提炼出能够一般性影响美国中东政策的重要因素。这与当前大多数具体分析中东政策动态的研究不同,从而体现出本书的独特价值。

感谢所有研究团队成员的努力付出,感谢外交学院的资助和支持,感谢对本研究提供过各种帮助的专家学者,感谢当代世界出版社的编辑们协力促成本书出版。

高尚涛
2022 年 9 月 28 日

第一章 美国中东政策研究回顾

本书的主要研究任务是:从文本叙述和外交行动两个方面,厘清美国中东政策的主要特征和决定因素。首先我们需要先对学术界关于美国中东政策的研究成果进行简要的梳理和回顾,为本书的研究奠定基础。在此之前,本书通过对已有文献的分析总结,选定了四个与美国中东政策相关性较大的因素,分别是伙伴关系因素、美以特殊关系因素、经济因素、大国竞争因素,本书的文献梳理和回顾也主要从这四个方面进行。

一、伙伴关系研究回顾

目前,国内外学术界对美国中东政策的研究卷帙浩繁,而且从不同角度都有所涉及。结合本章研究的思路,我们将美国中东政策的国内外研究概况集中于美国在中东利益的界定、美国中东政策的影响因素以及美国中东政策的延续和变化这三个方面,从而可以对美国在中东的关切以及政策的延续与变化进行整体性把握。

(一) 学界对美国中东政策的认知

美国在中东的政策是以其在中东的利益为基石的。只有首先明确了美国的核心关切,确定美国在中东的利益有哪些,或者说关注点在哪里,才有助于我们进一步探讨为实现这些利益,美国制定了哪些政策,其中又有什么变量影响了利益的变化以及政策的实现。在对美国中东利益的界定研究方面,国内外学者都进行了系统的研究和总结。

中国社会科学院的王京烈研究员在《整体考察美国的中东政策(上)》一文中将冷战时期美国在中东的主要利益界定为:安全战略利益、保证以色列的生存与安全、控制石油资源,以及经贸四个方面。① 王京烈通过梳理美国的政府文件发现,美国的中东政策同冷战时期相比的主要变化是:在安全战略利益方面将遏制苏联的威胁转变为"遏制激进民族主义国家的挑战,防止大规模杀伤性武器的扩散以及打击恐怖主义"②。中央党校的高祖贵教授将冷战后美国的中东利益分为六个方面:地缘战略利益、石油利益、友邦的稳定和安全、大规模杀伤性武器的扩散、经贸利益,以及其他新凸显的利益,"其实质是确立和保持美国的中东主导地位,服从和服务于美国的全球战略霸权"③。奥巴马在第26届联合国大会上的演讲进一步明确了美国在中东的核心关切,其中包括:保障盟友和伙伴的安全、保障石油以合理的价格流向世界、打击恐怖主义、绝不容忍发展和使用大规模杀伤性武器,以及在中东继续推进所谓"民主"进程。④

在美国在中东的主要利益界定中,最富有变化的非石油莫属。由于页岩油的开发,近些年来美国在石油产量上取得了重大的进展,特别是特朗普公然声称"我们是独立的,我们不需要中东石油"⑤。那么

---

① 王京烈:《整体考察美国的中东政策(上)》,载《阿拉伯世界研究》,2007年第5期,第3—10页。
② 同①,第3—11页。
③ 高祖贵:《冷战后美国的中东政策》,北京:中共中央党校出版社,2001年版,第6页。
④ "Remarks by President Obama in Address to the United Nations General Assembly", https://obamawhitehouse.archives.gov/the-press-office/2013/09/24/remarks-president-obama-address-united-nations-general-assembly.
⑤ "Fact Check: US Not Fully Energy Independent, Yet", https://www.deccanherald.com/international/world-news-politics/fact-check-us-not-fully-energy-independent-yet-792693.html.

当今石油是否还是美国在中东的核心利益？目前学术界整体上仍认为中东石油是美国在中东利益的重要关切。哥伦比亚大学国际和公共事务学院全球能源政策中心教授杰森·博多夫认为，虽然页岩革命加强了美国在经济和地缘政治上的地位，但美国远未实现能源独立，中东石油对美国仍十分重要。① 美国传统基金会研究员尼古拉斯·洛里斯表示，美国对中东石油的依赖程度，虽然与过去相比有所降低，但是中东在未来很长一段时间内在全球石油市场内仍占据很大的份额，严重的供应短缺仍可能给美国消费者和经济带来巨大的痛苦。② 华盛顿近东研究所的迈克尔·辛格表示，中国和美国的东亚盟友都高度依赖从中东进口能源，确保中东能源的自由流动对大国竞争本身至关重要。③

自二战结束后至今，美国在中东的核心利益，虽然在不同时期的侧重点有所不同，但是总的来说没有发生大的变化，这不仅仅是因为美国争夺世界霸权的现实需要没有改变，也更是因为中东丰富的能源、重要的地缘位置以及独特的宗教文化等中东特质没有改变。基于此，美国在中东的核心利益仍可归纳为地缘战略利益、石油利益、盟友的稳定与安全、大规模杀伤性武器的扩散，以及经贸利益这几个方面。

在确定美国的核心利益关切后，美国中东政策的最终落地，必然会受到许多主客观因素的影响。在国内外，有着大量研究美国政策的著述，其中有关美国中东政策的研究也不在少数。专家学者们从不同角度，探析不同变量对美国中东政策的塑造。

高祖贵将制约和影响冷战后美国中东政策的因素主要分为三个方面：美国在中东的利益、中东格局的变化以及欧盟和俄罗斯等对美国

---

① Jason Bordoff, "No, President Trump, the U.S. Isn't Energy-Independent. Middle East Oil Still Matters", https://www.washingtonpost.com/outlook/2020/01/10/no-president-trump-us-isnt-energy-independent-middle-east-oil-still-matters/.

② Nicolas Loris, "Does the United States Still Need Middle East Oil?", https://www.heritage.org/coal-oil-natural-gas/commentary/does-the-united-states-still-need-middle-east-oil.

③ Michael Singh, "U.S. Policy in the Arabian Peninsula: an Evaluation", https://www.washingtoninstitute.org/pdf/view/1884/en.

的挑战和牵制。高祖贵认为,如果说美国在中东利益是决定其中东政策的内因,那么中东格局的变化、欧洲与俄罗斯挑战的发展则是影响美国中东政策的主要外因。它们共同推动冷战后美国中东政策的发展和演变。①美国中东政策委员会的研究人员菲利普·戈登、迈克尔·多兰、乔恩·奥尔特曼认为,中东地区的秩序演变有内在的动力和趋势,美国并不能改变多少。美国政府所做的,无非是在界定美国利益的基础上,通过这样或那样的政策方式,引导地区形势和秩序向着有利于美国的方向转变。对获得和投入的不同认识和理解,决定了不同美国政府采取不同的目标和路线。李睿恒认为,美国根据自身的国内政治状况、国际战略、中东利益、对伊拉克政策和地区形势的具体变化,不断调整在库尔德问题上的政策,谋求美国在中东的霸权地位。②

此外,还有许多学者从不同角度探究不同变量的影响。其一,美国的政体对美国中东政策的影响。首先是国会的作用。樊为之认为,美国国会通过自身拥有的权力和独特的运作模式,对美国的中东政策产生了深远影响。例如,国会在有关美国对中东的经济和军事援助以及对有关国家制裁方面起着重要的作用。③其次是总统特质的影响。在尹继武等学者所写的《特朗普的政治人格特质及其政策偏好分析》一文中,基于对特朗普人格特质的问卷评定数据,得出了特朗普人格特质的五个维度,这五个维度的特质决定了他打破传统、善于战略欺骗和谈判、行动力和执行力强、凭个人直觉决策、追求尊重和利益交换、报复心强等诸多政策和行为偏好。④王锦认为,特朗普极度渴望名声、追求高回报同时敢于冒险等特质决定了他想在中东问题上全面推进自

---

① 高祖贵:《冷战后美国的中东政策》,北京:中共中央党校出版社,2001年版,第205页。
② 李睿恒:《美国对伊拉克库尔德问题政策的演变》,载《美国研究》,2018年第5期,第84—110页。
③ 樊为之:《美国国会对美国中东政策的作用和影响》,载《西亚非洲》,2008年第9期,第73—78页。
④ 尹继武、郑建君、李宏洲:《特朗普的政治人格特质及其政策偏好分析》,载《现代国际关系》,2017年第2期,第19—26页。

己的外交遗产。① 再次是政党的影响。在《比较布什、奥巴马和特朗普的外交政策：美国中东政策的连续性和变化》一文中，塔亚尔·阿里总结了政党因素对美国中东政策的影响，他认为，共和党代表了上层、大投资者、商人以及超级富豪的利益，喜欢为全球美国公司提供安全保障的扩张主义政策，在海外冲突和地区问题上奉行干涉主义政策，倾向于单边主义；而民主党以国内中下阶层和少数民族为基础，支持国内的所谓"自由和民主"发展的社会政策，支持外交政策中的人权和外交举措。② 这对于我们研究美国中东政策影响因素而言，不失为一个很好的切入点。

其二，利益集团或游说集团对美国中东政策的影响。研究利益集团对美国政府决策的著作有很多，比如美国学者奥恩斯坦和埃尔德所著的《利益集团、院外活动和政策制定》、中国学者李寿祺所著的《利益集团和美国政治》等都对美国不同的利益集团如何影响政府或议会决策作出了比较系统的解释。具体到对中东政策的影响，贾妮斯·特里在其所著的《美国中东外交政策：游说团体和特殊利益集团的作用》一书中，对游说的技巧和手段、亲阿游说、亲以游说等进行了详细的说明，细致地阐述了中东政策如何受到国内外因素影响而最终出台。③ 在为很多读者熟知的米尔斯海默和沃尔特合著的《以色列游说集团与美国外交政策》一书中，作者对以色列游说集团如何赞助政客、操纵政策过程、控制公共话语，以及在具体事件上如何发挥作用都作出了详细的说明，作者认为美国对以色列无条件的支持既不符合美国

---

① 王锦：《特朗普的中东政策及其前景》，载《现代国际关系》，2018 第 8 期，第 38—45 页。

② Tayyar A. R. I., "Comparing the Bush, Obama and Trump Foreign Policies: Continuity and Change in America Middle East Policy", in Hanefi Yazici and Mim Kemal Öke, eds. *Ultra-Nationalist Policies of Trump and Reflections in the World*, Berlin: Peter Lang, 2020, pp. 68-69.

③ Janice J. Terry, *U. S. Foreign Policy in the Middle East: The Role of Lobbies and Special Interest Groups*, London: Pluto Press, 2005.

利益并且从长远来看也伤害了以色列自身的利益。①在《阿拉伯游说团体与美国外交政策：两国解决方案》一书中，作者哈利勒·马拉尔全面评估了国内外因素对美国中东政策的塑造作用，并着重探讨了阿拉伯游说团体在美国外交政策演变中发挥的作用。②

其三，特殊事件对美国中东政策的作用。重大的历史事件往往是一国政策出台或改变的催化剂。对于冷战后在中东发生的重大历史事件往往会成为学者们研究美国中东政策的切入点。例如，张晓东认为，"9·11"事件后美国在国内实现了历史上极为重要的一次联邦权力扩张，同时由此而引发的美国在中东政策中的非理性很可能使美国深陷其中。③然而，梅尔文·莱夫勒认为，"9·11"事件对美国外交政策的长期意义不应被高估。虽然"9·11"事件是一场可怕的悲剧，但它并没有改变美国大战略的长期轨迹。美国对主导地位的追求、对领导世界的渴望、对开放大门和自由市场的偏爱、对军事霸权的关注、在必要时采取单方面行动的准备、对利益和价值观的折衷融合等——所有这些都保留了下来。④

学者们在相同事件上不同的看法，往往有助于我们更全面观察美国中东政策的影响因素。除上述研究外，对美国中东政策影响因素的探析，在《美国外交史——从独立战争至2004年》《大外交》等偏向外交史的著作中都有所涉及。已出版的美国总统的传记或专著，如尼克松的《真正的战争》、乔治·布什的《抉择时刻》等，为我们了解相关中东政策的出台提供了大量细节。

在确定了美国在中东的核心关切以及政策影响因素外，接下来就

---

① 约翰·米尔斯海默、斯蒂芬·沃尔特著，王传兴译：《以色列游说集团与美国对外政策》，上海：上海人民出版社，2019年版，第495页。

② Khalil Marrar, *The Arab Lobby and US Foreign Policy: The Two-State Solution*, London: Routledge, 2010.

③ 东方晓：《中东：美国霸权的陷阱》，载《西亚非洲》，2003年第6期，第9—13页。

④ Melvyn P. Leffler, "9/11 in Retrospect: George W. Bush's Grand Strategy, Reconsidered", *Foreign Affairs*, Vol. 90, No. 5, 2011, pp. 33-44.

需要梳理美国在中东的具体政策行为：美国的中东政策是如何具体落地实施的，不同时期的中东政策又有什么延续和变化。通过系统的整理，从而为接下来的研究奠定基础。

关于美国与中东国家特别是阿拉伯国家的交往，有很多学者进行了论述。伯顿·考夫曼将二战后美国与中东阿拉伯国家的关系以政策变化或重大历史事件为依据划分成多个发展阶段，并对其进行了详细的论述。张士智和赵慧杰在《美国中东关系史》一书中，详细论述了自一战后美国争夺中东的历史过程，对于其中的重大历史时段，比如巴列维王朝的倒台、海湾战争等，都作出了比较详细的论述，具有重要参考价值。①

关于美国中东政策的延续和变化，赵伟明在其所著的《中东问题与美国中东政策》一书中，在论述不同阶段美国中东政策时，特别强调了相较之前的延续和变化。②塔亚尔·阿里将小布什、奥巴马以及特朗普三位总统时期的中东政策进行了对比，详细论述了三位总统时期对于中东政策的连续与变化——从小布什时期的单边主义，到奥巴马时期倾向于谈判与多边合作，再到特朗普时期右翼保守主义的抬头。③塔亚尔·阿里对三位总统时期美国在中东的指导思想、行为方式及政策后果等都进行了细致的对比。天普大学的希·约姆在其文章《美国中东外交政策：霸权主义退潮的逻辑》中认为，近十年来，美国对中东的兴趣一直在下降，并表现在美国越来越不愿意利用其经济和政治霸权来遏制、规范以及摧毁他所认为的敌人。④海牙战略研究中心的杰克·汤普森认为，特朗普的中东政策与奥巴马时代相比有继承更

---

① 张士智、赵慧杰：《美国中东关系史》，北京：中国社会科学出版社，1993年版。
② 赵伟明：《中东问题与美国中东政策》，北京：时事出版社，2006年版，第1—17页。
③ Tayyar A. R. I. , " Comparing the Bush, Obama and Trump Foreign Policies: Continuity and Change in America Middle East Policy" , in Hanefi Yazici and Mim Kemal Öke, eds. *Ultra-Nationalist Policies of Trump and Reflections in the World*, Berlin: Peter Lang, 2020, pp. 47-68.
④ Sean Yom, " US Foreign Policy in the Middle East: The Logic of Hegemonic Retreat" , *Global Policy*, Vol. 11, No. 1, 2020, pp. 75-83.

有转变，继承主要是延续在中东的战略收缩，鼓励盟友承担更多的责任，而在伊朗、以色列等问题上则有大的转变。作者认为特朗普政府的中东政策不是一种长期的战略规划，而是一些相对独立因素的汇合。① 中国现代国际关系研究院牛新春详细论述了拜登政府上台后美国在中东政策的"变与不变"，包括收缩态势不变、留与走的困境不变、对伊朗政策会变、处理阿以问题的方式会变等等。他认为，"不变"是主流、本质和内容，"变"是支流、表面和形式。②

（二）学界对美国与阿拉伯国家关系的认知

目前，学术界对美国与沙特、卡塔尔、埃及等国的关系是属于盟友还是伙伴国，尚未有明确的统一认识。一方面，学者们对"联盟"一词的解释范围不同，导致他们对美国与中东友好国家关系的界定产生混乱；另一方面，美国自身对其与中东友好国家的关系也没有作出明确界定。因此，学者们对美国与中东国家的关系属性往往根据自己的理解进行选择，而且缺乏解释。本章试图梳理一下学术界对美国与阿拉伯友好国家关系的认知与分歧，并尝试在后面作出自己的判断。

根据斯蒂芬·沃尔特对"联盟"的解读，"联盟"指的是"两个或多个主权国家之间正式的或非正式的安全合作安排"③。因此，基于这种广义上的理解，从盟友角度来界定美国与沙特、埃及等国关系的做法，在国内外学术界成为主流。在《联盟的起源》一书中，斯蒂芬·沃尔特将沙特、约旦等国直接界定为美国的盟友。④ 在约翰·米格利塔所著的《1945—1992年美国在中东的联盟政策》一书中，作者通

---

① John Jack Thompson, "Trump's Middle East Policy", *CSS Analyses in Security Policy*, 2018, p. 233.
② 牛新春：《拜登政府中东政策的"变"与"不变"》，载《世界知识》，2021年第3期，第4页。
③ 斯蒂芬·沃尔特著，周丕启译：《联盟的起源》，北京：北京大学出版社，2007年版，第12页。
④ 同③。

过美国与伊朗、以色列和沙特之间联盟关系建立的案例研究，审视了冷战时期美国在中东的军事联盟政策及其演变。[1] 迈克尔·辛格同样从盟友角度界定美国与阿拉伯友好国家的关系，认为放弃与沙特和其他海湾国家的盟友关系将是一个非常严重的错误，他给出了三条理由：一是这些联盟具有防御作用，二是与盟友合作可以确保美国将资源转移到其他地区，三是防止这些国家从其他地方寻求武器和支持。[2] 此外，牛新春、王锦等国内学者亦从盟友关系切入，探究美国与沙特等国的关系。

但是，的确有很多学者基于狭义上"联盟"的概念，没有将美国与沙特等国的关系当作盟友来理解，或者说没有直接将这种关系定义为盟友关系。张士智与赵慧杰在《美国中东关系史》一书中认为，如果说美国有许多阿拉伯朋友的话，那它没有一个真正的阿拉伯盟友，朋友和盟友是有很大区别的，以色列才是美国在这一地区的盟友。[3] 高祖贵在《冷战后美国的中东政策》一书中，将以色列、土耳其、埃及和沙特定义为美国的"友邦"并进行了特别分析。[4] 在兰德公司最新发布的《重新构想美国中东战略：可持续伙伴关系、战略投资》报告中，也没有将美国与中东友好国家的关系定义为盟友，而且重点介绍了如何重新调整美国中东战略，从而与中东国家建立可持续的伙伴关系，以更好地促进美国在中东的利益。[5] 此外，中国学者孙德刚用"准联盟"来定义美国与沙特之间的关系。他提出，准联盟外交是非结盟国家之间合作的一种隐形模式，这种方式不依靠正式的盟约，而是国家

---

[1] John P. Miglietta, *American Alliance Policy in the Middle East, 1945–1992: Iran, Israel, and Saudi Arabia*, Lanham, Md: Lexington Books, 2002.

[2] Michael Singh, "U. S. Policy in the Arabian Peninsula: An Evaluation", https://www.washingtoninstitute.org/pdf/view/1884/en.

[3] 张士智、赵慧杰：《美国中东关系史》，北京：中国社会科学出版社，1993年版，第394页。

[4] 高祖贵：《冷战后美国的中东政策》，北京：中共中央党校出版社，2001年版，第26—38页。

[5] Dafna H. Rand and Andrew P. Miller, *Re-Imagining U. S. Strategy in the Middle East: Sustainable Partnerships, Strategic Investments*, Washington, D. C.: Brookings Institution Press, 2020.

行为体在非正式安全合作协定基础上开展的合作,具有合作载体的非正式性、解决任务的选择性、合作手段的灵活性,以及战略指向的模糊性等特征。美国与沙特积极进行安全合作,但又没有进行正式结盟,因此在外交行为上表现出准联盟特征。①这一观点可能更准确,更符合美国与中东阿拉伯国家关系的实质,所以对本研究的启发意义更大。

目前,学术界往往以"相互依赖"的视角具体探究美国与其阿拉伯主要伙伴的关系内涵。比如,刘月琴在《冷战后海湾地区国际关系》一书中认为,美国与海湾六国的战略合作关系,是基于各自国家的战略性安全考虑、以保证国家利益为根本目的而逐步巩固和加深的。美国通过利用海湾国家的力量,结成了一道外围屏障,形成了遏制地带,有效地弥补了美国在海湾地区某些力不从心的缺陷。但是,美国的海湾政策也存在两面性,即在维护海湾国家安全的同时,为中东地区带来了持续的动荡不安。②冯基华在《美国中东政策的战略支点——沙特》一文中,通过对美沙关系进行多维度分析作出判断,尽管美国与沙特之间存在多种重大差异和矛盾,但是,在可预见的将来,不存在改变美沙伙伴关系和沙特作为美国中东政策支点的可能。③牛新春在《拜登政府中东政策的"变"与"不变"》一文中认为,虽然美国不认同以色列、埃及、沙特以及土耳其这四个国家的执政方式,甚至认为他们会损害美国的国家利益,但是,这四个国家作为美国盟友的身份和地位没有变,而且其行为整体上是符合美国利益的,美国更多的是需要与这些国家在价值观以及具体议题方面进行调整。④

在兰德公司所发布的《重新构想美国中东战略:可持续伙伴关系、

---

① 孙德刚:《美国与沙特准联盟外交的理论与实证研究》,载《阿拉伯世界研究》,2008年第5期,第39—43页。

② 刘月琴:《冷战后海湾地区国际关系》,北京:社会科学文献出版社,2002年版,第214—227页。

③ 冯基华:《美国中东政策的战略支点——沙特》,载《亚非纵横》,2014年第3期,第1—11页。

④ 牛新春:《拜登政府中东政策的"变"与"不变"》,载《世界知识》,2021年第3期,第4页。

战略投资》报告中，对美国与阿拉伯国家之间的关系从正反两方面进行了评述，并给出了自己的建议。该报告认为，伙伴关系是美国用作促进地区稳定的重要工具，但是这种关系具有两面性。一方面，在中东的伙伴关系可以为美国减轻负担，稳定地区局势，甚至减少直接损害美国本土的威胁。而且，一个更加友好繁荣的中东也将会增加美国的贸易和投资机会。而另一方面，与阿拉伯国国家的伙伴关系对美国的声誉造成了影响，而且存在这些国家搭乘美国安全保证的顺风车、把美国拖入地区冲突的风险。基于此，需要一种新的方式重新构建中东伙伴关系框架，比如：将对中东地区销售的大规模武器进一步转向防御性的，并且缩小对不同国家的武器援助差距；将重心放在改善中东政府治理以及加强公民能力建设方面，而不是单纯关注传统安全项目；与更多的全球伙伴国家进行合作，以抵消其潜在的风险等。[①] 总的来看，虽然美国在与中东国家构建伙伴关系的过程中出现了许多矛盾与问题，但是，伙伴关系的构建仍然符合美国的利益，学者们也都认为美国会继续依靠伙伴国来实现其在中东地区的利益。

二、美以特殊关系研究回顾

本书的一个重要内容是分析"9·11"事件后美以特殊关系对美国中东政策的塑造，在对过往相关文献进行梳理后，我们分别从美以特殊关系角度和美国中东政策角度来考察美以特殊关系和美国中东政策的联系。

（一）从美以特殊关系角度的研究

李伟建在《以色列与美国关系研究》一书中考察了二战后到冷战

---

① Dafna H. Rand and Andrew P. Miller, *Re-Imagining U. S. Strategy in the Middle East: Sustainable Partnerships, Strategic Investments*, Washington, D. C.: Brookings Institution Press, 2020, pp. 13-41.

结束初期美以特殊关系的发展演变，以及影响美以特殊关系的因素。书中前三章梳理了冷战时期美以特殊关系的发展脉络。在第一章中，作者主要将美以特殊关系放在冷战时期美国中东战略的大背景下考察，认为美国战略态势变化导致美以关系出现高低变化；美以战略合作是美以特殊关系的支柱，美以战略利益的契合是美以特殊关系得以形成的第一推动力。第二章和第三章具体分析了美以特殊关系对美国在阿以冲突中所采取政策的影响。这部分内容探析了20世纪60年代美国对美以特殊关系之于美国作用的认识发生转变的原因，即认识到一个军事实力强大的以色列在对抗苏联以及阿拉伯激进势力方面的作用，正是这种认识的改变促其在阿以冲突中的立场发生偏袒以色列的改变。书中接下来分析了美国在阿以问题上采取的具体举措，其目标是维护美以特殊关系的同时促进中东局势发展有利于美国利益。①

储永正的著作《美以军事外交关系研究：基于军事援助的考察》主要从军事援助角度考察美以军事外交关系的发展演变及其特点。前四章梳理了美以军事外交关系形成、发展、提升及再定位的过程，较为全面地归纳了美以军事外交关系的主要内容。其中第四章指出，美以军事外交关系在冷战后重塑的动因是共同反对伊斯兰激进势力和恐怖主义，并分析了美以在反恐和伊朗问题上的合作与分歧。书中还总结了美以军事关系四个方面的特点：长期稳定性、显著的非对称性、典型的结盟性、军事援助条件及其优惠。②

约翰·米尔斯海默和斯蒂芬·沃尔特合著的《以色列游说集团与美国外交政策》一书，考察了以色列游说集团对美国中东政策的影响。该书认为，以色列游说集团在维护美以特殊关系、推动美国在中东采取亲以色列立场中发挥了重要作用，否定了美以特殊关系完全是基于战略利益或道德的考量。以色列游说集团鼓励美国对以色列提供大量

---

① 李伟建：《以色列与美国关系研究》，北京：时事出版社，2006年版。
② 储永正：《美以军事外交关系研究：基于军事援助的考察》，北京：时事出版社，2016年版。

援助和坚定的外交支持,在小布什政府制定巴以冲突政策、入侵伊拉克、反对叙利亚和伊朗方面发挥了重要影响。文中最后得出结论,美国对以色列的无条件支持对两个国家都有不利影响。①

上述著作主要着眼于从冷战到冷战结束再到 21 世纪初期美以关系的研究,主要探讨美以特殊关系的发展演变、美以特殊关系的成因,为本章研究提供了相关的历史背景,有助于全面了解美以特殊关系的内容、性质、特点,但因其时效性有限,还必须考察"9·11"事件后美国中东政策中涉及美以特殊关系的部分有哪些内容。

(二) 从美国中东政策角度的研究

这个角度的研究分为三类,一是美国与巴以问题研究,二是美国与伊朗问题研究,三是美国与叙利亚问题研究。

首先看美国与巴以问题研究。赵克仁所著的《美国与中东和平进程研究(1967—2000)》一书,从历史角度梳理和分析了二战到冷战结束初期这段时间内美国的巴以政策、美国与阿以冲突关联方的互动关系以及美国政策的阶段性对比,具有体系性、完整性的特点。此外,作者还运用博弈论分析了美国与阿拉伯国家、以色列之间的互动。作者认为,20 世纪中东和平进程基本是美国政策的产物,美国推动和平进程的主要考虑有:推动阿以间逐步实现和平,扩大以色列在地区经济、政治、安全领域的战略盟友作用,与土耳其一道成为地区经济支柱和打击阿拉伯激进势力的主要力量;通过阿以媾和来分化阿拉伯世界,逐步使阿拉伯世界成为亲美世俗政权的大本营,以此控制能源命脉和战略航道;即使中东和平进程出现僵局,也不能放弃对中东事务的主导权。作者认为,尽管美国主导的和平进程取得过阶段性成果,如 1978 年的埃以戴维营和谈、1991 年马德里会议以及之后的双边会谈,然而要想在中东实现持久和平,必须反对霸权主义和强权政治、

---

① 约翰·米尔斯海默、斯蒂芬·沃尔特著,王传兴译:《以色列游说集团与美国外交政策》,上海:上海人民出版社,2019 年版。

改变不合理的国际政治经济旧秩序、建立新的"合作安全"模式。①

威廉·匡特在其著作《中东和平进程——1967年以来的美国外交和阿以冲突》中，从外交决策制定视角考察了自约翰逊到克林顿七届美国政府对阿以冲突的外交政策。作者提出了除战略理性分析、官僚政治和国内政治之外的第四大外交决策决定因素，即总统及其亲密顾问，并认为这是最重要的、决定局势的一个因素。作者因此分析了美国每一届总统阿以政策的特点，并根据"从地区还是全球背景下看待阿以问题、是否把阿以问题放在重要位置、是否亲以色列"这三个标准将上述总统分别三类。最后作者阐明了在巴以冲突中的立场：根据2000年克林顿提案和2003年日内瓦框架推动巴以双方就其中的细节进行谈判。②

国内关于美国与巴以问题相关的论文主要集中于分析美国某一届政府期间的巴以政策。孙德刚的文章《中东和平"路线图"浅析》分析了小布什政府出台"路线图"计划的背景、动因，对该计划内容进行简要分析后作出评价："路线图"内容笼统，并且受到巴以双方内部强硬势力的坚决抵制，加之巴以问题并非小布什考虑的重点，该计划还未真正开始执行便面临"夭折"的危险。③ 赵建明在《奥巴马政府的综合性和平理念与中东和平进程》一文中介绍了奥巴马政府关于巴以冲突的"综合性"解决思路。作者认为，奥巴马的方案要成功需经历四重检验：巴勒斯坦民众是否满意，以色列是否妥协，沙特、埃及等阿拉伯国家是否支持，以及伊朗是否反对。④

再看美国与伊朗问题研究。范鸿达所著的《伊朗与美国：从朋友

---

① 赵克仁：《美国与中东和平进程研究(1967—2000)》，北京：世界知识出版社，2005年版。
② 威廉·匡特著，饶淑莹、郭素琴、夏慧芳译：《中东和平进程——1967年以来的美国外交和阿以冲突》，上海：华东师范大学出版社，2009年版。
③ 孙德刚：《中东和平"路线图"浅析》，载《西亚非洲》，2004年第1期，第18—22页。
④ 赵建明：《奥巴马政府的综合性和平理念与中东和平进程》，载《和平与发展》，2010年第1期，第25—30页。

到仇敌》一书，从历史分析的角度考察了美伊关系从友好到敌对的互动发展过程。作者指出，石油因素是美国介入伊朗政治的动机，冷战背景下共同反苏的利益是美国和巴列维国王治下的伊朗发展成为战略伙伴的基础。伊朗伊斯兰革命造成美伊关系破裂，两国从此发展成为敌对关系，其中意识形态和地缘政治是造成这种敌对关系的两大关键因素。"9·11"事件后，在美国反恐政策的框架下，伊朗被指责成为支持恐怖主义的"邪恶轴心"。伊核危机爆发后，美国使用经济制裁和威胁使用武力的手段加强了对伊朗政权的威慑。在这过程中，美国的最终目的不仅仅是使伊朗弃核，更是要改变其政权性质。①

罗宾·赖特主编的论文集《伊朗入门：权利、政治和美国政策》，囊括了对伊朗国内政治、经济和军事情况，伊朗的核计划，国际社会包括美国对伊朗的制裁，从卡特到奥巴马六届美国政府时期的美伊关系，伊朗对外关系，美国对伊政策等九部分的介绍和分析。书中第九章梳理了"9·11"事件以来小布什和奥巴马政府对伊朗的四种政策，包括同伊朗接触、开展双轨外交、遏制伊朗，以及威胁对伊朗实施武力，并对这四种政策的效用进行了分析。②

岳汉景的文章《新世纪以来美国对伊朗的政策研究》考察了伊核危机发生后美国和伊朗的互动，指出小布什政府对伊朗政策的核心目标是促其停止铀浓缩活动，而根本目标是伊朗政权更迭。约旦大学政治科学学院助理教授艾曼·萨利赫·阿尔巴拉斯内和阿联酋经济和未来研究战略研究中心执行主任达尼亚·科莱拉特·哈提卜的文章《美国遏制伊朗的政策——从奥巴马到特朗普政府（2009—2018）》，考察了在伊朗核问题背景下奥巴马和特朗普两届政府期间美国的伊朗政策。文章认为，美国对伊政策保持着一定的连贯性，两届政府都意在通过"施压和接触"的方式，迫使伊朗软化其在核问题和导弹问题上的立

---

① 范鸿达：《伊朗与美国：从朋友到仇敌》，北京：新华出版社，2012年版。
② Robin Wright, ed. *The Iran Primer: Politics, Powers, and U. S. Policy*, Washington, D. C: United States Institute of Peace Press, 2010.

场,遏制伊朗的地区野心。但二者为达目标采取的手段不同,奥巴马倾向于通过签署伊核协议给伊朗带来更多好处来诱使伊朗政策发生变化,而特朗普倾向于通过对伊朗极限施压来达到目的。① 范鸿达的文章《美国特朗普政府极限施压伊朗:内涵、动因及影响》,考察了特朗普上台后对伊朗在外交、能源、金融和军事等诸多领域极限施压的动因和影响。作者认为,美国此举是出于自身政治经济利益同伊朗的"地区霸权"之争,加之受到以色列、沙特等盟友的推动,特朗普政府在中东建立的反伊阵线越发明朗。美国对伊朗的极限施压加剧了地区的不稳定,但总体在可控制的范围之内。②

最后看美国与叙利亚问题研究。前美国国家安全委员会政策主任米尔·萨达特和前美军战略情报官员丹尼尔·琼斯的文章《美国对叙利亚外交政策:平衡意识形态和国家利益》,从政治理论角度考察了自里根到奥巴马时期美国对叙利亚外交政策。文章指出,从里根到克林顿政府时期,现实主义世界观主导了美国对叙利亚的政策,当叙利亚在某些方面符合美国国家利益时,美国可以忽视其政权性质。小布什政府时期美国对叙利亚采取了孤立的政策,包括出台一系列针对叙利亚的制裁。在新保守主义观念的驱动下,叙利亚被认为是一个"无赖国家",在推翻伊拉克政权后,叙利亚一度成为所谓"民主"改造的下一个目标。最后作者对奥巴马政府对叙政策提出建议,考虑到叙利亚对稳定伊拉克局势、缓和巴以冲突等方面的重要作用,美国应该对叙利亚采取温和的现实主义政策,即在适当惩罚叙利亚支持哈马斯和真主党的同时,同它接触,使其在伊拉克、巴以等问题上配合美国政策。③ 莫盛凯的文章《特朗普政府中东政策的特点》,考察了特朗普政

---

① Ayman Saleh Albarasneh and Dania Koleilat Khatib,"The US Policy of Containing Iran:From Obama to Trump 2009-2018", *Global Affairs*,Vol.5,No.4-5,2019,pp.369-387.
② 范鸿达:《美国特朗普政府极限施压伊朗:内涵、动因及影响》,载《西亚非洲》,2019年第5期,第3—21页。
③ Mir H. Sadat and Daniel B. Jones,"US Foreign Policy Toward Syria:Balancing Ideology and National Interests", *Middle East Policy*,Vol.16,No.2,2009,pp.93-105.

府调整美国对叙政策的原因及其主要内容,并分析了有关各方在叙利亚的博弈。特朗普将有效打击"伊斯兰国"作为政策目标,先增军后撤军,既赢得了对"伊斯兰国"战争的胜利,又避免了美军事力量过多的消耗。①

以上著作和论文聚焦巴以、伊朗、叙利亚等中东问题,也是美以关系互动最频繁的领域,考察了美国政府应对上述问题的立场和行为。通过对这些材料进行提炼和整合,形成一篇调查美以特殊关系如何影响美国中东政策的兼顾全面性和延续性的文章。

三、经济因素研究回顾

(一) 美国中东相关政策研究概述

有些学者从梳理美国在中东的整体利益入手,分析其制定政策的影响因素。就国内著作而言,1993年张士智和赵慧杰的《美国中东关系史》一书是国内首部系统解析美国与中东互动的专著。该书论述了20世纪美国通过霸占油田、组建联盟和武装入侵渗入中东的过程,由此点明能源安全、大陆均势及地区稳定在其中东政策中的地位。②

2001年后,相关研究数量激增。在《中东问题与美国中东政策》一书中,赵伟明从战后美国对中东变局的应对中梳理出油市稳定、地缘平衡、盟友安全和所谓"民主"进程等战略支柱,肯定了其在美国霸权体系建设中的意义。③与此不同,安维华、钱雪梅和高祖贵则聚焦当今美国的中东政策。例如,安维华和钱雪梅的《美国与"大中东"》一书不仅将上述考量视为小布什政府以军事征服、所谓"民主"改造等手段维持霸权的主观因素,而且还提到价值观、基督教、

---

① 莫盛凯:《特朗普中东政策的特点》,载《战略决策研究》,2020年第5期,第42—63页。
② 张士智、赵慧杰:《美国中东关系史》,北京:中国社会科学出版社,1993年版。
③ 赵伟明:《中东问题与美国中东政策》,北京:时事出版社,2006年版。

军火、石油及犹太人院外集团对政策的塑造作用。①又如，高祖贵的《全球大变局下的中东与美国》一书则称"阿拉伯之春"及伊斯兰力量兴起已对上述利益构成威胁，并迫使奥巴马重拾离岸平衡，走上一面利用地区矛盾推动巴以和谈，一面联合盟友打击恐怖主义的老路。②

就论文来说，我国学者对历届美国政府中东政策的评析也值得一读。在《中东：美国霸权的陷阱》一文中，东方晓指出，美国入侵伊拉克及强推所谓"民主化"不仅无法完成反恐和民主化的既定目标，更会激化出新的族际冲突与恐怖袭击。③2011年"阿拉伯之春"爆发后，牛新春的《中东北非动荡凸显美国对中东政策的内在矛盾》一文简述了白宫在推进政权更迭、落实伊核谈判和精准反恐等方面的努力，认为其中包含的双重标准既无助于推广西方民主，又会损害盟友体系。④特朗普上台后，刘辰等人的《延续与调整：美国特朗普政府的中东政策》一文分析了特朗普依据实用主义精神联合盟友进攻极端组织、退出伊核协议制裁德黑兰等措施，一面肯定新政策减轻了美国的海外负担，一面指出其扶以抑阿和重反恐、轻治理等内在矛盾削弱了美地区影响力，并为新兴大国介入提供可乘之机。⑤

就外国著作而言，在第三版《简明中东史》一书中，戈尔德施密特和戴维森从历史角度回顾了伊斯兰文明与西方的互动，认为石油的发现和冷战格局的形成是美国介入中东的主因，华盛顿先以石油公司开道，随后通过武装以色列、签订巴格达条约等方式遏制了阿拉伯民族主义和苏联的扩张，维护了全球霸权。⑥冷战结束后，布热津斯基出

---

① 安维华、钱雪梅：《美国与"大中东"》，北京：世界知识出版社，2006年版。
② 高祖贵：《全球大变局下的中东与美国》，北京：时事出版社，2017年版。
③ 东方晓：《中东：美国霸权的陷阱》，载《西亚非洲》，2003年第6期，第9—13页。
④ 牛新春：《中东北非动荡凸显美国对中东政策的内在矛盾》，载《现代国际关系》，2011年第3期，第18—19页。
⑤ 刘辰、马晓霖：《延续与调整：美国特朗普政府的中东政策》，载《阿拉伯世界研究》，2019年第5期，第46—60页。
⑥ Arthur Goldschmidt, Jr., *A Concise History of the Middle East* (3rd ed.), Boulder, Co: Westview Press, 1988.

版《大棋局：美国的首要地位及其地缘战略》一书，指出中东地处欧亚大陆腹心，坐拥欧亚贸易中枢和大量油气资源，但却长期陷于力量真空和冲突动荡之中，因而美国必须以其外交、军事优势分化中东各国并遏制各派激进势力，从而捍卫上述地缘政治、经济和安全利益。①

随着美国陷入伊战泥潭，对当代美国中东外交的著作也逐渐变多。在2010年《美国在中东的厄运》一书中，傅立民从军事和外交角度梳理了美国的中东战略，认为维持全球能源安全、保卫以色列、推动所谓"自由民主"进程及打击伊斯兰激进主义是美国在中东的四大核心利益，而其在美国全球霸权中的重要地位也促使华盛顿采取双重遏制、强推巴以和谈等单边主义行动，由此导致美阿互信受损，恐怖袭击频发。②此外，《海湾：两任布什总统任期和中东》一书则回顾了布什父子通过对伊拉克作战建立地区安全秩序、落实"大中东民主计划"和推动巴以和平的过程，指出尽管二人在应对中东变局中采取的合作抗敌和单边主义方针差异巨大，但它们都服务于维护美国地区霸权和石油利益等核心诉求。③

历任美国总统的中东政策也是关注焦点。在《不稳定的弧线：美国在大中东的关系》一书中，杰弗里·肯普指出"9·11"事件使美国意识到中东"动荡弧"的重要性，继而推动了国际关系的重组和对"邪恶轴心"的遏制。受此影响，美国改善了与域内外大国的关系，促成了更具包容性的反恐联盟；但也激化了各派冲突，由此给国际局势带来更多不确定因素。④ 2015年，马克·林奇发表文章《奥巴马和中东：调整美国角色》，回顾了美国自伊拉克撤军、签署伊核协议和"空

---

① Zbigniew Brzezinski, *The Grand Chessboard*, New York: Basic Books, 1997.
② Chas W. Freeman, *American's Misadventures in the Middle East*, Charlottesville, V. A.: Just World Books, 2010.
③ Michael F. Cairo, *The Gulf: The Bush Presidencies and the Middle East*, Lexington, K. T.: University Press of Kentucky, 2012.
④ Geoffrey Kemp, "Arcs of Instability: U. S. Relations in the Greater Middle East", *Naval War College Review*, Vol. 55, No. 3, 2002, pp. 60-71.

中干预""阿拉伯之春"等一系列动作，一面肯定了奥巴马倚靠盟友削减战略负担的努力，一面指出诸国政权崩溃为各派角逐提供了舞台，由此导致社会动荡和日益极端化。①此外，扎基·沙洛姆和科比·迈克尔的《从奥巴马到特朗普：中东政策的连续性与变化》则分析了特朗普和奥巴马在巴以和平和遏制伊朗方面的异同，表示尽管各方依旧缺乏互信，但特朗普的务实态度帮助美国政府摆脱了政治正确的束缚，从而积极推动了实现阿以和解、构筑反伊联盟等目标的实现。②

（二）美国中东经济政策研究回顾

在考虑美国介入中东的动机时，有些学者重视能源安全和石油美元霸权。在《失衡的依赖——美国对中东石油外交的国际政治经济学解读（1945—1975）》一书中，李若晶整理了大量美国档案，继而在国际政治经济学框架下，对冷战初期美国对中东的石油外交进行了分析，揭示出本土石油集团对美国政府实施组建"石油七姐妹"、缔结反苏军事联盟等政策的影响。③在《石油冷战：中东石油与冷战中的大国竞争（1945—1990）》一书中，李若晶进一步探讨了整个冷战期间美国与苏联、西欧为争夺中东石油而采取的外交政策及其对国际格局的影响，点明石油资源与大国霸权之间的微妙联系。④

与李若晶不同，舒先林等人对美国中东石油战略的研究则不仅限于冷战时期。在《美国中东石油战略研究》一书中，舒先林首先回顾了美国"确立和巩固"中东石油霸权的过程；其次分析了其在经济渗透、政治干涉和军力投射上的政策；最后指出中东石油禁运、欧亚大

---

① Marc Lynch,"Obama and the Middle East: Rightsizing the U. S. Role", Foreign Affairs, Vol. 94, No. 5, 2015, pp. 18-27.
② Zaki Shalom and Michael Kobi, "From Obama to Trump: Continuity Versus Change in Middle East Policy", http://www.jstor.org/stable/resrep08373.
③ 李若晶：《失衡的依赖：美国对中东石油外交的国际政治经济学解读（1945—1975）》，北京：中国社会科学出版社，2012年版。
④ 李若晶：《石油冷战：中东石油与冷战中的大国竞争（1945—1990）》，北京：世界知识出版社，2016年版。

国崛起和自身国力衰落等因素对美国石油霸权的冲击，表明其对美国中东石油战略前景的悲观态度。①此外，江红的《为石油而战——美国石油霸权的历史透视》一书梳理了一战后美国通过经济、外交及军事手段掠夺中东原油，以及欧佩克国家维护能源主权的历史，由此说明中东石油对美国加速经济发展、谋求世界霸权的重要意义，最后作出美国即将通过颠覆萨达姆政权、维护自身石油霸权的预测。②

在《美国的中东石油外交》一文中，杨光分析了1973年石油危机期间美国通过制定《国际能源计划》、推动阿以和平进程等方式，削弱欧佩克对油市的控制、打击中东反美势力的努力，由此突出保证石油供应安全在美国中东政策中的重要性。③王勇辉在《美国石油地缘战略与中东地区安全》一文中指出，中东石油及其运输通道对当今美国能源安全和经济发展具有重要作用，为此美国一面施压以色列，力图缓和与阿拉伯产油国的关系；一面入侵伊拉克，坚决铲除威胁自身能源供应链的敌对政权。④此外，部分学者对美国中东石油政策的剖析则更加深入。在《试论"石油美元体制"对美国在中东利益中的作用》一文中，杨力通过对石油美元机制建立、演变的简析论证了石油"准金融产品"的性质，指出其对支撑美国经济运转、维护美国金融霸权的贡献。⑤在《海湾国家石油美元投资模式》一文中，姜英梅探讨了近几十年中东石油美元的投资机制，点明其不透明性及对国际资本流动的积极影响，并指出虽然美国仍是各国首选，但"9·11"事件后欧美对中东资金审查的升级引起了各国疑虑，由此使石油美元东移的趋势更

---

① 舒先林：《美国中东石油战略研究》，北京：石油工业出版社，2010年版。
② 江红：《为石油而战——美国石油霸权的历史透视》，北京：东方出版社，2002年版。
③ 杨光：《美国的中东石油外交》，载《国际经济评论》，2003年第3期，第33—35页。
④ 王勇辉：《美国石油战略与中东地区安全》，载《阿拉伯世界》，2005年第6期，第43—48页。
⑤ 杨力：《试论"石油美元体制"对美国在中东利益中的作用》，载《阿拉伯世界》，2005年第4期，第18—21页。

加明显。①

就外国著作而言，在《石油大博弈：追逐石油、金钱与权力的斗争》一书中，丹尼尔·耶金梳理了现代石油业的发展历程，指出石油作为"资本主义血液"对经济发展乃至地缘格局变化的影响。发现油田后，中东在华盛顿眼中的地位迅速上升，为此美国采取包括租让油田、构筑联盟乃至武装入侵等方式，消弭其他世界强权和地区霸主对其石油利益的威胁。②斯蒂文·佩尔蒂埃的《美国的石油战争》一书则评价了美国为控制中东石油两次发动海湾战争的得失，认为美国虽然带领多国部队铲除了部分反美势力，但同时也加深了和伊斯兰世界的矛盾，由此导致中东宗教纷争不断，全球恐怖袭击频繁，国际油市危机四伏。③

有些学者更将目光转向石油美元。在《美国霸权的隐藏之手——石油美元回流和国际市场》一书中，大卫·斯皮罗简述了越战背景下美国经常账户赤字拖垮布雷顿森林体系，最终推动石油美元体系诞生的过程，同时批驳了私有资本市场主导石油美元回流的理论，声称美国霸权才是产油国主动提供资金支撑美国经常账目亏空的主因。④在《石油美元战争：石油、伊拉克和美元的未来》一书中，威廉·克拉克则强调了稳定油价对维持美国及全球经济增长的重要性，为此美国不惜对任何企图切断美元与石油联系的国家大动干戈。然而，后殖民时代中东人民的觉醒则使美国无法如愿，反将自己卷入经济混乱和政治动荡的漩涡中。⑤

---

① 姜英梅：《海湾国家石油美元投资模式》，载《阿拉伯世界研究》，2013年第1期，第10—22页。

② Daniel Yergin, *The Prize: The Epic Quest for Oil, Money, and Power*, New York: Simon & Schuster, 2008.

③ Stephen C. Pelletire, *America's Oil Wars*, Westport, Conn.: Praeger Publishers, 2004.

④ David E. Spiro, *The Hidden Hand of American Hegemony: Petrodollar Recycling and International Markets*, Ithaca, N.Y.: Cornell University Press, 1999.

⑤ William Clarke, *Petrodollar Warfare: Oil, Iraq and the Future of the Dollar*, Philadelphia, P.A.: New Society Publishers, 2005.

西蒙·布罗姆利在《石油与中东：美国霸权的终结》一文中指出，石油在美国中东政策中具有重要地位，而冷战终结则为美国加大对海湾的军事投射，继而保证石油流向西方提供了便利；但美国盟友对海湾以外能源的追求和国际油市的持续低迷则大大削弱了美国这一策略的可行度，动摇了华盛顿的全球霸权。①希尔波利·泰勒哈米的《波斯湾：理解美国的石油战略》一文则总结了2001年后美国力推能源多元化和美阿隔阂加深两大趋势，表示尽管能源并不完全等同于政治，但美国填补石油缺口、遏制战略对手的两大需求则迫使美国继续推进与地区伙伴的合作，并维持自身在中东的军事存在。②在石油美元体系研究上，马修·希金斯等人的《石油美元回流》一文分析了油价高企对石油美元分配布局的影响，称赞了中东国家与欧美贸易、对欧美投资额上升对缓解美国支付危机、构筑国际资本循环和美元霸权体系的积极作用。③在《"9·11"事件后十年中石油美元的运行和作用》一文中，卡伦·普费弗梳理了21世纪海湾国家投资的趋势，表明"9·11"事件后美阿互信的降低加快了石油美元回流中东的趋势，而产油国的经济多元化努力也会吸入大量欧美资金，以此改善中东因全球经济波动及国内建设造成的财政缺口。④

总的来说，这些学者的观点不乏真知灼见，但它们都未能就经济因素对美国中东政策的影响给出全面解释。一方面，侧重于研究国际政治的学者倾向从全局观察美国在中东的利益，故而将大量篇幅用于强调控制亚欧大陆枢纽、打击反美政权和恐怖组织以及推广西方民主价值观对美国改造中东的重要性，在经济上表述不多。另一方面，熟

---

① Simon Bromley,"Oil and the Middle East:The End of US Hegemony?",*Middle East Report*,No. 208,1998,pp. 19-22.

② Shibley Telhami,"The Persian Gulf:Understanding the American Oil Strategy",*The Brookings Review*,Vol. 20,No. 2,2002,pp. 32-35.

③ Matthew Higgins,Thomas Klitgaard and Robert Lerman,"Recycling Petrodollars",*Current Issues in Economics and Finance*,Vol. 12,No. 9,2006.

④ Karen Pfeifer,"Petrodollars at Work and in Play in the Post-September 11 Decade",*Middle East Report*,No. 260,2011,pp. 18-24.

悉国际经济的学者则注重石油安全对美国中东战略的影响，对能源以外的其他经济要素论述不足；而马修·哈金斯和凯伦·普菲佛虽然对石油美元的流动有所关注，但却因缺乏数据而未就其运作细节和构成明细给出具体解释。此外，这些学者的观点都以论述个人观察为主，并未引用足够的美国官方文献加以佐证，这为本章通过文本分析手法深入研究留下了空间。

四、大国竞争因素研究回顾

对这类研究成果我们分为三类进行简单回顾分析，即关于冷战后美国中东政策的研究回顾、美国国家战略文件的研究回顾，以及关于大国战略竞争的研究回顾。

（一）冷战后美国中东政策的研究回顾

关于冷战后美国中东政策的研究，根据研究内容可以大体上分为四类：一是国别政策研究，即美国对某一具体国家的政策。如冯基华通过分析土耳其作为美国中东政策"战略支点"的地位，研究美国中东战略如何通过土耳其这一支点实现其政策目标。[①]二是研究美国不同政府时期制定形成的中东地区整体性政策。如牛新春通过研究美国在中东地区的利益目标变化，分析奥巴马政府时期中东政策的走向变化。[②]三是探析美国国内不同利益集团对美国中东政策制定的影响。这一研究角度是从美国国内政治出发，分析美国中东政策制定过程中会考虑的因素，其中犹太人院外游说集团的参与使得美国中东政策带有明显的亲以色彩。[③]四是针对某一具体事件研究美国中东政策的变化。

[①] 冯基华：《美国中东政策的战略支点——土耳其》，载《亚非纵横》，2012年第4期，第42页。

[②] 牛新春：《美国中东政策：矛盾与困境》，载《外交评论》，2011年第2期，第15页。

[③] 夏莉萍：《试析美国犹太人影响美国中东政策的途径》，载《外交学院学报》，2004年第2期，第32页。

如研究某一突发事件对美国中东政策走向的影响或分析某一法令的签署实施对美国中东政策产生的影响等。①以上这些主流的研究内容多聚焦于美国中东政策的一时一事，有利于加深人们对某一时间段或某一具体事件的认知和理解，但从较长的历史角度来看，难以呈现出美国中东政策的演变性，"只见树木，不见树林"，不利于进行长时性的政策研究。

（二）美国国家战略文件的研究回顾

美国国家战略文件的研究，涉及美国的国家战略层次，文献显示美国的国家战略层次大致可以分为四级：第一层级是国家安全战略，自1986年起，由每届政府总统签署发布相关文件，是美国最高级别的国家战略，涉及政治、经济、军事外交等各个方面的国家利益。第二层级是国防战略，这一层级是在2005年新增加的，由美国国防部长签署发布相关文件，主要内容是如何维持有利于美国的防御体系及世界秩序。第三层级是国家军事战略，这一层级的相关报告由美军参联会主席主导发布，主要内容是为实现某一具体目标应如何分配和应用军事力量。这一层级的文件通常具有保密性质，外界通常只能获取该类文件的概述。第四层级是战区战略，主要与一些比较具体的行动方案有关，公开的文件有限。②

目前，在与《美国国家安全战略报告》《美国国防战略报告》《美国军事战略报告》相关的研究成果中，主要分为以下几类：一是对具体某份报告内容的译介或概述，如刘华秋对2005年美国国防战略的研

---

① 石彤喆、李伟建：《"禁穆令"与美国中东政策的走向》，载《阿拉伯世界研究》，2017年第3期，第75页。
② 于霞、刘岱：《2018年美国〈国防战略〉解读》，载《军民两用技术与产品》，2018年第21期，第52页。

究;①二是对前后两份文件发生变动调整的细节进行比较分析,如杨光海将美国2012年发布的军事战略指针与之前军事战略文件的不同之处进行比较,研究美国军事战略的演变。②这类研究大多只关注美国战略文本描述的变化,但较少对文本本身进行剖析,探究这种变化产生的背景和含义,即研究深度仅仅停留在话语分析的表层,没有触及话语分析的更深向度。

(三) 大国战略竞争的研究回顾

关于美国在中东地区从事大国战略竞争的研究,冷战期间的相关文献可谓浩如烟海。但随着1991年苏联解体,美国成为世界上唯一的超级大国,几乎可以随心所欲地制定其国家战略,战略竞争便无从谈起。进入21世纪以来,俄罗斯、中国等国的快速发展,让美国产生了警惕,美国开始将中国和俄罗斯视为竞争对手。关于大国战略竞争的研究重新活跃起来。学界关于中美之间的战略竞争较为关注。

一方面,学术界主要聚焦中美竞争的背景、本质、逻辑等基础性研究,如王梓元关于崛起大国与守成大国之间的战略竞争因果机制研究等。③另一方面,关于大国战略竞争的背景下某一具体领域的竞争,如经济、军事领域等硬实力的竞争,或是国际地位、规则制定权、意识形态等软实力的争夺。④许多学者在研究大国战略竞争时,会直接将竞争双方的角色预设为对手、敌人等。但实际上竞争双方的角色定位并非一成不变,双方并非时刻处于竞争的角色状态。过于简单化的设

---

① 刘华秋、王连成:《2005年〈美国国防战略〉报告评述》,载《外交学院学报》,2005年第2期,第26页。其他性质相似的研究如下。李浩:《浅析2008年〈美国国防战略报告〉》,载《国际论坛》,2009年第1期,第72—76、81页;陈飞:《试析2015年〈美国国家军事战略〉》,载《国防科技》,2016年第2期,第65—68页;等等。

② 杨光海:《解析美国军事战略的调整》,载《和平与发展》,2012年第5期,第20页。

③ 王梓元:《崛起国的大战略:竞争、合作与正当化》,载《中国国际战略评论》,2020年第2期,第204页。

④ 孙通、刘昌明:《中等强国在中美战略竞争中的行为逻辑:基于竞争烈度、依赖结构与利益偏好的解释》,载《世界经济与政治论坛》,2021年第4期,第36页。

定可能会对双方的战略竞争关系产生误解。

总之,通过对国内外上述研究成果的梳理和评价,我们可以对美国中东决策的研究现状形成初步认识,对美国中东决策的概况有一个基本了解,从而便于接下来进行更加系统的研究和分析。当然,上述文献研究的不足之处,也给我们的研究留下了进一步发挥的空间。

第二章 美国中东政策中的伙伴关系因素

美国不是中东国家，但将中东地区视为重要的利益攸关区，所以，美国不得不通过加强与其中东伙伴国的关系，保证自身的能源安全以及在中东投射军事力量的能力。阿拉伯国家作为重要的地区行为体，自然成为美国在中东立足的重要争取对象。基于此，本章深入探讨美国对阿拉伯国家的伙伴关系考虑怎样影响美国的中东政策。

一、伙伴关系与美国中东政策研究引论

（一）美国中东外交的伙伴关系问题

长时间以来，美国政府都将中东地区视为美国海外利益的自然重心。在《美国国家安全战略报告》中明确写道："自由世界对这一关键性地区能源供应的依赖以及我们与这一地区许多国家的密切关系构成美国的重要利益。"①基于此，美国通过在中东地区加强与其盟友或伙伴国的能源与安全联系，保证自身的能源安全以及在中东投射军事力量的能力。而且，美国长期参与并干涉中东和平进程，在中东地区

---

① 高祖贵：《冷战后美国的中东政策》，北京：中共中央党校出版社，2001年版，第5页。

保持着长久的影响力，是中东地区最不可忽视的域外大国。与此同时，中国的"一带一路"倡议、中国务实推动中东各国和平稳定的政策（特别是中国与伊朗等国的关系），也越来越引发美国的猜疑与限制。

作为国际关系研究中的最主要的行为体，主权国家是研究国际关系最基本的着手点。阿拉伯国家作为美国在中东的基本立足点，是美国在中东的主要交往与政策协调对象，也是本章研究的首要关注。为了使研究问题更加聚焦，本章将研究重点放在美国与阿拉伯国家的关系上。特别是自奥巴马政府以来，随着美国减少在中东的存在，美国在中东的利益无疑更会倚重阿拉伯友好国家的支持。在美国的伙伴关系构建下，其阿拉伯伙伴国将成为帮助美国在中东实现利益的重要依靠。

因此，本章假设伙伴关系考虑是影响美国中东政策的重要因素。通过理论与实证研究探究阿拉伯国家的关系是否为美国中东政策制定过程中的重要考虑因素，这些阿拉伯国家在美国的战略蓝图中又是发挥了什么样的作用，从而进一步探究出美国对中东阿拉伯国家的基本考量以及美阿关系所受的深层次矛盾制约。

（二）美国中东伙伴关系研究的重要意义

无论是考虑中东地区丰富的能源资源，还是因为中东地区热点纷呈，中东问题一直备受国内外学者关注。当今，学者们纷纷从能源、安全、游说集团或利益集团等角度解读美国对中东盟友的政策以及走向，或者探讨不同总统时期美国中东政策的差异，或者强调美国与某单一中东伙伴国的"相互依赖"关系。国内外学者对美国中东政策的关注点多种多样又各有不同，但他们对影响美国政策制定的结构性因素大都缺乏系统的梳理，对于美国与中东伙伴关系的政策内涵缺乏整体研究，对于不同阿拉伯伙伴在美国全球战略框架下的定位更是研究很少。为了弥补这一空白，本章将美国的中东政策研究置于美国视角之下分析，探究伙伴关系考量对美国的中东政策产生怎么样的影响，这无论是对于宏观的关系研究，还是对于微观的外交政策分析，都具有一定的学术价值。

（三）阿拉伯"伙伴"关系的概念

本章重点研究美国的阿拉伯伙伴关系。关于阿拉伯国家对美国而言是"伙伴"还是"盟友"，目前学术界并没有定论。不同的学者或专家往往对其有着不同的看法，甚至美国的领导人对这两个概念也经常混淆使用。产生分歧的原因在于美国与大多阿拉伯国家存在密切的军事合作以及政治联系，从这种意义上说他们符合广义上"盟友"的概念。比如斯蒂芬·沃尔特认为，"联盟"指的是两个或多个主权国家之间正式的或非正式的安全合作安排，其在《联盟的起源》一书中，便将沙特等国家直接定义为美国的"盟友"。但是，与此同时，美国与沙特等国并没有签署正式的联盟协议，也并不具备一般盟友之间所具有的"集体安全"属性。比如布雷特·阿什利·利兹认为，"联盟"指的是国家之间为了应对军事威胁而签订协议并据此展开军事合作。[①]因此，美国和沙特等阿拉伯国家并不是盟友关系。中国学者孙德刚特意引出了"准联盟"的概念，用来指美国与沙特等阿拉伯国家这种不依靠正式盟约，而是在非正式安全合作协定基础上开展合作的独特方式。

事实上，学术界对美国与中东阿拉伯国家是否为盟友关系的分歧，本质上是对美国与这些国家关系紧密程度的一种分歧。因为美阿之间确有密切的军事合作，美国在这些国家有驻军，但不可否认的是，相较于美国与北约或亚太盟友的关系，美国与这些阿拉伯国家的合作紧密度确有差距。而产生这些差距的一个重要原因就在于，双方没有明确的责任和义务分担，也没有明确的安全共同体意识。无论阿拉伯民众还是美国民众，都从未将对方当成真正的盟友，以至于在一些危机

---

① 王玮:《美国联盟体系的制度分析》，载《美国研究》，2013年第4期，第34—51页。

时刻,会出现相互推卸责任的现象,而不是互相协助。因此,相较于"盟友"关系,"伙伴"关系或许更能表达出美阿之间既有合作,但又没有成为真正盟友的那种距离感。

美国国防部对"盟友"与"伙伴"有明确的评定标准。美国国防部明确说明,联盟以两个或多个国家之间的正式协议为基础。联盟国家承诺彼此会支持对方,特别是在战争期间。然而,伙伴关系仅仅是有助于在国家之间或军队等组织之间建立关系,这种关系使伙伴国家的成员受益,但这种受益可能是短期的,也不涉及条约义务。[1]以沙特为例,在美国国防部所发布的《美国与沙特阿拉伯的安全合作》情况说明书中,美国将沙特直接定义为美国在广泛地区安全问题上的重要伙伴。[2]基于这些方面的原因,本章在描述美国与其阿拉伯友好国家的关系时,使用"伙伴"一词,而不是"盟友"概念。

二、美国坚持维护阿拉伯伙伴关系的战略

对美国而言,中东地区独特的地理位置、丰富的能源储备,以及威胁美国安全的恐怖主义多发等因素交织在一起,决定了美国将该地区作为维护全球战略利益的重点地区之一。但是,美国作为一个中东域外国家,不能单靠军事介入维持其在中东的利益。因此,自二战以来,美国的中东政策一直是借助伙伴国的力量维护其在中东的利益,这成为二战后美国的中东政策基调。

(一)伙伴关系是美国中东政策中的重要考量

在这一部分,我们首先通过美国的国家安全战略报告、国情咨文

---

[1] Claudette Roulo, "Alliances vs. Partnerships", https://www.defense.gov/Explore/Features/story/Article/1684641/alliances-vs-partnerships/.

[2] "U. S. Security Cooperation with Saudi Arabia", https://www.state.gov/u-s-security-cooperation-with-saudi-arabia.

等政策性文件，分析美国对阿拉伯国家的总体看法或态度，以探究伙伴关系考虑是否是美国中东政策的重要决策因素。

事实上，早在1990年的《美国国家安全战略报告》中便明确指出，"自由世界对这一关键性地区能源供应的依赖，以及我们与这一地区许多国家的密切关系，构成美国的重要利益。"①克林顿政府发布的《参与和拓展战略》也写道："美国在中东有持久的利益，特别是寻求中东和平的全面突破，确保以色列和我们友好的阿拉伯国家的安全，以及确保那里的石油以合理的价格自由输出。"② 由此可见，美国早已在重要的战略报告中，将其与中东地区阿拉伯国家的"紧密关系"视为同能源供应同等重要的关切。美国对阿拉伯伙伴关系的强调，虽然有很大一部分是为了确保自身能源的供应，但美国将这种关系本身也提升到国家安全战略报告的高度，不难看出，美国已将保持与阿拉伯国家的友好关系，视为一个独立的政策考虑。

"9·11"事件后，小布什政府将恐怖主义视为美国的最重要威胁，并将中东地区视为反恐的"主战场"。小布什政府将防止恐怖主义与大规模杀伤性武器的结合视为美国的首要对外政策目标，并采取先发制人的军事策略，先后在中东打响了阿富汗战争和伊拉克战争。与其前任相比，小布什政府的中东政策具有浓厚的单边主义色彩。但即便如此，小布什仍希望得到其阿拉伯伙伴国家的支持。例如，在2002年的《美国国家安全战略报告》中，小布什政府明确指出，"支持穆斯林世界中温和与现代的政府"，"我们需要盟国和友邦的支持"。在谈及巴以关系时，小布什政府表明，"以色列-巴勒斯坦冲突，由于人类苦难的严重程度、美国与以色列和主要阿拉伯国家的密切关系，以及该地区对美国其他全球优先事项的意义，而显得至关重要。"③由此可见，

---

① 高祖贵：《冷战后美国的中东政策》，北京：中共中央党校出版社，2001年版，第5页。
② "A National Security Strategy of Engagement and Enlargement", https://nssarchive.us/wp-content/uploads/2020/04/1995.pdf.
③ "The National Security Strategy of the United States of America", https://2009-2017.state.gov/documents/organization/63562.pdf.

虽然小布什政府倾向于推行单边主义、先发制人以及政权更迭的战略，但仍将与主要阿拉伯国家的密切关系视为重要的关切。

与美国武力入侵伊拉克相伴的是，小布什政府开始着手实施"大中东民主计划"，推进中东的所谓"民主化"改革。结果，小布什政府的做法，不仅使一些国家的激进派掌权，还引发了沙特、埃及等伙伴国的强烈不满。基于此，小布什政府不得不在其执政后期搁置中东的所谓"民主"改造计划，积极修复与其伙伴国的关系。例如，2008年，小布什会见埃及总统穆巴拉克时表示，"美国与埃及有着长期的友谊，重要的是，埃及人民要理解我们的国家尊重你们，尊重你们的历史，尊重你们的传统和文化。我们的友谊很牢固。这是我们在该地区政策的主要基石之一，这是基于我们对和平、安全和繁荣的共同承诺。"①小布什政府的这一表态说明，美国对其阿拉伯伙伴国非常重视。小布什总统通过这一表态，不仅解释了美国的所谓"民主"改革政策必须以确保埃及的历史传统为前提，从而缓解了两国之前一度出现的紧张关系，而且向埃及释放了不再强制促其政治改革的信号。

奥巴马上台后，逐渐放弃了小布什政府的单边主义政策，在地区事务中开始更多地利用其地区伙伴国的力量，即通过对其阿拉伯伙伴国提供政治、军事支持，使这些国家承担起本地区更多的安全责任和安全义务，尽量避免美国在中东地区的直接军事投射，减少美国的财政负担和人员伤亡。②然而受小布什政府在中东用兵的影响，阿拉伯国家与美国的关系受到很大影响。2008年3月，根据美国马里兰大学和佐格比民调中心对沙特、埃及等六个国家的民意调查结果，83%的人对美国持否定态度。③基于此，奥巴马政府开始修复其与中东伙伴的关

---

① "President Bush Meets with President Hosni Mubarak of Egypt", https://georgewbush-whitehouse.archives.gov/news/releases/2008/01/20080116-2.html.
② 刘国柱：《美国中东政策的国家利益视角》，载《当代世界》，2016年第2期，第20—21页。
③ 安惠侯：《"9·11"事件以来的美国中东政策评析》，载《阿拉伯世界研究》，2016年第1期，第12页。

系，积极向伊斯兰世界示好，并在对待其阿拉伯伙伴国的方式上，相较于小布什政府寻求更多的新转变。比如，奥巴马上台数天后，便在接受阿拉比亚电视台的采访时表明，"我们已经准备好发起基于相互尊重和共同利益的新伙伴关系"，而且，奥巴马表示，美国应转变对待阿拉伯世界的方式，"我们想要做的是去倾听，抛开过去几年来存在和形成的一些先入为主的观念。我认为，如果我们做到了这一点，那么至少有可能取得一些突破。"①

2009 年，奥巴马在开罗大学发表题为《新开端》的演讲，他在演讲中表示："我来到开罗，是为了在美国和世界各地的穆斯林之间寻找一个新的开始，一个基于共同利益和相互尊重的开始，一个基于美国和伊斯兰教并不排斥、不需要竞争的开始。它们互相重叠并共享共同的原则——正义和进步、宽容和全人类的尊严。"在谈及"民主"问题时，奥巴马表示，"一个国家不能或不应该由任何其他国家强加任何政府制度"②。奥巴马的演讲再次宣示，美国将寻求修复与其伙伴国以至整个伊斯兰世界的关系，而在影响与其伙伴国关系的所谓"民主"问题上，奥巴马试图让其阿拉伯伙伴国吃下一颗定心丸。在"阿拉伯之春"爆发后，面对埃及、沙特、巴林等国的动荡，面对在中东传播西方民主价值观的"重大机遇"，奥巴马政府言行比较谨慎，以维护美国在中东的利益。

2017 年，特朗普就任美国总统后，虽然在巴以问题、伊核问题上与前任表现出很大分歧，但总体上继续在中东延续奥巴马时期的"代理人政策"，仍然将与阿拉伯伙伴国家的友好关系视为美国中东政策的重要方面。在特朗普任期内发布的《美国国家安全战略报告》中直接表明，"通过振兴伙伴、与有改革意识的国家合作、鼓励该地区伙伴之

---

① "Full Transcript of Obama's Al‐Arabiya Interview", https://www.nbcnews.com/id/wbna28870724.

② "Remarks by the President at Cairo University", https://obamawhitehouse.archives.gov/the‐press‐office/remarks‐president‐cairo‐university‐6‐04‐09.

间的合作，美国可以促进地区稳定和对美国有利的全球力量平衡"，美国政府继续致力于"加强伙伴关系，建立新的伙伴关系，以稳定促进安全"。①由此可见，特朗普政府仍然将加强与阿拉伯伙伴国家的合作视为增进美国在中东利益的重要抓手。相较于美国其他总统，特朗普对于美国与阿拉伯伙伴国的关系，进行了更直截了当的说明：利用伙伴关系帮助美国打击恐怖主义和对抗伊朗等。例如，在沙特发生"卡舒吉案"后，特朗普表示："我们可能永远不知道关于贾马尔·卡舒吉先生被谋杀的所有事实。无论如何，就我们与沙特阿拉伯王国的关系而言，在我们与伊朗的重要斗争中，沙特是一个伟大的盟友。美国打算继续成为沙特的坚定伙伴，以确保我们国家、以色列和该地区所有其他伙伴的利益。我们的首要目标是全面消除全世界的恐怖主义威胁！"②由此可见，特朗普宁愿牺牲美国一贯强调的所谓的"人权标准"，也要维护美沙关系，这足以证明沙特和其他阿拉伯伙伴在美国的利益关切中占据重要位置。

拜登就任美国总统以来，虽然尚未完整阐释其中东政策的基本路线，但是，拜登政府迄今在中东的一些政策表述，已经透露出其准备将重振中东伙伴关系作为这一届美国政府中东政策的基石。2021年3月3日，美国白宫国家安全委员会发布了《临时国家安全战略方针》，明确表示："我们将与区域伙伴合作，遏制伊朗的侵略和威胁，瓦解'基地'组织和相关的恐怖主义网络，防止'伊斯兰国'死灰复燃，处理人道主义危机，并加倍努力解决威胁区域稳定的冲突。"③2022年1月31日，拜登在会晤来访的卡塔尔埃米尔塔米姆·本·哈马德·阿

---

① "National Security Strategy of the United States of America", http://nssarchive.us/wp-content/uploads/2020/04/2017.pdf.

② "Statement from President Donald J. Trump on Standing with Saudi Arabia", https://trumpwhitehouse.archives.gov/briefings-statements/statement-president-donald-j-trump-standing-saudi-arabia/.

③ "Interim National Security Strategic Guidance", https://www.whitehouse.gov/wp-content/uploads/2021/03/NSC-1v2.pdf.

勒萨尼时，谈到他已指示国防部长奥斯汀向阿联酋、沙特以及整个海湾国家传达美国对他们的支持，并特别强调，"我们将支持我们在该地区的朋友"。拜登还表示，"我们与卡塔尔的伙伴关系一直是我们许多最重要利益的核心"。①拜登积极对其阿拉伯伙伴国家示好并强调支持，表现出拜登政府把中东伙伴国作为美国解决中东问题、实现中东稳定的重要合作对象，美国多年打造的中东伙伴关系体系仍然至关重要。

无论是在小布什政府将中东作为反恐的主战场、大行单边主义之时，还是在奥巴马及其继任者在中东进行战略收缩、开展离岸平衡之际，美国都将中东的阿拉伯伙伴国视为其在中东重要的战略资源。纵使受到诸如"9·11"事件、巴以冲突等事态的重大影响，美国也继续积极寻找机会修复与阿拉伯伙伴国的关系，精心营造其在中东的伙伴关系网络。

（二）美国始终重视阿拉伯伙伴关系的动因

中东地区是联系欧亚非三洲、沟通大西洋和印度洋的重要枢纽，具有很高的地缘政治重要性。这一特点使中东成为美国掌控世界不可缺少的一个抓手。不仅如此，中东地区的世界能源供给中心地位，也对美国意义重大。此外，中东地区恐怖主义多发且直接威胁到美国安全，也令美国政府不得不重点关注中东。

对美国而言，构建和维护中东伙伴关系，本身并不是目的，美国维护中东伙伴关系的目的是实现"更为广泛的利益"。尼克松曾经指出："'谁在波斯湾和中东控制着什么'的问题，比以往任何时候都更是'谁在世界上控制着什么'这一问题的关键。"② 进入21世纪以来，

---

① "Remarks by President Biden and His Highness Sheikh Tamim Bin Hamad Al-Thani, Amir of the State of Qatar before Bilateral Meeting", https://www.whitehouse.gov/briefing-room/speeches-remarks/2022/01/31/remarks-by-president-biden-and-his-highness-sheikh-tamim-bin-hamad-al-thani-amir-of-the-state-of-qatar-before-bilateral-meeting/.

② 理查德·尼克松著，萧啸、昌奉译：《真正的战争》，北京：世界知识出版社，2000年版，第91—92页。

美国在中东地区的利益侧重点以及不同利益点的重要性和轻重缓急程度都在发生变化,但总体利益考量尚未发生重大变化。①2013年,奥巴马在第26届联合国大会上的演讲直接明确了美国在中东的核心关切,其中包括保障盟友和伙伴的安全、保障石油以合理的价格流向世界、打击恐怖主义、绝不容忍发展和使用大规模杀伤性武器,以及继续在中东推进"民主"进程。②

石油资源、经贸利益、战略走廊、反恐努力……多种因素交织,决定了中东地区成为冷战后美国维护全球霸权秩序的重要地区。从美国的战略视角看,只有独霸中东,才能防止俄罗斯进入中东地区蚕食美国的利益份额;只有独霸中东,才能防止中国"一带一路"倡议在中东地区的风头压过美国;只有独霸中东,才能牢固控制中东地区的海陆空战略通道,方便美国在世界各地迅速调遣和部署军队,进而维持其在全球政治、经济和安全事务中的主导权。③

但是,作为一个中东的域外大国,要保持美国在中东地区的足够影响力,单靠武力威慑或是经济打压是不可能的,还必须依靠中东地区的伙伴国协助美国维护在本地区的主导权。具体而言:

第一,阿拉伯伙伴国是美国介入中东的立足点。《美国的中东安全战略》报告中指出:"中东是欧洲和地中海同非洲、亚洲及印度洋之间的空中与海上交通枢纽,因此,它对美国能否在全世界进行贸易和投放军事力量起着重要作用。"④作为域外国家,面对中东巨大的政治和经济利益以及其他域外国家的竞争,在中东寻求立足点便成了美国介入中东、发挥影响力的首要选择。前美国国家安全委员会中东事务高

---

① 高祖贵:《大变局下美国中东政策的调整》,载《当代世界》,2014年第3期,第16页。
② "Remarks by President Obama in Address to the United Nations General Assembly", https://obamawhitehouse.archives.gov/the-press-office/2013/09/24/remarks-president-obama-address-united-nations-general-assembly.
③ 高祖贵:《冷战后美国的中东政策》,北京:中共中央党校出版社,2001年版,第15—16页。
④ 同③,第6页。

级主任迈克尔·辛格表示："我心目中的关键问题是，我们如何继续确保我们在该地区（中东）的利益，防止我们的对手入侵，同时将我们的资源重新分配到其他地方。要做到这一点，最明确的方法就是尽可能多地与盟友合作。"①因此，美国通过加强与多个阿拉伯国家的伙伴关系和安全合作，确保了其在中东地区的政治和军事存在。其中，美国在中东伙伴国的军事基地，成为美国向中东投射军事力量的重要平台。此外，美国借助阿拉伯伙伴国介入中东的另一个好处是，防止在中东的直接行动激起更为激烈的反美浪潮。为了消解美国在中东维持军事存在和开展军事行动引起的穆斯林国家的不满，美国只能以伙伴国的名义将阿拉伯国家拉拢过来，加强其在中东军事行动的合法性，平息穆斯林国家的反美浪潮。

第二，阿拉伯伙伴国是美国对抗威胁的重要帮手。二战后，历届美国政府都积极打造伙伴关系国或战略同盟国，以此作为美国应对地区威胁的重要手段。随着时间与环境的不断变化，美国的主要威胁也在不断发生变化，但美国借助伙伴国共同对抗威胁的做法却一直延续下来。在中东地区亦是如此。美国的阿拉伯伙伴国便是美国对抗中东地区威胁的重要帮手。特别是"9·11"事件之后，美国将打击恐怖主义作为其重要关切，阿拉伯伙伴国的作用更加突显。2002年小布什政府发表的《美国国家安全战略》报告明确表示："其优先事项是破坏和摧毁全球范围的恐怖组织，攻击其领导、指挥、控制、通信、物质支持和财政。"②特朗普上台后，继续将打击恐怖主义作为美国在中东的重要任务，明确指出"恐怖组织是美国面临的最危险的威胁"③。在此形势下，美国更加重视阿拉伯伙伴国，因为伙伴国可以直接为其军

---

① Michael Singh, " U. S. Policy in the Arabian Peninsula: An Evaluation", https://www.washingtoninstitute. org/pdf/view/1884/en.

② "National Security Strategy of the United States of America", https:/2009-2017. state. gov/documents/organization/63562. pdf.

③ "National Security Strategy of the United States of America", https://trumpwhitehouse.archives. gov/wp-content/uploads/2017/12/NSS-Final-12-18-2017-0905. pdf.

事行动提供支持。此外,伊拉克战争后,伊朗成为美国在中东地区首要的敌对国家。在 2017 年特朗普政府发表的《美国国家安全战略》报告中,17 次提到了伊朗,称其为"流氓国家"。而在美国不直接与伊朗进行军事冲突的情况下,通过笼络其阿拉伯伙伴国打造议题联盟成为美国遏制伊朗的重要手段。

第三,阿拉伯伙伴国对于美国保障能源与经济安全至关重要。美国对阿拉伯伙伴国的重视,与后者具有的石油资源是密不可分的。石油所具有的政治、经济、军事属性,使得石油问题不仅仅是一种经济问题,更是一种战略安全问题。小布什上台后,便委任副总统布鲁斯·切尼成立国家能源政策规划小组,研究出台了长达 170 页的"美国新能源政策"报告。报告明确指出,海湾地区是美国的根本利益所在,是美国对外政策优先关注的焦点。报告预测,世界经济的发展将继续依靠欧佩克成员国,特别是海湾成员国。[①]而美国与沙特等石油大国的密切关系,对于保障美国的石油安全至关重要。后来,美国随着实施石油多元化战略,逐渐减少了对中东的石油依赖。但是,海湾国家依托大量的石油储备与生产能力,其石油政策对于全球石油市场和世界经济仍有举足轻重的影响。不仅如此,主要的海湾国家因巨额的国际收支顺差而拥有大量的美元,这些石油美元通过购买美国国债、订购美国高精尖产品以及对美投资等形式,再次回流到美国,推动美国国内经济的发展,美国的国家利益也因此越发与阿拉伯伙伴国紧密联系在一起。

第四,保持与阿拉伯伙伴国的良好关系可以避免将其推向美国的对立面。对美国而言,一方面,保持与伙伴国的友好关系,可以直接避免将其变为"敌人"或推向"敌人"的阵营。美国与中东国家在意识形态、政治制度以及宗教信仰等方面存在极大的差异,而美国一直以"卫道者"身份自居,试图推动中东国家在人权、政治制度等方面

---

① 朱小莉:《国家战略视野中的中东》,北京:世界知识出版社,2010 年版,第 81 页。

作出有利于美国的改变。因此，美国与阿拉伯国家之间存在一些难以调和的差距和矛盾。但是，虽然美国并不认同中东国家的政治体制，但美国的实际做法仍十分谨慎。特朗普政府认为，对美国而言，纵然中东伙伴国在人权等方面使美国不满，但这并不是美国的核心利益。如果美国坚持推动阿拉伯国家进行政治改革，很可能促使他们变成伊朗那样的反美国家，这将是美国在中东地区的不可承受之重。另一方面，维持与阿拉伯伙伴国的良好关系，可以获得对其他"战略竞争力量"特别是中俄两国的优势和制约手段。因此，美国通过加强与阿拉伯伙伴国的关系，"阻止俄罗斯和中国将影响力扩展到该地区的努力"①，确保美国在中东地区的优势地位。不仅如此，美国将中东地区视为巨大的武器销售市场，维护好与阿拉伯国家的伙伴关系，可以使美国垄断这些客户，而"切断美国在该地区的伙伴关系，将迫使这些国家从其他地方寻求武器和支持，增加其他域外大国参与该地区的机会"②。

中东地区对美国非常重要，美国又无法从地理位置上把自己移到中东，所以，美国要实现自己的战略目标，就必须依赖中东地区的伙伴国家。③所以，美国与阿拉伯国家保持伙伴关系，成为历届美国政府一个稳定的政策偏好，推动着美国与这些国家在各种因素干扰下始终保持良好关系，竭力避免伙伴关系破裂。基于此，我们可以得出一个基本假设：伙伴关系考虑是美国中东政策的重要影响因素。

三、美埃外交行为与伙伴关系落地

在这一部分，我们以美埃伙伴关系为案例，考察美国外交政策文

---

① Mira K. Resnick, "U. S. Security Assistance in a Changing Middle East", https://www.state.gov/u-s-security-assistance-in-a-changing-middle-east/.
② "U. S. Policy in the Arabian Peninsula Serial", https://www.govinfo.gov/content/pkg/CHRG-116hhrg35360/pdf/CHRG-116hhrg35360.pdf.
③ 牛新春：《美国的中东政策：矛盾与困境》，载《外交评论》，2011年第2期，第23页。

件中体现出来的中东伙伴关系考虑,是否在他们的实际外交行动中有着充分的体现,以此对上文的假设进行检验。

(一) 美埃关系案例的选择

美国与阿拉伯伙伴国家的案例很多,我们需要从中选出一个适合本研究的典型案例进行深入考察。选择的案例需要满足较强验证效力的要求,以使得我们所作的验证经得起考验。基于此,本章按照统一设计要求,借鉴麻省理工学院学者斯蒂芬·范埃弗拉在其《政治学研究方法指南》一书中所列举的案例选择标准和外交学院高尚涛教授在《国际关系的权力与规范》一书中总结的案例选择标准,[①]将本章的研究案例确定为"阿拉伯之春"时期美国与穆巴拉克政府的关系。

之所以说"阿拉伯之春"时期美国与穆巴拉克政府的关系符合案例选择的标准,是因为以下四个方面。第一,该案例具有丰富的数据,包括奥巴马与穆巴拉克的通话、其本人的演讲以及美国重要官员的讲话等,可以为我们分析美国对埃及的基本考虑提供有力的支撑;第二,该案例中的变量存在极值,从美国政府基于伙伴关系考虑对穆巴拉克政府所进行的大规模援助,再到"一·二五"革命期间将穆巴拉克推翻,美国对穆巴拉克政府的伙伴关系考虑经历了一个从很高到很低的过程,这有助于我们进行强检验;第三,在该案例中,自变量值的变化差距很大,存在着案例内变量,比如埃及军方的态度、美国民众的考虑等,从而有助于我们确定有待确定的原因和影响;第四,该案例具有典型的背景特征,"阿拉伯之春"不仅仅在埃及爆发,美国的多个阿拉伯伙伴国都因此而受影响,因此对该案例的选择还有助于我们进行跨案例检验性比较。

在具体操作过程中,本章将首先对穆巴拉克时期的美埃关系进行概述,探析美国对穆巴拉克政府的基本考量以及由此而产生的对埃政

---

① 高尚涛:《国际关系的权力与规范》,北京:世界知识出版社,2008年版,第104—107页。

策；之后将重点分析埃及"一·二五"革命期间，美国奥巴马政府对穆巴拉克政府伙伴关系考量的变化，以及由此而导致的对穆巴拉克政府态度和政策的变化；从而分析判断伙伴关系考量是否为美国中东政策的重要影响因素。如果是，则可验证前文的假设；如果不是，则将进一步分析干预变量，修正假设。

（二）"阿拉伯之春"背景下美埃关系变化

长期以来，美国将埃及的稳定视为中东稳定的关键，想通过塑造美埃伙伴关系推进其在中东地区的国家战略和安全目标，包括阿以和平、抵制苏联（俄罗斯）在该地区的影响、防止任何一个地区国家支配中东、打击恐怖主义等。在穆巴拉克当政时期，美国与埃及建立了牢固的伙伴关系，这突出表现为双方高频的政治交流以及美国对埃及的巨额援助。但是，在"阿拉伯之春"席卷埃及之后，美国的伙伴关系考虑从穆巴拉克身上移位，从而导致美国对埃及的政策调整。

1. 穆巴拉克上台后的美埃关系

第四次中东战争后，美埃两国恢复外交关系。后来，美埃两国共同推动《戴维营协议》达成，埃及与美国关系在萨达特时期快速发展。1981年10月，穆巴拉克上台执政，美国进一步推进两国关系，穆巴拉克几乎每年都会应邀去美国访问，埃美关系成为埃及最重要的双边关系。

穆巴拉克非常重视埃美关系，在涉及美国中东核心利益的许多方面，穆巴拉克政府都给予了美国很大支持。在军事方面，埃及以其在中东的军事大国地位以及关键的地缘政治优势，对美国在中东的军事行动提供了巨大便利。例如在1990年海湾危机期间以及之后的海湾战争期间，埃及发挥了阿拉伯盟主的作用，给予了美国政府重要支持。在海湾战争中，埃及是除美国外出兵最多的国家，而且带动许多其他阿拉伯国家纷纷加入反萨达姆阵营，使美国在阿拉伯世界发起的军事行动更具合法性。在推动中东和平进程方面，穆巴拉克上台后继续维持与以色列的和平关系,并且积极斡旋巴以冲突。在埃及的主持下,巴以举行了十多轮落实加沙-杰里科自治协议的谈判,最终达成了《开罗协议》。在该协议谈判的最后关头,穆巴拉克的两次介入使谈判起死回生。①美国有媒体称:"要记住,没有埃及的参与和支持,中东和平进程就不会发展到这一步。"②此外,在反恐方面,穆巴拉克政府也对美国政府进行了积极配合。穆巴拉克曾公开表示:"我们支持美国为反抗恐怖主义而采取的任何措施。"③《今日美国》曾援引美国官员的话说,埃及安全部门和国防军在二十世纪八九十年代,特别是在"9·11"事件发生后的十年中,跟美国分享了"宝贵的情报",并为美国提供了其他"有用的反恐援助"。④

穆巴拉克政府的这些特质,几乎满足了美国政府对于中东地区伙伴关系国家的一切想象。美国时任国务卿科林·鲍威尔曾谈道:"在一个早先用军事手段激烈反对以色列的地区,我们用给予埃及军事援助的方式,帮助实现了地区稳定,局势的平静使我们能同埃及建立战略关系,这种关系促进了许多美国目标的实现,包括全球反恐战争、伊拉克的稳定和重建、苏丹达尔富尔的人道主义危机。"⑤因此,基于埃及在美国中东战略中的重要地位,特别是穆巴拉克政府在重要事务上对美国的支持,美国进一步加强了美埃双方的关系,通过高层往来、加强援助以及开展经济技术合作等手段不断塑造两国稳定的伙伴关系。

一方面,美国维护与埃及的伙伴关系反映在双方领导人高频率的会晤上。据统计,自1982年2月至1997年3月,穆巴拉克应邀对美国进行了15次国事访问,美国领导人同穆巴拉克进行了高达207次会

---

① 陈天社:《合作与冲突:穆巴拉克时期的埃美关系》,载《西亚非洲》,2008年第5期,第68页。
② 黄培昭:《和平心愿不能违背》,载《人民日报》,2020年3月2日,第16版。
③ 张文贞:《美国与埃及关系记事》,载《西亚非洲资料》,2001年第4期,第73页。
④ "Transition Could Weaken U. S. Anti-Terror Efforts", http://usatoday30.usatoday.com/news/washington/2011-02-04-terror04_ST_N.htm.
⑤ 张燕军:《中东军事现代化进程中的美国因素研究》,载《南京政治学院学报》,2016年第4期,第53—61页。

晤。不仅是穆巴拉克频频造访美国，美国领导人同样对埃及进行了高频率的访问。例如：在1994年，除美国国务卿克里斯托弗四次访问埃及外，美国总统克林顿、副总统戈尔也先后访问过埃及。1998年，美国与埃及建立起了定期战略对话机制。2000年之后，穆巴拉克依旧多次造访华盛顿，而美国政要也几乎每到中东必访开罗。2003年6月，美国总统小布什访问埃及并出席在沙姆沙伊赫召开的阿拉伯-美国峰会。同年，美国国务卿鲍威尔、苏丹问题特使丹佛尔斯、中东问题特使比尔贝伦兹也访问了埃及。2009年1月，奥巴马正式上台后，穆巴拉克是第一轮接到其电话的外国领导人之一。①国家领导人的交往是国家间关系发展程度的重要标志，美国领导人高频率的同穆巴拉克会晤，可以充分说明美国对与埃及伙伴关系的重视和维护。

另一方面，美国对与埃及伙伴关系的重视，反映在美国对埃及的巨额援助上。长期以来，美国将埃及的稳定视为中东稳定的关键，因此埃及一直都是美国重要的援助对象，是中东地区仅次于以色列的美国第二大援助国。而在穆巴拉克时期，美国对埃及的援助占据了冷战后美国对埃援助总额的很大一部分，占比超过了70%。②在经济援助方面，自穆巴拉克上台到2000年，美国每年都会提供约10亿美元的经济援助，主要用于加速埃及产业私有化和出口经济的发展、基础设施建设以及工农业发展等。2000年以来，美国对埃及的军事援助数额虽然有所减少，但仍然提供给埃及数量可观的援助和优惠贷款。在2004年，美国同意向埃及提供3亿美元的无偿贷款以及20亿美元的优惠贷款，作为对埃及在伊拉克战争期间经济损失的补偿。③与对埃及的经济

---

① 陈天社：《穆巴拉克时期的埃及》，北京：社会科学文献出版社，2019年版，第254—256页。
② 根据美国Foreign Assistance官网统计，自冷战后美国对埃及经济和军事援助总额约为1485.58亿美元，而自1981年到2010年美国对埃援助总额约为1055.44亿美元，详情见https://foreignassistance.gov/cd/egypt/。
③ 王振琴：《穆巴拉克时期埃及与美国关系研究》，兰州大学硕士论文，2014年5月，第16页。

援助相比，美国对埃及的军事援助更是美埃伙伴关系的重头戏。自1978年以来，美国每年向埃及提供约13亿美元的军事援助，作为维持埃以和平的"不可触及的补偿"。实际上，在穆巴拉克时期，美国对埃及的实际军事援助，都是超过这一额度的。美国对埃及的军事援助，不仅仅大幅推动了埃及军队的现代化建设，提高了埃及的综合实力，更体现了美国对与埃及伙伴关系的不断强化和悉心维护。

2. 埃及"一·二五"革命与美国立场变化

2010年12月17日，26岁的突尼斯小贩穆罕穆德·布瓦吉吉因抗议城市警察的粗暴对待而自焚。该事件迅速引发了突尼斯人的示威游行，并最终演变为全国性反政府抗议，迫使连续执政23年的突尼斯总统本·阿里外逃，政府垮台。该事件迅速在埃及等阿拉伯国家发酵，成为"阿拉伯之春"的引爆点。

2011年1月25日，在埃及警察日当天，埃及民众效仿突尼斯抗议者走上街头，展开了大规模的抗议活动。随着抗议规模的不断扩大，示威者的诉求从要求穆巴拉克不再连任总统转变为敦促穆巴拉克立即下台。面对这一突如其来的政治风暴，穆巴拉克本人措手不及，美国的奥巴马政府也有些不知所措。

一方面，穆巴拉克领导下的埃及是美国中东政策的重要支持者，穆巴拉克政府的稳定与否在一定程度上影响着美国中东政策的推行。此外，如果奥巴马政府放弃支持穆巴拉克政府，会直接威胁到美国在中东地区构建的伙伴关系体系，有可能严重动摇埃及和其他阿拉伯国家对美国的信任与支持力度。①而另一方面，所谓的民主、人权、自由也是美国在中东政策乃至全球政策中的一个重要变量。如果奥巴马政府对埃及的群众示威不闻不问，就会威胁美国在中东地区追求的一个长期目标——推广西方民主价值观，而且有可能引发美国国内民众的不满。

---

① 牛新春：《美国中东政策：矛盾与困境》，载《外交评论》，2011年第2期，第19页。

面对推广价值观考虑和维护伙伴关系考虑的冲突，奥巴马政府最初的表现说明他更希望维护与穆巴拉克政府建立起来的美埃伙伴关系。所以，在埃及示威游行爆发几小时后，美国国务卿希拉里·克林顿表示，美国评估，穆巴拉克政权是稳定的，它正在寻找回应埃及民众诉求与利益的方式。① 2011 年 1 月 27 日，奥巴马对埃及局势发表评论："我总是告诉他（穆巴拉克），要确保埃及在改革道路上前进，包括经济和政治改革，这对埃及的长治久安很重要。暴力不是解决埃及问题的方法，我希望埃及政府和示威者都要谨慎处理，千万不要诉诸暴力。"时任美国副总统的拜登更加直接，他表示，穆巴拉克不是独裁者，现在不是他该下台的时候，穆巴拉克在许多事务上一直是美国的朋友。②

2011 年 1 月 28 日，在穆巴拉克发表电视讲话后不久，奥巴马与穆巴拉克进行了电话连线，事后奥巴马告诉媒体，穆巴拉克总统承诺更多的"民主"和更好的经济发展机会。奥巴马在电话连线中告诉穆巴拉克，他有责任采取具体的措施和行动来兑现承诺。美国将继续支持埃及人民的权利，并和他们的政府一道寻求更公正、自由和有希望的未来。奥巴马强调，美国与埃及有着密切的伙伴关系，彼此在许多问题上进行了合作，包括共同努力推进构建一个更加和平的地区。埃及必须进行满足埃及人民愿望的政治、社会和经济改革。③

当时，虽然在白宫内出现了一些主张抛弃穆巴拉克的声音，比如萨曼莎·鲍尔和安东尼·布林肯等年轻一派，敦促奥巴马"站在历史正确的一边"，给穆巴拉克一个"决定性的推动"。但是，这些声音很

---

① 周琪、沈鹏：《要稳定,还是要民主？——2011 年美国中东战略的权衡和抉择》,载《社会观察》,2012 年第 1 期,第 63 页。
② 杨丽明：《价值观战略利益难取舍 中东局势动荡给美出难题》,https://www.chinanews.com.cn/gj/2011/01-31/2823666.shtml。
③ "President Obama on the Situation in Egypt: All Governments Must Maintain Power Through Consent, Not Coercion", https://obamawhitehouse.archives.gov/photos-and-video/video/2011/01/28/president-obama-situation-egypt#transcript。

快被白宫内更加现实主义的声音所淹没。①由此可见,在埃及爆发民众抗议初期,美国出于保障伙伴关系的考量,不得不放弃其在埃及推进西方民主的"重要机遇",而选择继续支持穆巴拉克政府,这验证了本章前面在文本研究中得出的假设。

3. 美国"支持转移"与穆巴拉克下台

穆巴拉克虽承诺进行改革,但是在实际行动中继续通过高压平息事变。2011年1月28日,穆巴拉克政府切断网络、实施宵禁,并要求军队和警方一同维持秩序。穆巴拉克政府的这些做法,与其承诺的改革相去甚远,埃及的群众性抗议活动反而愈演愈烈。与此同时,美国个别国会成员开始越过官方渠道表达自己的立场。1月29日,美国众议院外交事务委员会主席伊莱安娜·罗斯·莱蒂宁呼吁埃及应立即举行选举。美国参议院外交事务委员会主席约翰·克里也发表了类似内容的专栏文章,并反对穆巴拉克和其儿子贾马尔参与竞选。②

在之后几天,埃及局势持续升温。2011年1月31日,有25万抗议者聚集在开罗的解放广场。2月1日,超过100万人涌入广场,继续向穆巴拉克政权施压。2月2日,穆巴拉克的支持者骑着马和骆驼并挥舞着鞭子在开罗解放广场冲击抗议者,从而导致局势进一步升级。与此同时,埃及国内的政治形势也发生了重大变化。1月31日,埃及军方承诺不会向任何和平抗议活动开火,承认"人民要求的合法性",并拒绝使用武力驱散抗议者(虽然根据埃及现行的法律,这种抗议是非法的)。可见军方对穆巴拉克的支持也在瓦解。③

这些变化引发了美国对穆巴拉克立场的微妙变化。一方面,穆巴

---

① Pamela Engel, "Former US Defense Secretary Reportedly Found Top Obama National-Security Sides' Dangerously Naive", https://www.businessinsider.com/robert-gates-obama-egypt-ben-rhodes-2016-1.

② 彭天鹤:《"阿拉伯之春"以来埃及与美国的关系》,浙江师范大学硕士论文,2020年5月,第16—17页。

③ Maria do Céu Pinto Arena, "Changing Foreign Policy: The Obama Administration's Decision to Oust Mubarak", *Revista Brasileira de Política Internacional*, Vol. 60, No. 1, 2017, p. 6.

拉克政府久久不能控制局势，逐渐使美国政府丧失耐心；而且国内外舆情的变化，给寻求连任的奥巴马带来越来越大的压力。另一方面，埃及军方的态度使得美国政府质疑穆巴拉克是否还能留在台上。美国尽管不希望穆巴拉克下台，但为了确保埃及不失控，特别是保证其对埃及的持续影响力，开始为穆巴拉克下台作准备。2011 年 2 月 1 日，奥巴马针对埃及的局势发表演讲，提及他对穆巴拉克的要求——"我相信有序的过渡必须是有意义的，必须是和平的，而且必须从现在开始。"① 奥巴马的讲话标志着美国对埃及的政策将进入一个新的阶段，其要求埃及政府进行立即过渡，意味着奥巴马政府认为穆巴拉克下台是不可避免的。

同时，奥巴马政府积极与埃及各方接触。基于埃及军方在政治中的重要地位以及美国靠军援与其建立密切关系的事实，美国极为重视与埃及军方的联系。② 美国动员一切渠道与埃及军方进行沟通，以确保美埃伙伴关系不会因穆巴拉克下台而瓦解。据统计，美国国防部长罗伯特·盖茨在埃及变局期间与埃及军方最高层至少通过六次电话。③ 美国参谋长联席会议主席、海军上将迈克·马伦也试图说服新任命的埃及副总统奥马尔·苏莱曼将军劝说穆巴拉克下台，以便他能够与包括穆斯林兄弟会在内的反对派政客达成协议，组建过渡政府。④ 2011 年 2 月 10 日，关于穆巴拉克下台的言论开始散播开来，奥巴马同日在参加北密歇根大学的会议时明确表示："我们正在见证历史。"⑤ 2 月 11 日，埃及副总统苏莱曼通过电视台宣布，穆巴拉克已经辞去总统职务，并

---

① "Remarks by the President on the Situation in Egypt", https://obamawhitehouse.archives.gov/photos-and-video/video/2011/02/01/president-obama-transition-egypt.

② 曾向红：《美国对埃及变局的应对及其效应——基于建构视角的考察》，载《国际安全研究》，2013 年第 3 期，第 59—63 页。

③ Marc Lynch, "America and Egypt After the Uprisings", *Survival*, Vol. 53, No. 2, 2011, pp. 36-37.

④ Maria do Céu Pinto Arena, "Changing Foreign Policy: The Obama Administration's Decision to Oust Mubarak", *Revista Brasileira de Política Internacional*, Vol. 60, No. 1, 2017, p. 6.

⑤ 同②，第 62 页。

将权力移交给了军方。

在埃及政局迅速变化的这18天中,奥巴马政府的立场发生了明显的变化,从最开始坚定支持穆巴拉克政府并敦促穆巴拉克进行改革,到后来选择与军方站在一起并要求穆巴拉克政府进行过渡。在这一过程中,美国对穆巴拉克政府的抛弃是否意味着我们的假设成立?美国政策的改变是否仍是出于维系伙伴关系的考量?

答案是肯定的。在整个事件中,美国因支持立场的快速变化而被研究者称为一种"机会主义"策略,甚至有学者认为美国应对埃及政局不力的根源在于美国在支持对象上摇摆不定。[1]然而,事实上,在这整个过程中,虽然美国前后的政策表面上看起来发生了重大变化,但纵观美国在整个事件前后的政策和行为,美国所秉持的基本信条并未发生改变,即维系好与埃及的关系以确保美国在中东的利益。

从穆巴拉克执政期间美国对穆巴拉克政府的巨额援助,到"一·二五"革命发生后希拉里和拜登所发表的声明,都可以看出,美国支持穆巴拉克政府意在维护美国与埃及的伙伴关系,从而维护美国在中东地区的国家利益。面对局势的快速变化,美国顺势而为,站到了穆巴拉克的对立面,但仍然是为了稳住与埃及的关系。美国抛弃了穆巴拉克,选择和埃及军方站在一起,是因为美国认为穆巴拉克不能继续代表埃及。鉴于军方成为埃及的新代表,美国要维持与埃及的伙伴关系,必须跟新代表合作。

在穆巴拉克下台的当天,奥巴马发表演讲,对埃及军方不乏溢美之词,比如奥巴马称赞道:"军队作为国家的看守人以爱国和负责任的方式服务。"奥巴马还表示:"美国将继续成为埃及的朋友和伙伴。我们随时准备提供任何必要的和被要求的援助,以实现向'民主'的可

---

[1] 曾向红:《美国对埃及变局的应对及其效应——基于建构视角的考察》,载《国际安全研究》,2013年第3期,第55页。

靠过渡。"①此外，奥巴马政府承诺将继续对埃及提供13亿美元的军事援助以及2.5亿美元的经济援助，希望以此来帮助埃及重振经济以及进一步加强与美国军方的关系。不久之后，美国国防部长盖茨、国务卿克林顿相继访问埃及，主要接触对象是大权在握的军方。

由此可见，美国对穆巴拉克态度的转变是基于维护与埃及伙伴关系的考量。只要这种关系不变，至于埃及的代理人是谁并不是美国主要关心的内容。纵使是美国的"老朋友"穆巴拉克本人，美国也是可以随时抛弃的。美国重视的是埃及和埃及的代理人，而不是某个具体的个人。这个案例足以证明我们的结论，伙伴关系考虑是影响美国中东政策的一个重要因素。

四、伙伴关系考虑对美国中东政策的影响

北约前副秘书长帮办杰米·谢依在谈及美国与中东的关系时曾经说道："对于外交官来说，与寻找威慑和遏制可恶对手的方法相比，管理复杂的联盟可能更令人头疼。"②事实正是如此，美国在与其阿拉伯伙伴国的互动过程中，其伙伴关系经常被许多因素所干扰，这些干扰因素不仅包括诸如"9·11"事件等对美沙关系的影响，还包括阿拉伯民众对美国驻军的反对、阿以冲突以及阿拉伯世界内部的分裂等。在多种因素作用下，美阿之间的伙伴关系不是一帆风顺，而是龃龉不断、危机频发。但是，美国为了实现其在中东的战略利益，积极采取各种手段来笼络其阿拉伯伙伴国，这其中便包括积极允诺保障伙伴国的安全、调和阿以关系以及通过打造地区联盟推动美阿关系发展。

---

① "Remarks by the President on Egypt", https://obamawhitehouse.archives.gov/photos-and-video/video/2011/02/11/president-obama-historic-day-egypt#transcript.

② Jamie Shea, "The US Rethinks Its Relations with Saudi Arabia: or Does It?", https://www.friendsofeurope.org/insights/the-us-rethinks-its-relations-with-saudi-arabia-or-does-it/.

（一）保障伙伴国安全

美国的国家安全战略报告一直都特别强调保障中东伙伴国的安全。例如，1991年的《美国国家安全战略报告》表示，"美国在中东的战略利益包括促进友邦的稳定与安全"①；克林顿政府在《国家参与和拓展战略》中明确表示，要"确保以色列和我们阿拉伯友好国家的安全"②；到奥巴马政府时期，这种表述更加具体，"美国将继续加强与埃及、约旦、沙特以及其他海湾合作委员会成员国的安全关系，这种关系将使我们的军事力量与防卫体系运作更加有效"③；特朗普政府时期发布的《美国国家安全战略报告》，也有同样直接的表述，"我们将在该地区保留必要的军事存在，以保护美国和我们的盟友不受恐怖主义的袭击，并保持有利的地区力量平衡"④。

在美国国防部的战略部署中，也直接体现了美国对中东伙伴国的保障。例如，在美国防部2012年1月3日发表的《维护美国全球领导地位：21世纪的国防重点》中，具体描述了美国军事战略的收缩和转移。该报告指出，近期美国全球战略收缩的重点是欧洲，亚太和中东仍是军事战略重点。在亚太，要增加机构和军事存在；在中东，要保持军事存在和能力。⑤而保障中东伙伴国的安全，不仅仅是美国参与中东事务所打出的幌子，更是美国得以大规模参与中东事务的基础条件。无论是在战略宣传上，还是在加强安全关系的实践上，美国都将保障中东伙伴国的安全放在极为重要的位置。

首先，保障伙伴国安全是许多"以石油换安全"的阿拉伯国家特

---

① "National Security Strategy of the United States", https://nssarchive.us/wp-content/uploads/2020/04/1991.pdf.

② "A National Security Strategy of Engagement and Enlargement", https://history.defense.gov/Portals/70/Documents/nss/nss1994.pdf?ver=2014-06-25-121219-500.

③ "National Security Strategy of the United States of America", https://obamawhitehouse.archives.gov/sites/default/files/docs/2015_national_security_strategy_2.pdf.

④ "National Security Strategy of the United States of America", http://nssarchive.us/wp-content/uploads/2020/04/2017.pdf.

⑤ 牛新春：《选择性介入：美国中东政策调整》，载《外交评论》，2012年第2期，第46页。

别是海湾国家的现实需要，美国只有迎合这种需要，才可以顺利切入对中东事务的管控之中。"安全就是指一国主观上不存在恐惧，客观上不存在威胁"，它既包括国内的政治与社会稳定，又包括国际社会处于一种和平、有序以及相对正义的状态。但是"不安全感"却是许多阿拉伯国家的普遍心理。对于众多阿拉伯王权国家而言，国内的政治宗教冲突容易影响自身的统治地位，王室的统治地位容易遭受质疑和威胁；与此同时，许多海湾国家虽然拥有丰富的油气资源、重要的地理位置，但是军事力量羸弱，容易引发区域大国甚至是域外大国的侵占野心，再加上恐怖主义势力在中东的蔓延，"不安全感"成为阿拉伯国家普遍存在的心理感受。于是，依赖大国的军事保护便成为这些国家的刚需。根据沃尔特的威胁平衡理论，影响威胁程度的要素包括综合实力、地缘毗邻度、进攻实力和侵略意图。以沙特为例，在二战后可以合作的国家中，无论是从地缘毗邻度还是从侵略意图来看，美国的潜在威胁都是最小的，所以沙特会选择与美国合作，这就为美国介入中东提供了契机。1945年2月14日，沙特国王与罗斯福总统达成了"以石油换安全"的历史性交易，从而奠定了美国与沙特乃至海湾国家的基本合作模式。在海湾危机中，阿拉伯国家无力解决伊拉克入侵的问题，因此更加依赖美国的帮助。海湾战争后，科威特、巴林、卡塔尔、阿联酋先后同美国签订了安全防御协定，美国获得了在这些国家建立军事基地、驻军、储存武器以及派遣快速反应部队进入海湾地区的权力。第二次海湾战争后，随着伊朗的强势崛起，逊尼派国家的"不安全感"进一步增加，他们借助美国抗衡伊朗的战略需求随之增加。美国顺势承诺对阿拉伯伙伴国加强保护，为自己进一步强势介入中东找到了机会与突破口。

其次，美国通过加强与阿拉伯伙伴国的安全关系，保证了其在中东地区的实力地位。如前所述，海湾危机爆发后，许多海湾国家与美国达成战略共识，加强了与美国的军事合作。海湾战争后，为了防止伊拉克再次崛起，美国与其中东伙伴国在战略上确立了明确的合作目标,美国保证其阿拉伯伙伴国不受邻国侵犯和威胁,奠定了它们战略关系稳定机制的基础。①海湾国家纷纷与美国签订军事协议,允许美国在本国设立常驻军事基地,比如沙特苏丹王子空军基地、多哈兵营等。在奥巴马上任初期,美国在中东12国建立了150多处军事基地,约占其海外基地总数的四分之一,成为美国维持全球主导权的重要基础。②到现在为止,虽然美国在中东的军事基地经过多次调整,但相比于中东地区的其他域外国家,仍占有绝对优势。这赋予了美国在中东地区制造重大地缘政治危机、塑造地区国家行为、并在必要时重新配置地方政府和国家社会权力的能力。③ 相比之下,俄罗斯仅在叙利亚有一小部分前哨基地和一个海军基地,法国仅在阿联酋有一个小型军事设施,英国也只在海湾地区部署了几个小型军事基地。此外,长期的安全关系使得中东盛行这样一种观点,即为了解决地区力量不平衡问题,美国大规模军事力量的长期留驻不可避免。这种观点认为,力量失衡会创造权力真空,这种情势会鼓舞侵略者冒险破坏地区稳定,因而,美国应当成为任何地区安全安排的一部分,填补出现的任何权力真空。④

最后,美国与中东伙伴国的安全关系为其攫取了巨额经济利益。对中东的武器出口可以使石油美元回流,从而弥补美国的贸易逆差、消除赤字以及平衡预算。20世纪70年代,随着石油价格上涨、收入增加,中东产油国手中掌握着大量的石油美元,而通过以武器换取部分石油美元的方式,让美元回流,便成为当时美国中东政策中的重要考虑。也正是在这个时期,美国对中东的武器转让形式由军事援助逐渐

---

① 刘月琴:《冷战后海湾地区国际关系》,北京:社会科学文献出版社,2002年版,第215—216页。
② 孙德刚:《冷战后美国中东军事基地的战略调整》,载《世界经济与政治》,2016年第6期,第22—48页。
③ Sean Yom, "US Foreign Policy in the Middle East: The Logic of Hegemonic Retreat", *Global Policy*, Vol. 11, No. 1, 2020, pp. 75-83.
④ Narendra Singh Sisodia and Ashok K. Behuria, *West Asia in Turmoil: Implications for Global Security*, New Delhi: Academic Foundation, 2007, p. 81.

转为对外军售。到了1976年，相较于军售，军事援助的份额已经可以忽略不计了。①据统计，在1950—1999年间，美国国防工业销售额的38%集中在中央司令部所管辖的地区国家。进入21世纪，美国对中东伙伴国的武器销售更是有增无减。小布什政府上台以来，以伊朗、叙利亚以及各种恐怖组织的威胁为由，向埃及、沙特等中东伙伴国提供了超过600亿美元的新武器销售。②2013年，奥巴马政府放宽了美国对军事出口的限制，可以几乎在没有任何监督的情况下将军事装备运送到他国，而阿拉伯国家恰恰是武器出口市场中份额最大的地区，约占其武器出口总额的40%。2011—2015年间，美国近10%的武器出口到沙特，9.1%出口到阿联酋。特朗普上任之后不久，便和沙特签署了千亿军售大单。与前五年相比，2016—2020年美国的国际军售保持稳定，但美国武器出口的近一半（47%）流向中东，仅沙特就占美国武器出口总额的24%。③美国通过武器出售，不仅在中东攫取了巨额的经济利益，而且加剧了阿拉伯伙伴国对美国武器的依赖，迫使其越来越按照美国的意志行事，并防范其他国家染指中东。

（二）推进阿以关系改善

1947年11月29日，联合国大会通过了181（2）号决议，即《巴勒斯坦分治协议》，决定在巴勒斯坦地区建立一个犹太国和一个阿拉伯国。美国从一开始就与中东和平进程联系在一起，并主要表现在美国支持以色列巩固其在巴勒斯坦地区的国家地位。④在四次中东战争期间，美国穿梭于阿以之间进行斡旋外交，企图将苏联排除在和谈进程之外，

---

① William H. Mott IV, *United States Military Assistance: An Empirical Perspective*, Westport: Greenwood Publishing Group, 2002, p. 19.

② David Houska, "U. S. Plans Major Middle East Arms Sales", https://www.armscontrol.org/act/2007-09/us-plans-major-middle-east-arms-sales.

③ "US Remains Top Arms Exporter and Grows Market Share", https://www.bbc.com/news/business-56397601.

④ 巨永明：《美国是中东和平进程的主导者》，载《郑州大学学报（哲学社会科学版）》，2006年第1期，第148页。

逐渐奠定了其主导中东和谈的地位。自此之后,美国积极推动中东和谈进程,推出不同版本的和平方案,并在各方之间进行了积极的穿梭外交。

但是,美国与以色列和与阿拉伯国家的关系是不同的。美国与以色列建立了亲密且牢固的同盟关系,而且美国国内强大的院外集团深刻影响着美国对以色列的亲近政策。与此同时,美国在中东立足需要阿拉伯国家的支持,与阿拉伯国家建立和维持伙伴关系也至关重要。但是,以色列和阿拉伯国家由于巴以问题长期处于对立状态,美国对以色列的亲近政策稍有不慎,可能招致阿拉伯国家的集体反对。正如2002年《美国国家安全战略报告》中所表示的那样,"巴以冲突之所以至关重要,是因为以色列和主要阿拉伯国家都非常关切,而且该地区对美国其他全球优先事项具有重要性"[①]。在巴以之间战火频燃的情况下,每次危机爆发都考验着美国外交的平衡能力。因此,无论美国政府如何重启中东和平进程,都会得到其阿拉伯伙伴国的密切关注,考验美国在以色列和阿拉伯伙伴国之间的斡旋能力。基于此,美国为了更好地巩固自身利益,维护其在中东地区的主导地位,需要更加努力和审慎地推动阿以和解。

为达此目的,美国不得不一面对以色列进行一定程度的施压,一面试图将巴以和解转为阿以和解。

首先,美国在全力支持以色列的同时,适当对以色列施压,是做给它的阿拉伯伙伴国家看的,从而借以维持阿以之间在心理上的平衡。美国于1948年第一个承认以色列建国,2017年又第一个承认耶路撒冷为以色列的首都。同时,以色列是美国在中东的第一大援助国,自1979年以来美国每年向以色列提供30亿美元的军事援助,并在军售问题上长期保持着以色列对于阿拉伯国家的绝对优势。2016年,美以又签订了长达十年、价值380亿美元的合作谅解备忘录。基于这一备

---

① "National Security Strategy of the United States of America", https://2009-2017.state.gov/documents/organization/63562.pdf.

忘录，美国每年向以色列提供33亿美元的外国军事融资和5亿美元的导弹防御项目。美国不惜重金支持以色列的原因，除了美国国内犹太游说集团的强大影响力之外，美国希望把以色列打造成美国在中东的战略支柱，使以色列成为分化阿拉伯世界、控制中东的重要抓手。

美国对以色列强大而不可缺少的政治军事支持与援助，决定了美国对以色列的影响是巨大的，美国甚至可能是唯一能够迫使以色列在某些问题上作出让步的国家。基于此，美国每当在中东地区的支配权取得进步，便会调整对以色列的政策，推进中东和平进程。

海湾战争后，老布什认为结束阿以冲突的时机已经到来，提出了召开解决巴以问题的中东和会倡议。为此，美国国务卿贝克八次出访中东，力图缩小阿以间的分歧。为了将以色列逼到谈判桌上，老布什政府向以色列沙米尔政府施加压力，甚至以延迟以色列急需用来安置犹太移民的100亿美元贷款担保为条件，逼迫以色列作出妥协。①最终，1991年10月30日，马德里中东和平会议顺利召开，正式启动了中东和平进程。在克林顿政府期间的《怀伊河备忘录》谈判过程中，美国以前所未有的施压力度迫使以色列接受美国提出的撤军建议。小布什上台后，在其任内发布的首份《美国国家安全战略报告》中明确提出：美国继续要求以色列领导人采取具体步骤，支持一个可行、可信的巴勒斯坦国的出现；随着周边安全局势的改善，以色列军队需要完全撤回到他们在2000年9月28日之前的位置。②奥巴马上台后，进一步推动巴以问题的和平解决，在以色列定居点问题上表示："美国不会接受以色列继续扩建定居点的合法性，这一行为继续下去将违反以前的协议，破坏实现和平的努力，是时候停止这些定居点了。"③而奥巴马时

---

① 王黎明：《巴以和平进程中的美国作用分析》，西北师范大学硕士论文，2011年5月，第12页。

② "National Security Strategy of the United States of America", https://2009-2017.state.gov/documents/organization/63562.pdf.

③ Michael Roddy, "Factbox: Key Facts About Israeli Settlements", https://www.reuters.com/article/us-palestinians-israel-settlements-idUSTRE62C0QO20100313.

期对内塔尼亚胡政府的警告和施压，也在一定程度上导致了双边关系的相对冷淡。

其次，美国尝试推动从巴以和平转向阿以和平。缓和巴以矛盾是推动阿以关系改善的关键，而缓和巴以矛盾的难点在于，如何限制以色列在约旦西岸继续扩建定居点，在这一方面取得突破极其困难。然而，在美－以－阿三角关系框架中，美国可以较好地平衡其对以色列和阿拉伯伙伴国的政策，即在偏袒以色列的同时又不至于伤害美国与温和阿拉伯国家的关系，所以美国积极推动阿以和解，力图在这个轨道上取得突破。第四次中东战争后，美国便积极推动埃及与以色列之间关系正常化，美国给予埃及的援助也成为维持埃及与以色列和平的"不可触及的补偿"。1994年，在美国的积极推动下，约旦首相马贾利和以色列总理拉宾共同签订《和平条约》，成为继埃及后阿拉伯国家同以色列签订的第二个合约。

特朗普上台后，优先推动阿以和平，力促以色列与阿拉伯伙伴国之间取得外交突破，并试图通过以色列和阿拉伯国家之间的和平迫使巴勒斯坦接受与以色列在更加不对称关系基础上的和平。[①]基于此，美国重点推进以色列和其阿拉伯伙伴国之间进行建交。2020年9月15日，在特朗普的见证下，阿联酋外长阿卜杜拉、巴林外交大臣扎耶尼与以色列总理内塔尼亚胡签订了和解文件《亚伯拉罕协议》。作为回报，阿联酋将会获得美国新一代的无人机、电子战机，并有可能成为第一个获得F-35第五代战机的阿拉伯国家。2020年10月23日，苏丹同以色列实现了关系正常化，美国承诺将苏丹从"支持恐怖主义名单"中剔除。2020年12月10日，摩洛哥同以色列实现关系正常化，作为回报，美国承认西撒哈拉为摩洛哥领土。特朗普的这一政策在其之后的拜登政府时期得到了延续。在纪念《亚伯拉罕协议》签订一周年的会议上，美国国务卿布林肯表示将鼓励更多的阿拉伯国家与以色

---

① 钮松：《美国的中东和平政策及其未来走向》，载《亚太安全与海洋研究》，2021年第1期，第90—103页。

列实现关系正常化。因此,在拜登政府任内,将阿以和平置于巴以和平之上的政策将得到进一步延续,而美国也将不遗余力地推动更多阿拉伯伙伴国加入《亚伯拉罕协议》。

(三) 打造地区联盟

整合地区伙伴力量并与美国结伴(盟)是二战后美国全球战略的重要组成部分,这是美国借以倍增力量、遏制挑战者、约束盟友、控制伙伴,以及保持全球优势的重要工具,遍布世界的盟友体系也因此成为美国维护全球霸权的重要支柱。中东是影响美国全球霸权的基础地区之一,美国一直在此积极推动伙伴国进行力量整合。虽然美国尚未打造出一个阿拉伯版的"小北约",但自冷战开始以来,美国一直进行各种尝试。特别是奥巴马上台以来,美国在全球战略收缩的大背景下,把推动阿拉伯伙伴国整合以使他们在美国力量转移的情况下更好地维护美国的地区利益,作为美国中东政策的一个重点。特朗普上台后延续了这一政策,在其发布的《美国国家安全战略报告》中,特朗普政府表示,"通过重振与具有改革意识国家的伙伴关系,鼓励该地区伙伴之间的合作,美国可以促进有利于美国利益的稳定和力量平衡"[1]。

事实上,从冷战开始,美国为应对苏联的威胁,便积极推动中东地区进行联合。20 世纪 50 年代初,美国先后提出"中东司令部"和"中东防御组织计划",但由于在阿拉伯国家缺乏认同而宣告失败。1953 年,艾森豪威尔上台后,开始进一步推动中东军事联盟的成立。1953 年春,美国国务卿杜勒斯从中东访问归来后,建议在北部国家(土耳其、伊朗、伊拉克和巴基斯坦)之间建立防御安排,以遏制苏联。[2]于是,在美国推动下,英国、土耳其、伊拉克、伊朗、巴基斯坦

---

[1] "National Security Strategy of the United States of America", http://nssarchive.us/wp-content/uploads/2020/04/2017.pdf.

[2] "Foreign Relations of the United States: Near East Region; Iran; Iraq", https://history.state.gov/historicaldocuments/frus1955-57v12/d1.

于1955年成立巴格达条约组织。该组织在英美的操纵下与北大西洋公约组织、东南亚条约组织一起形成对社会主义国家的包围圈。巴格达条约组织维持了不到四年的时间，便改名为"中央条约组织"，但由于成员国之间的意见分歧太大，不久便名存实亡，并于1979年正式解散。构建地区联盟的失败，致使美国此后主要依靠自身力量及西方盟友的协助干预中东事务。

"9·11"事件之后，小布什政府虽然一度在中东大行单边主义，但在小布什任期后期，美国重新尝试推动其伙伴国之间加强安全合作，并寻求建立"海湾安全对话"。作为美国和海湾六国之间的主要安全协调机制，"海湾安全对话"的核心目标是促进海湾合作委员会内部及其与美国之间的合作。①奥巴马上台后，开始了全球范围内的战略收缩，其核心思想是减少美国的直接军事干预，而让其伙伴国或盟友逐渐承担地区安全责任。②在美国支持下，埃及总统塞西于2015年提出"阿拉伯军事联盟"倡议，旨在整合阿拉伯各国的军事力量。2015年4月，埃及、沙特、阿联酋、卡塔尔等国就组建"阿拉伯联军"的具体规章进行了讨论，但最终由于没有达成共识而不了了之。

特朗普上台后，在推动阿拉伯伙伴构建地区联盟一事上迈出了重要一步。特朗普政府有意建立一个逊尼派阿拉伯联盟，来对抗伊朗在中东的影响并保障美国在中东地区的利益。2017年5月，特朗普在前往沙特参加利雅得峰会期间，提出了制定新安全协议——"中东战略联盟"（又被称为"阿拉伯版北约"）的想法。特朗普建议沙特牵头创建"中东战略联盟"。随后，2017年5月23日，沙特发布了《利雅得宣言》，宣布在沙特领导下成立"中东战略联盟"，以促进该地区的

---

① "海湾安全对话"为美国与海湾合作委员会成员国在以下几个领域的接触提供了一个框架：一是改善海湾合作委员会的防御能力和互操作性；二是地区安全问题，如巴以冲突和黎巴嫩问题；三是防止核扩散；四是关键基础设施保护；五是对伊拉克的承诺。详情见 https://sgp.fas.org/crs/weapons/RL34322.pdf。

② 牛新春：《选择性介入：美国中东政策调整》，载《外交评论》，2012年第2期，第45—54页。

和平与安全。①2018 年 9 月,美国国务卿蓬佩奥集体会见沙特、巴林、卡塔尔、科威特、阿联酋、阿曼、约旦和埃及八国外长,正式宣布组建"中东战略联盟"。特朗普政府还制定了"中东战略联盟"的政治、安全、经济和能源支柱,并就每个支柱组织了与海湾国家的会议。"中东战略联盟"的政治支柱致力于挫败恐怖活动并遏制伊朗、俄罗斯和中国在该地区的影响。"中东战略联盟"的安全支柱是根据北约模式制定的,旨在通过区域能力中心协调成员国的防御系统,并拥有类似于北约指挥结构的空中、海上、陆地和特种部队;其统一军事力量由来自成员国的 40 000 名军事人员组成,成员国为部队提供资金,海湾合作委员会为指挥结构提供资金。此外,"中东战略联盟"还计划在海外私人投资公司、美国国际开发署和美国贸易代表办公室的协助下,为中东地区经济发展和能源部门整合提供一个平台。②

"中东战略联盟"概念与特朗普政府在其 2017 年《美国国家安全战略报告》中提出的"推动伙伴国分担更多成本和重新关注大国竞争"③相吻合。通过建立"中东战略联盟",美国一方面可以扭转前任政府"重返亚太"后对中东地区在一定程度上的忽略,消除其阿拉伯伙伴国在安全领域对美国的离心倾向,另一方面可以使其伙伴国在地区防务以及应对威胁方面发挥出更大的作用,在继续保持其伙伴国对美武器依赖的情况下,迫使其对本地区防务贡献更多资金,减轻美国负担。④但是,由于中东国家之间的内部裂痕巨大,加之他们在反恐和对抗伊朗等方面的目标不同,致使"中东战略联盟"只在特朗普政府的强推之下才能勉强成型和维持。2019 年 4 月,埃及宣布退出"中东战略联盟",致使襁褓中的"中东战略联盟"深受打击。特朗普政府

---

① Lacin Idil Oztig, "Regional Dynamics and the Future of Middle East Strategic Alliance", *Digest of Middle East Studies*, Vol. 30, No. 2, 2021, pp. 102-115.
② 同①。
③ "National Security Strategy of the United States of America", http://nssarchive.us/wp-content/uploads/2020/04/2017.pdf.
④ 季澄:《美版"中东战略联盟"恐难如愿》,载《中国国防报》,2018 年 8 月 8 日,第 4 版。

下台后,"中东战略联盟"已名存实亡。

拜登政府上台后,对"中东战略联盟"兴趣不大,也一直没有对其作出任何评价,其中东政策重心显然是延续奥巴马政府制定的战略收缩政策。正如拜登在竞选网站上所表示的那样,他的政府"将结束在阿富汗和中东的无休止战争,这让我们付出了无数的鲜血和财富"[①]。但是,鉴于中东地区在维护美国霸权中的基础性作用,即便在美国战略收缩的情况下,依靠地区伙伴国维系美国在中东的利益也是拜登政府的不二选择。拜登或许不会继续推动"中东战略联盟"的构建,但他一定会继续打造其他形式的地区联盟,以更加有效地推进美国的利益目标。俄乌冲突爆发后,拜登极力推动与沙特、阿联酋等国建立类似于中东能源联盟之类的合作机制,就是一个表现。

基于对阿拉伯伙伴关系的重视,美国通过安全承诺和保障进一步加强与阿拉伯国家之间的关系,不仅确保了美国在中东的实力地位,而且为美国的军工集团带来了巨大收益。在阿以关系问题上,美国也会继续推动其不断改善,这样做不仅可以为以色列营造更加有利的安全环境,也会进一步确保阿以两方都能为美国所用。随着美国逐步开始进行全球战略收缩,进一步推动阿拉伯国家之间的安全合作、建立类似安全联盟的机制也可能成为美国中东战略的重要考虑。为达此目的,美国将继续在反恐问题、伊朗问题上塑造议题联盟,以便在美国进行战略收缩的前提下,确保其中东利益不会受到损害。

五、结语

美国国务卿安东尼·布林肯在题为《为了美国人民的外交政策》的演讲中指出:"我们将重振与盟友和伙伴的关系。我们的联盟就是军方所说的力量倍增器,它们是我们的独特资产。我们依靠它们完成的

---

① "The Power of America's Example: The Biden Plan for Leading the Democratic World to Meet the Challenges of the 21st Century", https://joebiden.com/americanleadership/.

工作，要比没有他们多得多。因此，我们现在正在大力推动与我们的伙伴和盟友重新建立联系，并重塑多年前建立的合作伙伴关系，以适应今天和明天的挑战。这包括几十年来一直是我们最亲密朋友的欧洲和亚洲国家，以及非洲、中东和拉丁美洲的新老伙伴。"①这一表态，可谓是美国政府重视伙伴关系考虑的最新诠释。

（一）塑造伙伴关系对美国意义重大

美国在阿拉伯伙伴国的协助下，塑造了其在中东地区超越任何域外大国的影响力，保障了其在中东利益的实现，并确保中东成为美国维护全球霸权的重要支点。

在政治上，美国在中东伙伴国中具有很大的政策影响力。美国这种强大影响力有很多具体表现：从摩洛哥到阿曼的大多数国家（除了像伊朗这样被美国视为敌国的国家），他们首都的第二重要建筑通常是美国大使馆；②在解决巴以问题上，美国的意愿和政策发挥的作用甚至超越了当事国，美国成了通往中东和平之路的必要一方；在美国的强势推动下，中东国家不得不按照美国的想法进行一定程度上的政治改革。阿拉伯国家虽然对美国有各种不满，但出于须借助美国力量维持政权稳定的考虑而不得不作出妥协，而这进一步增加了美国长期影响中东政治走势的可能性。

在经济上，美国与伙伴国的密切关系保障了其在中东的经济利益。一方面，美国与中东伙伴国之间存在密切的经贸联系，美国成为许多阿拉伯国家最重要的经贸伙伴之一，特别是美国对其阿拉伯伙伴国的巨额军售，使中东地区成为美国武器销售的重要市场。另一方面，中东伙伴国使用的美元结算体系，成为保障美国经济霸权的重要基础。

---

① Antony J. Blinken, "A Foreign Policy for the American People", https://www.state.gov/a-foreign-policy-for-the-american-people/.

② Sean Yom, "US Foreign Policy in the Middle East: The Logic of Hegemonic Retreat", *Global Policy*, Vol. 11, No. 1, 2020, pp. 75–83.

20世纪70年代，布雷顿森林体系瓦解以后，美国凭借其在石油工业体系中的重要地位，为美元找到了新的支撑，并以此维系美元的再循环。于是，石油美元体系逐渐形成。石油美元体系的形成，不仅仅保证了美元的霸权地位，而且保证了大量美元通过伙伴国对美国的投资与贸易再次回流到美国，美国也因此可以在世界各地进行经济收割。

在军事上，美国与伙伴国的密切关系不仅保证了其在中东投射军事力量，而且在一定程度上保障了美国塑造地区格局的能力。自二战结束以来，美国已经获得了各种各样的基地、设施，包括美国在卡塔尔、突尼斯、约旦和沙特的空军基地，以及在阿曼、阿联酋和巴林的海军港口。凭借这些军事存在，美国不仅保证了其遏制地区威胁、打击恐怖主义、对抗和威慑地区对手的能力，而且通过其在中东的美国中央司令部将其战略利益拓展至中东周围的南亚、中亚以及东北非等地区。这些驻军为美国提供了在中东发动战争，甚至改变一些国家政局走向的可能。

在社会文化上，西式文化在阿拉伯世界具有相当的影响力。在美国多管齐下的意识形态输出下，中东国家的很多政治经济精英对美国的生活方式产生了向往。在中东地区的美国大学，已成为美国保证其影响力的重要基地，如贝鲁特美国大学、开罗美国大学、多哈美国大学等，作为中东地区最具有影响力的科研和学术单位，吸引了大量来自中东国家的学生前来深造。许多学生在不知不觉中喜欢上了美国文化和生活方式。

虽然美国许多政客、学者甚至是大众，都希望弱化美国作为中东安全提供者的角色，但在可预见的将来，美国仍将是该地区安全的重要参与者。这不仅仅是因为该地区的许多国家缺乏足够的自卫能力，不得不依赖美国提供的安全保障，而且还因为防止恐怖主义的威胁以及大规模杀伤性武器扩散也是美国的重要利益所在。①基于此,美国在战略收缩的大背景下,通过对其阿拉伯伙伴国的选择和管理,在保证减轻自身负担的情况下,依然维持了在中东的基本利益。这将成美国的一项长期战略选择,而不是权宜之计。

(二) 美阿伙伴关系的问题及前景分析

美国前国家安全委员会中东事务高级主任迈克尔·辛格曾指出,美国应重新评估其在中东地区建立伙伴关系和减轻负担的方法。如果美国想在不牺牲自己利益的情况下成功减少其在中东的足迹,就必须确保其地区伙伴关系是有效的(有帮助的,而不仅仅是保护性的)和可持续的。②虽然美国通过加强与阿拉伯伙伴国的合作关系,帮助自身巩固了在中东的战略利益,但是在可持续问题上,或者说在美阿伙伴关系的前景问题上,仍面临着严峻的挑战。

首先,无论是在中东还是美国国内,美阿伙伴关系越来越受到质疑。一方面,美国在中东的政策正引起越来越多阿拉伯民众的不满。面对美国在中东的驻军、对伊斯兰文明的不够尊重、穷兵黩武以及对以色列的偏袒等,许多阿拉伯民众都表现了强烈的不满。特别是美国在反恐旗号下先后对阿富汗和伊拉克开战,被中东民众认定是"赤裸裸的侵略"。以伊拉克战争为例,许多阿拉伯民众虽并不同情萨达姆政权,但也反对美国对伊拉克民众的侵害。埃及《金字塔报》主编指出:"美国发动伊拉克战争的最终目的,就是要击垮阿拉伯民族的意志,分化阿拉伯国家阵营,根据美国的利益重组地区格局。"③美国虽然想进

---

① Dafna H. Rand and Andrew P. Miller, *Re-Imagining U. S. Strategy in the Middle East: Sustainable Partnerships, Strategic Investments*, Washington, D. C.: Brookings Institution Press, 2020, pp. 14–15.
② Michael singh, "The United States, Saudi Arabia, and the Middle East in the Post-Khashoggi Era", https://warontherocks.com/2018/12/the-united-states-saudi-arabia-and-the-middle-east-in-the-post-khashoggi-era/.
③ 范鸿达:《中东反美主义:美国的对策及其评价》,载《阿拉伯世界研究》,2006年第4期,第38—42页。

一步加强与阿拉伯国家政府之间的合作关系,以增加其地区影响力,但是越来越多的当地民众认为美国的介入是在阻碍中东朝着适合自身的方向发展,这无疑与美国试图在中东地区营造友好氛围的初衷相去甚远。

另一方面,美国对其阿拉伯伙伴国的支持在美国国内受到越来越多的质疑。在"美国优先"的政策框架下,越来越多的美国专家学者将中东的伙伴国视为美国摆脱困境、逃离地区泥潭的障碍。而且,近年来,阿拉伯国家在"人权"方面的记录不合美国预期,进一步激起了美国朝野对其与阿拉伯伙伴关系的反思,一些学者甚至提议取消一直以来对埃及的军事援助。兰德公司在出台的一份报告中梳理了美国与其阿拉伯伙伴国的关系对美国的不利影响:一是阿拉伯伙伴国"侵犯人权"的行为使美国背负骂名,严重影响美国的国际形象;二是阿拉伯伙伴国卷入地区冲突损害了美国的战略利益,比如阿联酋、沙特、埃及和约旦对利比亚内战一方的哈夫塔尔国民军的支持,为俄罗斯扩大其在北约南翼的军事存在创造了空间;三是美国对阿拉伯伙伴国安全的承诺导致许多国家对国防能力投资不足,寄望搭乘美国的便车。① 这些对美国中东政策的质疑,冲击着美国对中东地区伙伴国的政策考虑,在一定程度上消耗了双方之间的关系。

其次,美国和阿拉伯伙伴国在推动关系发展的动力上,面临越来越多的分歧。在美国的中东政策中,普遍存在着现实主义和机会主义的成分。这种思想落实到伙伴关系上,决定了美国的中东伙伴关系在很大程度上是由其面临的威胁驱动的。例如,美国制定中东政策立足于遏制苏联(俄罗斯)、打击恐怖主义、对抗伊朗,以维护其在中东事务中的主导地位,其方式就是培养和扶持地区伙伴或支柱,并通过安全关系和军事援助予以维护。而众多阿拉伯国家从独立伊始,就面对

---

① Nathan Vest, "Reevaluating U. S. Partnerships in the Middle East Under the Biden Administration", https://www.rand.org/blog/2021/03/reevaluating-us-partnerships-in-the-middle-east-under.html.

域外大国的竞争以及地区大国的威胁，为了应对这种外部威胁，他们不得不加强与美国的安全合作，与美国结成伙伴关系。这样，美阿双方需要有共同的威胁认知，即美国想打压的势力应该正好是阿拉伯国家所惧怕的势力，这样才能奠定双方合作的基础。但是，随着美国的战略收缩以及全球战略重点的转移，美国想打压的势力不再与阿拉伯国家所惧怕的势力吻合。能源安全、恐怖主义和伊朗威胁等议题，已不再是美国界定的主要威胁，于是美国想尽量避免在中东的冲突，作为一个"离岸平衡手"发挥相对超脱的作用。拜登政府上台后，这一趋势表现得更加明显。拜登一方面从中东撤军，另一方面又希望跟伊朗达成新的核协议。这无疑会给美国的阿拉伯伙伴国营造出一种"不安全感"和"被抛弃"的感觉。

对于中东国家的领导人特别是那些比较温和的阿拉伯国家的领导人而言，他们也把与美国的伙伴关系建立在最大化发挥其地区影响力以及尽可能地发掘美国伙伴潜力的基础上，尽量不让自己不可逆转地陷入一个由外部势力决定的"选边站"的陷阱里。不仅如此，阿拉伯伙伴国面对美国在中东塑造的大国威胁，以及为此开展的战略，也越来越表现出离心倾向。埃及退出特朗普政府打造的"中东战略联盟"，就表明了埃及的战略侧重与美国并不一致，其在应对伊朗以及其他大国威胁方面与美国有着不同的立场。此外，埃及、沙特、阿联酋、卡塔尔等海湾国家积极响应中国的"一带一路"倡议，与中国开展密切的经贸合作，在国际事务中加强沟通协调，而不是跟着美国遏制中国。与此同时，埃及也在积极与俄罗斯扩大军事合作，沙特也与俄罗斯在军事上不断接近。在拜登政府从沙特撤出爱国者导弹之后不久，沙特便与俄罗斯签署了军事协议。①对阿拉伯国家而言，面对美国在中东的战略收缩，他们积极在美国、俄罗斯、中国以及欧洲国家之间保持战略平衡，而不再单纯依靠与美国的伙伴关系。

---

① 《美国从沙特撤出导弹防御系统》，https://m.gmw.cn/2021-09/13/content_1302573978.htm。

最后，从长远来看，美阿之间的政治文化冲突问题，也必将制约双方伙伴关系的深入发展和更深层次的合作。如前所述，中东地区的阿拉伯民众对美国的中东政策越来越不满，美国民众亦对阿拉伯国家抱有偏见，这其中深含着美阿之间的文化宗教差异。中东地区阿拉伯国家的政治、文化、宗教体制与美国不同，在许多方面甚至互相背离。这对一贯怀揣"使命感"的美国而言，其阿拉伯伙伴国无疑需要被好好"改造"。例如，小布什政府的"大中东民主计划"，便是美国试图改造中东的一个重要尝试，其目的是使美国所谓的"民主之风"吹遍中东的每一个角落。而与此同时，在伊斯兰世界内部，反美主义在世俗社会和宗教阵营里都有很大市场。伯纳德·刘易斯在《穆斯林愤怒的根源》一文中写道："伊斯兰与西方之间的搏斗已持续了14个世纪之久，它由一系列漫长的进攻和反进攻组成——圣战与十字军、征服和再征服。今天的穆斯林世界大部分被一种强烈的仇恨情绪所支配。突然之间，美国成为大敌和邪恶的化身，一切善良之物的恶魔般反对者，特别是对穆斯林和伊斯兰世界而言。"①有国内学者指出，伊斯兰宗教关于国际社会的理想，在根本上与西方主导的现行国际体系和国际制度并不兼容，比如，伊斯兰教教义中的"圣战"思想对武力征服的崇拜，以及"乌玛"思想所蕴含的超越国家主权的泛伊斯兰普世理想，无疑都与美国所追求的东西大相径庭。②

但是，美国为了维护其在中东的利益，不得不依靠这些在政治体制、宗教文化上与之不同的国家，特别是那些海湾王室国家。然而，美国又很难按照自己的标准，把利益需要和文化认同有机地融合在一起。所以，美国极力维护其与阿拉伯伙伴国的关系，是以掩盖或暂时牺牲自己对阿拉伯政治文化的抵制为前提的。美国的阿拉伯伙伴国也

---

① Bernard Lewis,"The Roots of Muslim Rage", https://www.theatlantic.com/magazine/archive/1990/09/the-roots-of-muslim-rage/304643/.
② 刘中民：《伊斯兰的国际体系观——传统理念、当代体现及现实困境》，载《世界经济与政治》，2014年第5期，第4—32页。

处于与美国同样的内在分裂之中，他们面对中东此起彼伏的反美和反以浪潮，一方面必须强调美国提供安全保障的重要性，另一方面又不能认同美国的入侵和干涉行为。因此，美国和阿拉伯国家之间这种政治、宗教、文化上的差异，一直严重影响着彼此的伙伴关系。按照亨廷顿的观点，美国所代表的西方文明将和阿拉伯国家所代表的伊斯兰文明发生严重的冲突，这种冲突将成为21世纪国际政治斗争的一条主线。[①] 暂且不论这种文化冲突能否或者何时演化为一场军事冲突甚至战争，单就他们之间这种文化认同所蕴含的对立性而言，就一定会削弱彼此伙伴关系进一步发展的基础。

[①] 萨缪尔·亨廷顿著，周琪等译：《文明的冲突与世界秩序的重建》，北京：新华出版社，1998年版，第230—241页。

第三章 美国中东政策中的美以特殊关系因素

进入21世纪，中东仍是世界上最具战略价值的地区之一，同时也是频繁受外部大国干预的地区之一，其中超级大国美国的角色最为显著。在美国的中东政策中，美以关系非常重要。以色列自建国以来一直是美国在中东地区最重要也是最特殊的盟友，多年来两国保持着广泛深入的安全、政治、经济关系。美国官员曾多次在公开场合表示，以色列没有比美国更伟大的朋友和更强大的支持者。此外，美国也长期为以色列提供大量军事援助以确保其安全和强大，这样的双边关系在国际上实属罕见。对于以色列来说，以美关系是以色列最重要的双边关系。以色列在美国的帮助下实现建国梦想，在美国的支持下从建国初期恶劣的安全环境中生存下来，并逐渐成长为中东地区军事力量最强大的国家。

一、美以特殊关系与美国中东政策研究引论

（一）美国中东政策中的美以特殊关系问题

美以之间存在共同的宗教和价值观纽带，美国的战略需求推动两国关系发展成为特殊关系，而美国国内势力对以色列的大力支持在维

系这种特殊关系方面发挥了很大作用,这三个层次的因素相互影响,共同提升和巩固了以色列在美国对外政策中的地位。尽管如此,美国政府也会根据自身的战略目标和手段调整其中东政策,因此美国对以色列的支持也不是无限的。从总体上看,以色列是美国在中东地区推进其国家利益的重要支柱,在大多数时间里,美国和以色列在中东事务中密切配合,促进双方共同利益的实现。

"9·11"事件是一个重要的时间节点。在研究了2002年《美国国家安全战略报告》之后,美国历史学家路易斯·加迪斯认为,"9·11"事件促成了美国大战略的转型,突出表现在新一届小布什政府将"恐怖分子"与"暴君"视为危险源,强调大国合作,推广西方民主以消除"恐怖主义"与"暴政"。①从2001年"9·11"事件发生到2021年特朗普政府任期结束,美国经历三届政府,美以关系在不同时期也呈现出不同的变化。特别是2017年特朗普政府上台后,美以关系迅速升温,美国在外交领域采取了一系列偏袒以色列的举措,凸显了美以特殊关系在美国中东政策中的地位。因此,在上述背景下,本章着眼于以下问题展开研究:美以特殊关系是否是影响"9·11"事件后美国中东政策的重要因素?如果答案是肯定的,那么,美以特殊关系对三届美国政府在中东具体事务中的具体实践,特别是在处理巴以问题、伊朗问题、叙利亚等重点地区问题上发挥了何种作用?美国维护美以特殊关系对中东局势造成了何种影响?

(二)美以特殊关系的研究意义

维护美以特殊关系是美国中东战略的重要组成部分,对中东地区的冲突与稳定存在深刻的影响,因此分析美以特殊关系与美国中东政策之间的联系具有学术意义和现实意义。

从学术意义来看,目前研究大多数专注于美国某一届政府任期内

---

① John Lewis Gaddis, "A Grand Strategy of Transformation", *Foreign Policy*, No. 133, 2002, p. 133.

美以特殊关系的分析。首先，本章以"9·11"事件作为时间节点，探讨"9·11"事件后美以特殊关系对三届美国政府中东政策的塑造，兼具连续性和全面性，为了解"9·11"事件后美国中东政策以及美以特殊关系的发展演变提供了一定的参考价值。其次，本章将美以特殊关系作为研究美国中东政策的切入点，加深我们对美国伙伴或盟友关系本质的认识，即：美国通过建立伙伴关系来更好推进美国利益。最后，文中对美国具体中东政策实践的分析，包括美国在巴以、伊朗、叙利亚等问题上的立场和行为，为展开对复杂中东国际关系，特别是热点问题的研究提供了一定参考。

从现实意义来看，中国作为联合国安理会五个常任理事国之一，肩负着维护地区稳定的重要责任。中东地区热点问题和冲突频发，中国需要采取既公正又不损害自身利益的立场。本章分析美以特殊关系对美国中东政策具体实践的影响，有助于把握美国在中东开展行动的动态、把握中东局势的发展，从而避免乱局损害中国利益。同时，中东也是中国在对外政策中关注的重点地区之一。在"一带一路"倡议中，以色列和阿拉伯国家都是重点合作对象，研究纷繁复杂的中东热点问题，有助于更好推进"一带一路"倡议在中东落地，有助于维护中国在中东地区的政治、经济、安全等利益。

二、美以特殊关系的背景

美以关系起源于犹太复国主义运动时期，经过长时间的互动和打造，最终在冷战中后期发展成为一种坚固的特殊关系。发源于19世纪末的犹太复国主义运动的最终目标是在中东的巴勒斯坦地区建立一个犹太国。1922年6月，美国国会通过《贝福尔宣言》，赞成"巴勒斯坦建成一个犹太国家"。1942年5月，美国犹太复国主义起草《比尔特莫尔纲领》，要求开启向巴勒斯坦的百万移民计划。1944年3月，美国总统罗斯福发表声明，表示美国赞成巴勒斯坦向犹太难民敞开大门。自此,美国取代英国成为犹太复国主义运动最主要的支持者。冷战时期,以色列在美国实现谋求中东霸权、抗衡苏联势力渗透、对付阿拉伯民族主义等目标的过程中发挥了关键作用,以色列也得到了美国的安全保证和大量援助,逐渐发展成为中东地区的强国。冷战结束后,美以特殊关系在新形势下则出现了相应的变化。

(一) 冷战时期美以特殊关系的建立与巩固

第一阶段是美国承认美以存在特殊关系的阶段。1947 年 11 月,美、苏等国推动联合国大会通过了巴勒斯坦分治的 181 号决议,决议支持在巴勒斯坦地区同时建立以色列和巴勒斯坦国,确定了两国的领土和人口安排。1948 年 5 月 14 日,待最后一批英国官员离开巴勒斯坦后,以色列总理本-古里安宣读《独立宣言》,宣告以色列成立。十几分钟后,美国杜鲁门政府第一个宣布承认以色列。第二天,阿以战争打响,以色列从此开启了长达十多年的生存斗争,在这个过程中,以色列不断向美国寻求安全援助。美国在阿以冲突中对以色列的支持是一个渐进的过程:在整个 50 年代,美国的中东政策倾向于发展同阿拉伯国家的关系,在中东建立反苏阵线;直到 60 年代肯尼迪上台,美国开始向以色列提供安全保证和少量武器,美以关系进入特殊关系阶段。

以色列的地缘环境极具脆弱性,其领土面积狭小,缺乏战略纵深,是"国家战略由地缘考虑支配的一个经典实例"[①]。从地缘上看,以色列在 1967 年以前的国土纵向长约 50 千米,宽仅 20 千米,极易被从腰部攻破。从周边环境看,以色列同周围阿拉伯国家存在领土纠纷,缺少一个安全的边界,并且在二战之后的很长一段时间里,以色列始终处在阿拉伯世界的包围之中,它们中的大多数国家都同以色列保持敌对状态。[②]此外,从人口上看,以色列人口同周围阿拉伯国家人口的比例是 1∶40,常备军人数的比例是 1∶8。地缘环境的脆弱性自然使以

[①] 田文林:《以色列安全战略及其缺陷》,载《现代国际关系》,2011 年第 4 期,第 53 页。
[②] 同①。

色列对其安全问题格外关注。地缘环境的恶劣迫使以色列尤其注重军事力量建设,然而,凭借以色列自身的实力远远达不到上述目标,因此,以色列积极向美国等国寻求援助。

在美国杜鲁门政府、艾森豪威尔政府时期,美以关系比较冷淡,美国的中东战略重点放在组建地区反苏联盟上。鉴于以色列和阿拉伯国家的敌对关系,美国在战略层面避免因同以色列太亲近而破坏美阿关系。1956年10月,以色列在英法的支持下入侵西奈半岛引发第二次阿以战争,美国敦促以色列撤军,并暂停对以色列7500万美元的贷款以及其他经济和军事援助。[1] 1957年1月,艾森豪威尔政府出台"艾森豪威尔主义",美国支持向中东国家提供经济和军事援助以抵御外来威胁,并以此为途径插手中东内部事务。

1961年,肯尼迪入主白宫,这一时期美以关系有了突出进展。肯尼迪承认美以之间有着特殊关系,多次对以色列作出安全承诺,[2]并且开始向以色列出售鹰式导弹系统等尖端武器。美国对以色列的态度发生转变的背景是:在民族主义浪潮冲击下,巴格达条约在1959年解体,苏联加紧向阿拉伯国家输出武器,美国对阿以双方的武器禁运政策面临挑战,这使得美国意识到必须采取措施遏制苏联影响力向中东扩展。[3]

从二战后到肯尼迪时期,美以关系逐渐发展成为特殊关系,这和美国对以色列战略价值认识的深化有关。美国主要在美苏全球竞争的大背景下处理同以色列的关系,将其视为在中东地区打击激进民族主义势力和苏联-阿拉伯"联盟"的一股力量。面对与被视为苏联代理

---

[1] 李伟建:《以色列与美国关系研究》,北京:时事出版社,2006年版,第16页。
[2] 由美国方面最早提出的安全保证是1962年肯尼迪在会见以色列外交部长梅厄夫人时发表的声明,该声明表示:第一,美国与以色列在中东有着特殊的关系,这种关系只有美国和英国在世界范围内事务上的关系才堪与之比拟。第二,在以色列受到侵略的情况下,美国将不会置之不理,而要支持以色列。美国具有这种能力,而且这种能力正在增长。参见白玉广:《美国对以色列政策及美以关系的发展(1948—1980)》,复旦大学博士论文,2003年4月,第26页。
[3] 姜淑令、褚浩:《试析20世纪60年代美国对以色列的援助》,载《武汉大学学报》,2007年第6期,第821页。

人的激进阿拉伯人的斗争，美国开始意识到以色列可以成为一种资产——这帮助了以色列。①1951年3月，美国国家安全委员在关于中东政策的 NSC 47/号文件中指出，美国要"努力解决该地区冲突与分歧，使以色列和阿拉伯各国能够应付国际……日益加剧的威胁"，同时"实施并增加计划中的技术和经济援助"，并"为向该地区提供武器寻求立法活动"。②这表明美国决策者决定通过经济援助和武器供应等方式，将以色列建成重要反苏基地。以色列的战略价值第一次在美国官方文件中体现出来。

尽管这一时期美以关系有了重要的进展，如肯尼迪决定向以色列出售鹰式弹道导弹等尖端武器系统，并三次给予以色列安全承诺。然而肯尼迪的承诺是口头的，为的是安抚以色列。美国仍然拒绝了以色列提出的额外武器购买要求，不愿同以色列缔结正式的安全条约。肯尼迪不愿破坏美国在阿以之间的平衡策略，美国国务院1963年9月在一份名为《以色列的安全保证》的文件中称："以色列寻求与美国缔结的安全协议按照我们的判断将损害我们在这一地区的利益，并将削弱而不是增强以色列的终极安全。"③

第二阶段是美国巩固美以特殊关系的阶段。从约翰逊政府时期开始，随着美国卷入中东事务的程度加深，美以之间有了更多的合作，关系也更进一步深化，并在里根时期达到高潮。1967年第三次中东战争后，以色列获得了美国先进的 F-4 战机，逐渐在中东确立了军事优势。1977年5月12日，卡特在一次会议中说，"保护以色列的生存权利、永久生存的权利"是美国"在中东的头等义务"。④1978年，美以达成一揽子交易，美国允诺向以色列出售75架先进的 F-16 战机。

---

① Abramo Fimo Kenneth Organski, *The $36 Billion Bargain: Strategy and Politics in the U. S. Assistance to Israel*, New York: Columbia University Press, 1990, p. 27.
② 白玉广:《美国对以色列政策及美以关系的发展（1949—1980）》，复旦大学博士论文，2003年4月，第14页。
③ 李伟建:《以色列与美国关系研究》，北京:时事出版社，2006年版，第18页。
④ 余崇健:《美以"特殊关系"初探》，载《西亚非洲》，1988年第6期，第2页。

1981年，美以达成《美以战略合作谅解备忘录》，两国关系得到大幅度提升，这表明尽管两国没有签署共同防御条约，不是法定意义上的盟友，但通过战略合作备忘录的形式，双方的战略合作得到了制度上的保证。1988年，美国确认以色列为美国"主要的非北约盟国"。享有这种地位的国家有资格以较低价格购买更多种类的美国武器，优先得到战争剩余物资转让，并参与联合研发项目和美国的反恐计划。①

美以关系之所以从约翰逊政府时期开始逐渐升温，本章认为主要有两点原因。其一，美国认识到以色列在阿以冲突中获胜对美国也有利。第三次中东战争是美以关系的分水岭事件，这场战争打破了中东地区的军事和政治平衡，以色列在战争中严厉打击了埃及、叙利亚等国家的激进民族主义者及其支持者苏联的威望，证明了以色列和美国利益的一致性。1968年春天，美国决定向以色列出售50架F-4战机以加强与以色列的军事合作关系，这是美国首次向北约以外国家出售这种武器。F-4战机的交易为以色列创造了军事优势，因为此战机的性能要优于中东地区所有的苏联飞机。这标志着美国的政策从中立转向了维持以色列相对于阿拉伯邻国的军事优势。②而在第四次中东战争中，美国不惜代价向以色列紧急援助坦克和弹药，同样是美国希望通过全力支持以色列来遏制苏联阵营的表现。

其二，美国政府摆脱了过往观念的束缚，即要在阿以之间保持一定平衡。尼克松和福特两届政府的国务卿基辛格认为，支持以色列而不是向以色列施加压力反而有助于以色列和阿拉伯国家实现和平，因为只有美国才能控制以色列的进攻，或是迫使以色列归还占领的阿拉伯土地。阿拉伯国家开始弃苏投美，恰恰是美国支持以色列的结果。③里根时期的国务卿黑格则发展了"战略合作"思想，认为中东地

---

① 约翰·米尔斯海默、斯蒂芬·沃尔特著，王传兴译：《以色列游说集团与美国对外政策》，上海：上海人民出版社，2019年版，第37页。
② 储永正：《美以军事外交关系研究：基于军事援助的考察》，北京：时事出版社，2016年版，第60页。
③ 李伟建：《以色列与美国关系研究》，北京：时事出版社，2006年版，第32页。

区不是一个"零和地区",美国可以与以色列结成公开的战略联盟,同时与主要阿拉伯国家建立战略关系。美国可以与该地区的两组盟友同时合作,以遏制苏联的威胁。① 1981年11月30日,美以国防部长签署了一份战略合作谅解备忘录。备忘录称,美以战略关系主要目的是阻止苏联在中东的威胁。美以将举行陆、海、空联合军事演习,规划和维持联合戒备活动,并成立"联合政治军事小组"处理两国间具体的军事问题。②

长期以来,美国利用美以特殊关系在阿以谈判中充当"中间人"的角色,使阿以和平达成有利于美国的方案。以埃关系正常化后,以色列获得了美国22亿美元的军事援助,用来建立空军基地和购买美国军事装备。同时美国国会还批准了向以色列、埃及和沙特出售价值48亿美元的战斗机,是对阿军售的一大进展。美国促成埃以和约,不仅使埃以摆脱了长期冲突的局面,而且也使埃及彻底脱离苏联,成为一股亲美力量,这是美国在中东遏制苏联势力取得的一个重大战略成果。作为中东第四军事大国,埃及在伊朗巴萨维国王倒台后成为美国在中东的另一大战略支点。

关于冷战时期以色列在哪些方面促进了美国在中东地区的利益,有学者列出了七个方面,基本和反对苏联以及阿拉伯激进势力有关:一是以色列成功阻止了黎巴嫩、约旦以及巴勒斯坦的激进民族主义运动;二是以色列多年来一直控制着作为苏联盟友的叙利亚;三是以色列的空军在该地区占有主导地位;四是以阿之间频繁的战争为美国测试苏联武器提供了机会;五是以色列是美国向不受国内欢迎的政权提供直接军事援助的渠道,在中东地区包括伊斯兰革命前的伊朗;六是以色列情报部门协助美国进行情报收集和开展秘密行动;七是以色列

---

① Samuel W. Lewis, "The United States and Israel: Evolution of an Unwritten Alliance", *The Middle East Journal*, Vol. 53, No. 3, 1999, p. 369.

② "Memorandum of Understanding Between the Government of the United States and the Government of Israel on Strategic Cooperation", https://www.mfa.gov.il/mfa/foreignpolicy/peace/guide/pages/usisrael%20memorandum%20of%20understanding.aspx.

拥有可以发射到苏联的导弹以及包括数百种武器的核武库,并与美国军工联合体合作研发新型喷气式战斗机和反导防御系统。①

(二) 冷战后美以特殊关系的调整

冷战结束后,随着苏联威胁的消失,美国在中东的利益需求也发生了变化,从防范苏联转变为防范地区大国和激进势力对中东石油生命线和美国利益的挑战。美以之间的战略基础也因此得以重构,主要体现在共同防止地区出现新的安全威胁上,如打击伊斯兰极端主义和防止大规模破坏性武器的扩散。在20世纪90年代,两届美国政府都致力于维护地区稳定,大力推动中东和平进程。在老布什政府看来,美国需要加强同阿拉伯国家的关系,这既是组建联盟军赢得海湾战争的需要,也是日后建立"中东新秩序"的客观需求。因此,老布什总统调整了里根政府大力支持以色列的政策,为推进中东和平进程不惜对以色列施加更多压力,导致美以特殊关系一度遇冷。克林顿总统上台后则展现出了强烈亲以姿态,在和平进程上取得了重大成果。

老布什政府对以政策的变化首先在海湾战争中有所体现。海湾战争期间,为了确保更多阿拉伯国家配合美国攻打伊拉克,老布什总统要求以色列保持克制,避免军事介入战争,甚至在遭到伊拉克袭击的情况下也不要反击。为了使以色列感到放心,美国答应增强以色列的防御力量,同意为以色列提供2套爱国者导弹系统、15架F-15战机和10架CH-53直升机,并加快向以色列提供已承诺并得到国会支持的价值1亿美元的武器弹药。②海湾战争结束后,1991年3月,老布什总统在国会参众两院发表演说,正式提出"中东新秩序"主张。从实践来看,老布什的新秩序框架主要有三大支柱:一是把海湾地区纳入

---

① Stephen Zunes, "Why the U. S. Supports Israel", https://ips-dc.org/why_the_us_supports_israel/.
② Karen L. Puschel, *US-Israeli Strategic Cooperation in the Post-Cold War Era: An American Perspective*, London: Routledge, 1992, pp. 120-121;转引自李洁宇:《论以美特殊关系的根源——以色列总理决策的"理性"成因》,外交学院博士论文,2010年6月,第110页。

美国设计的地区安全多边体系；二是主导中东和平进程，推动以色列与阿拉伯国家之间的和平谈判；三是加强对以伊朗和伊拉克为代表的"激进伊斯兰国家"的制裁。①

老布什总统将阿以和平取得进展作为其对外政策的重点，为推动谈判对以色列进行施压。1990年冬天，在耶路撒冷古城圣殿山穆斯林与犹太人发生流血冲突，联合国通过两项决议要求以色列接受调查，美国没有动用否决权来维护以色列。同时，老布什政府也不赞成以色列在被占领土继续修建犹太人定居点，并推迟向以色列提供安置大批犹太移民的100万美元信贷。② 1990年10月，在美国的大力推动下，马德里会议召开，这是继1978年埃以戴维营谈判后中东和平进程的再次启动。以色列沙米尔政府尽管同意在联合国242号和338号决议及戴维营协议的基础上处理阿以问题，但拒绝同巴解组织代表进行双边谈判；反对阿拉伯国家和美国主张的"领土换和平"原则，并针锋相对提出"和平换和平"主张。以色列的强硬态度使得马德里会议未能取得重大进展，加大了美以关系的紧张程度，美国继续暂停向以色列发放100万移民安置金。

1992年和1993年，以色列和美国相继举行大选。美国亲以色列、主张继续推进中东和平进程的民主党候选人比尔·克林顿，以及以色列温和派工党主席拉宾分别上台执政。二者都认同美以要加强合作以应对中东地区存在的共同威胁，而且都希望推动中东和平进程来缓解阿以冲突，抑制伊斯兰激进势力的增长。在上述共同利益的驱动下，美以特殊关系迅速升温。1993年3月，克林顿同拉宾达成了一份十年规划，全面加强美以联盟。根据该规划，美以将延长两国在1988年签署的为期五年的战略合作备忘录；美国将向以色列每年提供30亿美元援助，以维护其军事优势；以色列同意海法港成为美军地中海第六舰

---

① 赵克仁:《美国与中东和平进程研究(1967—2000)》,北京:时事出版社,2004年版,第157页。
② 同①。

队的常驻基地；美以加强在武器研制和情报交流等方面的合作；美以继续讨论在以色列储存武器的问题。①

这一时期，克林顿政府的中东政策主张"倚重伙伴，东促和谈、西遏两伊"，将中东和平作为优先考虑事项，以色列工党政府则密切配合。1993年1月，以色列解除了不与巴解组织接触的禁令。同年8月，巴以双方代表在挪威奥斯陆举行了13次会谈，并于8月31日达成原则协议。9月13日，在克林顿的主持下，以色列外长佩雷斯和巴解方面负责人阿巴斯在白宫签署了《加沙-杰里科临时自治安排原则宣言》，即《奥斯陆协议》，协议对巴以之间就分两个阶段实现巴勒斯坦机构自治和最终地位的相关谈判作出了相关安排。之后，美国又陆续组织进行了约以、叙以、黎以和谈。其中，约以和谈取得突破，约旦成为继埃及之后第二个同以色列实现关系正常化的国家。然而，巴以之间过渡阶段的目标还未完成。1995年，以色列强硬派代表利库德集团领导人内塔尼亚胡上台执政，拒不接受《奥斯陆协议》，巴以和平进程遭到重大挫折。

克林顿政府推动中东和平进程取得重大成果，是美国对外政策的一大成就。美国在冷战后出于在中东建立新的安全和政治秩序的考量，需要以色列全面配合，以色列同样需要美国的支持和援助来抵御自身的安全威胁。这些因素对"9·11"事件发生后美以特殊关系的巩固和美国中东政策的制定，产生了重要影响。

三、美以特殊关系对美国中东政策的重要影响

（一）美以特殊关系在美国官方政策文本中的体现

本节从美国政府官网、美国国务院官网、美国政府信息网站等官

---

① 万光：《克林顿上台后的美以关系》，载《西亚非洲》，1998年第4期，第17—18页。

方渠道收集了"9·11"事件后美国领导人、重要官员关于中东问题的讲话、政府声明、政策文件,进而对这些文本进行分析。我们首先需要说明美以特殊关系对美国中东政策的重要性。

首先看小布什政府时期。2002年1月,"9·11"事件发生后三个月,小布什政府发布了新一期《美国国家安全战略报告》。报告指出,为促进美国在全世界的政治、经济、安全利益,美国重点关注恐怖主义问题、大规模杀伤性武器扩散问题、地区冲突问题、所谓"民主"建设问题,以及经贸问题等。其中,反恐和反扩散是小布什政府关注的重点。该报告花费大量篇幅阐述了美国对恐怖主义的看法、立场,以及防范手段,表明了新一届美国政府将反恐和反扩散作为国家安全战略的重心、坚决同全世界的恐怖主义分子作战的态度。中东地区是小布什政府关注的重点地区,美国将继续同盟友合作对抗中东的恐怖主义组织和支持恐怖主义的"流氓国家",并且在必要时采取先发制人的手段。在地区冲突问题上,小布什政府对解决巴以冲突表现出了一定的重视,报告中阐述了其关于巴以问题的解决思路,提出允许巴勒斯坦建国的条件:一是建设所谓"民主和法治"的管理机构;二是坚决反对针对以色列发动恐怖袭击。①

2002年6月,小布什总统在白宫玫瑰园发表关于中东问题的讲话。在讲话中,小布什认为,在中东地区"极端主义和恐怖势力企图通过杀害无辜者来扼杀进步与和平,为了全人类,中东的事情必须改变"。小布什还指出,美国关于巴以问题的愿景是两个国家在和平与安全中毗邻共存:美国将支持建立一个巴勒斯坦国,其边界和主权将通过与以色列举行关于最终地位谈判后确定,但前提是当局的巴勒斯坦领导人要建立所谓"民主和法治"的政府,有效打击恐怖主义;以色列也需要采取具体措施,将安全军队完全撤退到2000年9月28日之前的

---

① "National Security Strategy of the United States of America", https://2009-2017.state.gov/documents/organization/63562.pdf.

阵地，停止在被占领土上进行定居点建设活动。①与此同时，小布什还呼吁：每一位真正致力于推进和平的领导人都必须停止在官方媒体上煽动暴力，并公开谴责杀人爆炸事件；每个真正致力于推进和平的国家都必须阻止资金、设备和兵员流向寻求摧毁以色列的"恐怖组织"——包括哈马斯、伊斯兰圣战组织和真主党；每个真正致力于推进和平的国家，都必须阻止伊朗向这些武装团体运送物资，并反对像伊拉克这样"宣扬恐怖主义"的政权；叙利亚必须在反恐战争中选择正确的一方，关闭恐怖分子营地，驱逐"恐怖组织"。②从上述表述中，我们可以得出三点信息：一是小布什政府对解决巴以问题展现出了一定重视，历史性提出了允许巴勒斯坦建国的目标；二是以色列的安全仍然是美国解决巴以问题的出发点，也是基本原则；三是是巴以问题也是一个反恐问题，威胁以色列安全的哈马斯、真主党，是美国国务院指定的"恐怖组织"，而伊朗和叙利亚是美国认为的"包庇恐怖主义"的"邪恶"政权。因此，小布什政府积极支持以色列对上述"恐怖主义势力"进行反击和自卫。

再看奥巴马政府时期。2009年5月，时任美国副总统拜登在美国以色列公共事务委员会发表讲话，除了继续强调美国对以色列安全不容置疑的承诺外，拜登还指出，中东地区过去十年的状况"没有很好地符合美国和以色列的利益，没有增强地区的和平与安全"，因此，"美国正在努力改变这种状况，负责任地结束伊拉克战争，将我们的努力重新集中在……击败'基地'组织，与该地区所有国家（包括与我们存在压倒性分歧的国家）接触，以推进我们的国家安全利益。"在谈及伊朗核问题和巴以问题时拜登指出，一个拥核的伊朗是"严重的危险"。在过去六年里，伊朗的核能力不断增强，美国过去对伊朗的政策

---

① "President Bush Calls for New Palestinian Leadership", https://georgewbush-whitehouse.archives.gov/news/releases/2002/06/20020624-3.html.

② "President Bush Calls for New Palestinian Leadership", https://georgewbush-whitehouse.archives.gov/news/releases/2002/06/20020624-3.html.

"显然没有奏效"。因此,新一届美国政府将展开与伊朗直接的、有原则的外交,阻止它获得核武器。此外,伊朗还支持哈马斯和真主党等"恐怖组织",利用诸如巴以冲突之类的问题为自身谋取利益。巴以、阿以冲突的延续强化了伊朗的战略地位,不利于以色列和巴勒斯坦人之间的持久和平,因此,奥巴马政府将继续致力于解决巴以冲突。拜登表示,美国在寻求阿以间安全、持久和全面和平的同时,必须坚持一个核心原则:以色列的安全不容置疑,美国将会继续向以色列提供援助并且捍卫其自卫的权利;但以色列也必须为和平承担责任,停止定居点建设,拆除前哨。[1]从拜登的讲话可以看出,奥巴马政府的中东政策发生了某些变化,因为"过去十年的状况并没有符合美国利益"。这一时期,美国在中东重点关注伊拉克战争、伊朗问题和巴以问题。美国将美以特殊关系放在地区问题中考量,鉴于美国在中东地区的利益(包括以色列的安全),同伊朗、阿以等地区问题息息相关,因此,美国积极介入地区问题,并且在这个过程中一直秉持以色列安全优先的立场。

2009年6月,奥巴马在开罗发表题为《新开端》的演讲,对外首次阐明新一届美国政府关于如何处理美国同伊斯兰世界关系的思路。奥巴马指出,美国与伊斯兰世界正处于某种紧张局势中,美国寻求同伊斯兰世界的"共同利益"和"相互尊重",并在"正义和进步""宽容和尊严"原则上发展同伊斯兰世界的关系。奥巴马还指出:美国需要面对三大中东问题:一是暴力极端主义。美国将"无情对抗对美国安全构成严重威胁的极端分子",但仅靠军事力量并不能解决问题,有必要利用外交和建立国际共识来解决问题,因此,美国"将继续捍卫自己,与同样受到威胁的穆斯林社区合作"。二是巴以、阿以问题。奥巴马再次表现出对以色列的安全关切,指出"美国和以色列之间的纽

---

[1] "Remarks by the Vice President at the Annual Policy Conference of the American Israel Public Affairs Committee", https://obamawhitehouse.archives.gov/the-press-office/remarks-vice-president-annual-policy-conference-american-israel-public-affairs-comm.

带牢不可破","毁灭威胁以色列的做法是错误的",但是,"巴勒斯坦人民的处境也不能容忍",唯一的解决办法是,"以色列人和巴勒斯坦人都在和平与安全中生活"。为了达到这一点,巴勒斯坦民族权力机构必须发展其治理能力,哈马斯必须结束暴力,承认过去协议,承认以色列的生存权;以色列必须履行停止扩建定居点和促进加沙地带的人道主义责任;阿拉伯国家必须支持巴勒斯坦民族权力机构的建设,并承认以色列的合法性。三是伊朗核问题。奥巴马指出,美国将在"相互尊重"的基础上,同伊朗进行谈判。四是所谓"民主"问题。奥巴马指出,任何国家都不能将其政治制度强加于人,美国欢迎所有民选、和平的政府。[1]此外,奥巴马还阐述了美国在地区问题上的立场和解决思路,即基于一种接触的、外交的、友好的方式,同伊斯兰世界合作,完全不同于前任小布什政府时期美国"穷兵黩武"般的行事方式。在巴以、阿以问题上,奥巴马要求三方都要承担相应责任,但美国维护以色列安全的决心没有变化,巴勒斯坦、阿拉伯国家都需要对以色列表现出善意。

2009年9月,奥巴马在第64届联合国大会发表讲话,向全世界阐述了美国政府关于中东问题的解决思路。在伊朗核问题上,美国尊重伊朗作为国际社会成员的权利,伊朗如果履行弃核义务,那么将会获得更多的和平和繁荣机会,如果无视国际标准,那么必须承担相应责任,接受制裁;在巴以问题上,美国继续要求巴勒斯坦打击针对以色列的暴力行动,强调美国不接受以色列继续扩建定居点的合法性,呼吁巴以双方尽快重新启动不带先决条件的针对永久地位问题的和平谈判。同时还强调,以色列与黎巴嫩、叙利亚以及其他众多邻国之间的和平也在美国关心的议程之内。[2]

---

[1] "Transcript: Obama Seeks 'New Beginning' in Cairo", https://www.npr.org/2009/06/04/104923292/transcript-obama-seeks-new-beginning-in-cairo.

[2] "Remarks by the President to the United Nations General Assembly", https://obamawhitehouse.archives.gov/the-press-office/remarks-president-united-nations-general-assembly.

2010年5月，美国政府出台新一期的《美国国家安全战略报告》，对新一届政府关于美国国家安全的目标、手段、重要事项都作出了更为清晰的表述。奥巴马政府将致力于在国内外重塑美国领导力，以"全面接触"为手段，继续建设支撑美国国家利益的四大支柱：安全、繁荣、价值观、国际秩序。报告也更为全面阐述了美国在大中东地区的安全利益：推进与亲密盟友以色列在众多事务上的广泛合作，兑现对以色列安全所作的坚定承诺；满足巴勒斯坦人民实现建国、获得机遇等合法诉求，发挥巴人民的卓越潜能；推动伊拉克的安全、统一，以及所谓"民主"，帮助其重新融入地区社会；推动伊朗改变谋求拥核、支持恐怖主义、威胁邻国的政策；防止核扩散；推动反恐合作，获得能源，并使该地区融入国际市场。①从以上表述可以看出，奥巴马政府在中东地区主要聚焦巴以问题、伊拉克重建问题、伊朗问题、核不扩散问题、石油等经济问题。从涉及关于以色列利益的表述中，可以得出两点信息：一是美以特殊关系与中东地区问题息息相关，美国和以色列需要加强在这些地区事务中的协调合作；二是美国对以色列安全作出坚定承诺，表示美国将继续加强以色列抵御威胁的能力，并促使以色列在地区事务中更加配合美国政府的立场。

接下来看特朗普政府时期。2016年5月，美国共和党总统候选人唐纳德·特朗普在美国以色列公共事务委员会年度会议上发表演讲，阐述了他当选后将在中东问题上同以色列并肩、坚定支持以色列的立场。特朗普的讲话集中于以色列关心的伊朗和巴以问题——坚定反对伊核协议及在联合国框架下制定巴以问题解决方案。关于伊朗核问题，特朗普表示他当选后的首要任务是解除与伊朗签署的"灾难性"协议，并围绕三个方面处理伊朗问题：抵制伊朗"破坏稳定和主导该地区"的激进行动，关注伊朗在伊拉克、也门、叙利亚、加沙、约旦河西岸等以色列关心地区和中东其他地区的活动；彻底铲除伊朗的"全球恐

---

① "National Security Strategy", https://obamawhitehouse.archives.gov/sites/default/files/rss_viewer/national_security_strategy.pdf.

怖网络";继续执行有关协议条款,阻止伊朗发展弹道导弹。关于巴以问题,特朗普认为,联合国在处理巴以问题上"彻底软弱无能",在其担任总统后将坚决抵制联合国将其意志强加于犹太国家的任何企图。特朗普称,以色列是美国的战略盟友、亲密伙伴、文化兄弟,自己是以色列"终身的支持者和真正的朋友"。在对以色列安全表达深切关切的同时,特朗普几乎否定了前任总统所有关于伊朗问题和巴以问题的做法。① 由此可反映出,特朗普意欲集中精力解决伊朗问题、巴以问题,行事方式上呈现出反对多边主义的特点,力图最大程度维护以色列的利益。

2017年9月,特朗普在第72届联合国大会发表讲话,在中东问题上主要涉及两点:一是伊朗问题,二是"伊斯兰国"问题。在伊朗问题方面,特朗普公开指责伊朗政权集"独裁腐败""破坏中东稳定""输出暴力与暴力罪责"等多重罪行于一身,破坏整个中东和平。因此,美国"不能让一个'残暴政权'制造危险导弹的同时继续从事破坏稳定的活动,不能遵守为伊朗制造核武器作掩护的协议"。在打击"伊斯兰国"方面,特朗普致力于击败"伊斯兰国",并以"美国的安全利益将决定军事行动的期限和范围,而不是政客制定的任意基准和时间表"为原则指导反恐行动。②

2017年12月,特朗普政府发表了新一期《美国国家安全战略报告》,报告清晰全面地阐述了新一届美国政府关于如何维护国家安全的思路,包括威胁和利益认知、促进利益的手段以及在具体事务中美国如何行事。报告提出这届政府将根据"美国优先"原则更好推进国家安全四大支柱的建设:美国人民、国土安全、美国生活方式;美国繁荣;实力求和平;美国影响力。在关于中东地区的战略中,报告指出:

---

① "Read Donald Trump's Speech to AIPAC", https://time.com/4267058/donald-trump-aipac-speech-transcript/.
② "Remarks by President Trump to the 72nd Session of the United Nations General Assembly", https://trumpwhitehouse.archives.gov/briefings-statements/remarks-president-trump-72nd-session-united-nations-general-assembly/.

"美国不希望中东成为恐怖分子的避难所和温床,也不希望中东被任何敌视美国的大国所主导,美国希望中东能对全球能源市场的稳定作出贡献。"这说明特朗普政府在中东地区的主要目标是反恐、反对地区激进势力和稳定石油供给。其中,"伊斯兰国"、"基地"组织以及伊朗是美国重点关注的对手。因此,美国呼吁中东国家同美国合作,共同反对伊斯兰极端主义和暴力。在巴以问题上,特朗普认为,"来自恐怖组织和伊朗的威胁使人民认识到",各国在应对共同威胁时与以色列有共同利益。美国继续促进地区经济和政治合作,鼓励地区伙伴之间开展合作,促进地区稳定和有利于美国利益的力量平衡。① 从上述表述可以看出,特朗普政府解决中东问题的思路,是通过树立伊朗和恐怖主义两大共同威胁,促进中东地区国家之间的合作,包括阿拉伯国家和以色列的合作,最终改善以色列的安全环境,减少美国解决中东问题的成本。特朗普政府并未在报告中阐述"两国方案",即巴以双方都要付出相应的责任和义务,可以看出特朗普相当不赞同这个"对以色列严重不公平"的方案。

综合上述分析,美以特殊关系在"9·11"事件后三届美国政府的中东政策制定过程中,均发挥了重要作用。这主要体现在两个方面:一是美国将美以特殊关系放在地区问题中考量,并将维护以色列的安全作为解决巴以问题方案的重要原则,历届政府均坚持这一点;二是美国历届政府都反对对以色列安全构成威胁的国家和组织,如哈马斯、真主党等,以及伊朗、叙利亚等,美国支持以色列反恐自卫,并同以色列合作遏制伊朗等敌视以色列的政权。

(二) 美国重视美以特殊关系的原因

冷战时期,美国视以色列为中东地区的战略支柱,利用以色列遏制苏联在中东地区的渗透以及阿拉伯激进势力在中东地区的扩张,以

---

① "National Security Strategy of the United States of America", http://nssarchive.us/wp-content/uploads/2020/04/2017.pdf.

色列则获得了美国的安全保证并在美国的扶植下成长为中东的军事大国。"9·11"事件以来，美国在中东地区主要存在以下五个方面的利益：石油供应和价格稳定、核不扩散、以色列安全、地区"民主化"和反对恐怖主义。①其中，维护以色列安全是美国的一个重要考虑。以色列重要的战略价值、美国借助以色列反对敌对势力、美国国内游说集团的大力推动等因素，成为美国在"9·11"事件后持续重视和维护美以特殊关系的三个重要因素。

第一，以色列重要的战略价值是美国维护美以特殊关系的重要原因。以色列处在亚非大陆的结合部，东濒红海，西接地中海，靠近苏伊士运河，可以为美国在中东地区提供军事基地、战略物资的储备地和转运站。以色列的海法、特拉维夫和埃拉特港可以连接地中海、红海和印度洋之间的海陆运输。因此，在冷战时期，以色列被认为是"美国在整个中东地区采取行动的平台"②。同时，以色列还是一个可靠的盟友，帮助美国遏制了苏联以及阿拉伯激进势力的扩张，屡次捍卫了美国的利益。

"9·11"事件提升了以色列在美国中东政策中的战略价值。2004年，美国兰德公司在一份报告中指出："以色列的武装部队和情报机构非常出色，提高了该国在打击恐怖主义和应对该地区更广泛军事威胁的价值。"③在国土面积和人口都落后于其他中东对手的情况下，以色列发展出了该地区最强大的军事力量。以色列拥有世界一流的飞行员和坦克手，坦克和空战技术在全世界首屈一指，可以为美国所用。以色列拥有高效健全的情报机制，其中"摩萨德"是世界上最出色的情

---

① Daniel Byman and Sara Bjerg Moller, "The United States and the Middle East: Interests, Risks, and Costs", in Jeremi Suri and Benjamin Valentino, eds. *Sustainable Security: Rethinking American National Security Strategy*, London: Oxford University Press, 2016, pp. 7–24.

② 储永正：《美以军事外交关系研究：基于军事援助的考察》，北京：时事出版社，2006年版，第127—128页。

③ Nora Bensahel and Daniel L. Byman, "The Future Security Environment in the Middle East: Conflict, Stability, and Political Change", https://www.rand.org/content/dam/rand/pubs/monograph_reports/2005/MR1640.pdf.

报机构之一。"9·11"事件发生后,以色列立即向美国提供其所需的包括中东地区恐怖组织网络在内的大量情报信息。此外,以色列在调查伊朗核部件供应体系、红海和地中海的武器走私网络、叙利亚大规模杀伤性武器等方面,也发挥了重要作用。①在导弹防御领域,以色列技术成熟、经验丰富,美国对以色列自主研发的"箭"式反导系统、无人侦察机和导弹快艇很感兴趣。②

第二,美国借助以色列打击中东地区的敌对势力,也是美国重视美以特殊关系的重要原因。美国在中东地区致力于防范某一大国因实力太强破坏地区力量平衡,进而威胁美国的利益。美国官方将(萨达姆治下的)伊拉克、伊朗、叙利亚等国指定为"无赖国家",认为它们支持恐怖主义行为,谋求大规模毁灭性武器,破坏地区和平,因此对其进行打压和遏制。③

小布什政府欲通过发动伊拉克战争来达到消除安全威胁、维护地区秩序的目的,然而,其在伊拉克战争中关于反恐、反核扩散以及推进西方民主的三大目标均告失败,其中一个重要原因在于,过于依赖军事力量,缺乏足够外交手段。④奥巴马上台后,开始调整美国国家安全战略,主要通过外交和政治手段介入地区问题,避免过度消耗美国的战略资源。但美国维护其在中东地区霸权的目标并没有发生变化。在实现这一目标的手段上,奥巴马更强调依靠盟友的力量。2011年,"阿拉伯之春"加速了中东地区国家间的分化和重组,地区秩序一度陷入混乱,美国在该地区的盟友普遍受到了不同程度的冲击,对美国中东政策带来挑战。2012年的《美国国防战略指导手册》指出,阿拉伯

---

① Robert D. Blackwill and Walter B. Slocombe, "Israel: A Strategic Asset for the United States", https://www.washingtoninstitute.org/media/3338? disposition = attachment.
② 储永正:《美以军事外交关系研究:基于军事援助的考察》,北京:时事出版社,2006年版,第133—134页。
③ 安惠侯:《布什政府对美国中东政策的调整和再调整》,载《阿拉伯世界研究》,2007年第4期,第3页。
④ 姚全:《奥巴马政府的中东离岸平衡战略研究》,上海外国语大学博士论文,2019年5月,第76页。

觉醒增加了地区未来的不确定性。美国在中东的国防战略旨在打击暴力极端主义和破坏稳定的威胁,维护美国对盟国和伙伴国的承诺。美国尤其关注弹道导弹和大规模毁灭性武器的扩散。该报告提出,美国将继续重视在中东及周边地区的军事存在,加强海湾盟友和以色列的安全,防止伊朗发展核武器和破坏地区稳定。①2017年特朗普上台后,延续奥巴马时期在中东的收缩态势,其借助以色列等盟友力量来反对敌人的趋势更加明显。

第三,美国国内政治势力对以色列的大力支持,也是美国维护美以特殊关系的重要原因。在美国国内,支持以色列很大程度上可以看作一种"两党共识"。国会是美国三大政治机构中的立法机关,美国宪法赋予美国国会参与国防和外交事务的广泛权利,在涉及中东事务时,美国国会"主要通过它在批准条约、军售、预算等方面的权力来影响政府的外交政策。此外,举行有关外交政策听证会、要求政府提交外交政策报告,以及组织公开辩论和发表声明、决议等,也是常用的手段"②。国会定期发布的《以色列背景与美以关系》研究报告指出:"自以色列1948年建国以来,历任美国总统和许多国会议员都表现出对以色列安全和美以合作的承诺。美以强有力的双边关系影响了美国在中东的政策,国会对行政部门的行为提供了积极的监督。以色列是美国对外援助的主要接受者,也是美国主要武器系统的常客。根据法律规定,美国的军售不能对以色列相对于该地区其他国家的'军事优势'产生负面影响。"③

究其原因,一方面,在过去很长一段时间里,支持以色列在美国国内政治中很受欢迎。以色列艰难的建国历史、美以之间的共同价值

---

① "Sustaining U. S. Global Leadership: Priorities for 21st Century Defense", https://www.globalsecurity.org/military/library/policy/dod/defense_guidance-201201.pdf.
② 郝斋田:《美国犹太游说集团对国会及美国中东政策的影响》,载《首都师范大学学报》,2006年第2期,第33页。
③ Jim Zanotti, "Israel: Background and U. S. Relations", https://crsreports.congress.gov/product/pdf/RL/RL33476.

观、以色列是中东地区唯一的所谓"民主"国家、以色列所处的严峻的安全环境等,都是美国国内同情以色列的重要因素。2015 年的盖洛普民调显示,在巴以冲突中,超过 70% 的受访者对以色列更有好感,共和党人对以色列的支持率更是达到了 80%。相比之下,只有 17% 的人对巴勒斯坦民族权力机构有好感。①

另一方面,美国国内以色列游说集团②在游说国会成员支持以色列方面发挥了很大作用。其中,美国以色列公共事务委员会组织高效、财力丰厚,是影响力最大的一个组织。美国以色列公共事务委员会通过协调一致的咄咄逼人的草根攻势战略、压力手段,把工作焦点对准国会:一是在那里培养作为以色列战略盟友和政治情报来源的人,二是负责资助美国议员到以色列访问,三是与美国政府各部门磋商与以色列有关的问题。③ 2001 年至 2008 年,美国以色列公共事务委员会每年用于游说的资金大约为 138 万美元,而 2009 年至 2020 年,这一数字上升到 305 万美元。在美国以色列公共事务委员会的游说攻势下,那些"支持以色列的政客会得到奖励,不支持以色列的政客则会受到惩罚"。在以色列游说集团的长期努力下,美国共和党人在巴以冲突、伊朗核问题上与以色列右翼集团的立场越发一致;民主党人相对中立一些,他们在总体支持以色列的基础上,强调恢复和平谈判、保护人权和民权,并将对以色列的援助同要求以色列在巴以冲突中让步结合起来。④尽管如此,鉴于美以之间的强大战略合作关系,美以特殊关系的基调——美国维护以色列安全和强大的立场,基本得到了延续。

---

① "Seven in 10 Americans Continue to View Israel Favorably", https://news.gallup.com/poll/181652/seven-americans-continue-view-israel-favorably.aspx.

② 以色列游说集团指那些"由个人和组织组成的松散联盟",它们致力于朝着亲以色列的方向塑造美国外交政策。以色列游说集团有着共同的愿景,即"都希望促进美国和以色列之间的特殊关系",并认为"即使以色列采取美国反对的行为,美国也应该给予以色列大量的外交、经济和军事支持"。参见约翰·米尔斯海默、斯蒂芬·沃尔特著,王传兴译:《以色列游说集团与美国对外政策》,上海:上海人民出版社,2019 年版,第 163—165 页。

③ 李庆四:《美国国会中的外来游说》,载《美国研究》,2007 年第 4 期,第 15 页。

④ Dov Waxman and Jeremy Pressman, "The Rocky Future of the US‐Israeli Special Relationship", https://www.tandfonline.com/doi/full/10.1080/0163660X.2021.1934999.

四、美以特殊关系在美国外交行动中的表现

在前面，我们通过文本分析，提出"美以特殊关系是美国中东政策重要影响因素"的假设。美国基于维护美以特殊关系的考虑，以反对威胁以色列安全的国家和组织为其中东政策的重要原则，并将维护以色列的安全作为美国解决巴以问题的基础。因此，本节将考察"9·11"事件后美国中东政策的具体实践和表现，以检验上述观点。本节指出，围绕巴以问题、阿以问题、叙利亚危机和伊朗核问题等地区问题，美以强大的双边关系对美国中东政策产生了重要影响。

（一）小布什政府时期的外交行为

"9·11"事件后小布什政府中东战略的重点主要指向反恐，围绕这一大任务，美以特殊关系作用迅速突显，两国在反对哈马斯、伊朗等反对势力方面加强了协调合作。同时，小布什政府没有改变在巴以冲突中偏袒以色列的立场，巴以问题未能取得实质性进展。具体体现在三个方面：一是出台解决巴以问题的方案，二是支持以色列进行反恐自卫，三是支持对伊朗以压促变。

第一，小布什政府出台解决巴以问题的"路线图"。"9·11"事件后，为配合反恐大局，小布什政府适当介入巴以冲突，出台了关于解决巴以问题的"路线图"。然而，小布什政府并未改变对以色列的偏袒立场，默认或支持了以色列沙龙政府一系列破坏"路线图"安排的行为，因此这一时期巴以问题并未取得实质性进展。

小布什总统上台之际，正值新一轮巴以冲突爆发之时。2000年9月28日，时任以色列利库德集团主席沙龙强行参观耶路撒冷老城内的圣殿山，引发巴勒斯坦民众强烈不满，并由此引发了第二次巴勒斯坦大起义。"9·11"事件发生后，美国在组建反恐联盟上需要得到阿拉伯世界的支持，后者希望小布什政府在调解巴以冲突上有所作为。因此，小布什总统改变了之前在巴以问题上的"超脱"立场，作出两个

表态：一是要求以色列从占领土地上撤离，二是支持建立一个巴勒斯坦国。

2001年11月9日，小布什总统宣布，美国"正在努力实现以色列和巴勒斯坦按照安理会决议要求在安全和承认边界的情况下和平共处。美国将竭尽全力让双方重新进行谈判"①。11月18日，美国国务卿鲍威尔在美国路易斯维尔大学麦康奈尔中心发出呼吁，要求巴以双方结束暴力冲突，恢复和平谈判，巴勒斯坦停止针对以色列的恐怖主义行动，以色列的定居点活动必须停止。②2002年6月，小布什在白宫玫瑰园公开表示允许巴勒斯坦建国，并阐述了美国关于实现巴以和平的政策构想。③9月，由美国、俄罗斯、欧盟和联合国组成的中东问题四方委员会发表联合公报，提出了在三年内分三个阶段解决巴以冲突问题的行动方案，并在此基础上整合成一个"路线图"。2003年4月，伊拉克战争结束后，小布什政府正式着手推动以色列和巴勒斯坦实施"路线图"。

根据该"路线图"的规划，巴以和平进程分为三个阶段：第一阶段要求巴以双方停止暴力活动，巴方需要打击恐怖主义，进行全面政治改革，以色列则须撤离2000年9月28日后占领的巴勒斯坦领土，拆除2001年3月以后建立的定居点；第二阶段的重点是四方委员会根据条件是否成熟，决定是否建立具有临时边界和主权属性的独立巴勒斯坦国；第三个阶段实现巴勒斯坦民族权力机构稳定运行，并于2005年同以色列达成永久承认双方地位的协议，解决包括边界、耶路撒冷、难民、定居点等问题，支持就尽快实现以色列与黎巴嫩、以色列与叙

---

① "President Bush Speaks to United Nations", https://georgewbush-whitehouse. archives. gov/news/releases/2001/11/20011110-3. html.

② "Text of Powell's Speech", https://www. nytimes. com/2001/11/19/international/text-of-powells-speech. html.

③ "President Bush Calls for New Palestinian Leadership", https://georgewbush-whitehouse. archives. gov/news/releases/2002/06/20020624-3. html.

利亚之间的关系正常化而谈判。① "路线图"对巴以双方回归谈判的责任和义务作出了安排，并提出了巴勒斯坦在2005年建国的目标。

小布什政府的"路线图"起初被以色列和巴勒斯坦民族权力机构所接受，也得到了众多阿拉伯国家的积极回应。过去近30个月的冲突所带来的人员伤亡和经济损失，使得巴以双方领导人都采取了务实态度，一向强硬的以色列鹰派也受到来自美国的压力，巴以双方实现暂时停火。然而，时间一长，该计划便暴露出固有的缺陷。由于巴以双方互不信任，都不愿意先作出实质性让步。以色列强硬派要求，只有巴勒斯坦实行行政改革且采取有效打击恐怖组织的措施后，以方才能撤军并恢复谈判，犹太定居者更是坚决反对拆除任何定居点；而巴勒斯坦方面的哈马斯等激进组织则从一开始就反对协议，加之阿巴斯政府的弱势，巴方在控制暴力行为方面做得非常有限。

小布什政府只是将巴以和平进程作为反恐行动的一部分，并未对巴以双方履行"路线图"作出有效督促，但如果由以色列和巴勒斯坦人自己解决，结局就只能是双方之间暴力的恶性循环。尽管"路线图"要求以色列停止扩建定居点，然而美国并没有采取实质性措施对以色列施加压力。小布什总统与时任以色列总理沙龙关系较好，曾称他为"和平人士"②。沙龙在2001年执政后，多次阐述他在巴以问题上的强硬立场：反对以色列在《奥斯陆协议》中的让步；给巴勒斯坦建国加上苛刻条件，如巴方不能拥有军队；不接收巴勒斯坦难民回归；不同巴勒斯坦分享耶路撒冷。③尽管沙龙在口头上表示接受"路线图"，但其采取的诸如建立隔离墙、实施单边撤离计划、围堵巴勒斯坦民族权

---

① "A Performance-Based Road Map to a Permanent Two-State Solution to the Israeli-Palestinian Conflict", https://peacemaker.un.org/israel-palestine-roadmap2003.

② 2002年4月，以色列宣布逐步撤出"防御盾牌"行动期间占领的土地,该行为得到了小布什的肯定,后者在一次讲话中将沙龙称为"和平人士",参见"Bush: 'Sharon Man of Peace', IDF Meets Pullout Timetable", https://www.haaretz.com/1.5196020。

③ 廖其年、张振国:《怨怨相报何时了——新一轮以巴冲突的缘起分析》,载《亚非纵横》, 2002年第2期,第17页。

力机构领导人阿拉法特、对巴勒斯坦激进组织进行"定点清除"等措施，均以单方面加强以色列安全为要旨，偏离了"路线图"安排的轨道。

从2002年6月起，以色列开始沿1967年边界"绿线"修建总长为360千米的安全隔离墙，作为防止恐怖袭击的屏障，然而沙龙的想法并不止于此，他希望通过修建隔离墙造成既定事实，圈占更多巴勒斯坦的领土和资源。沙龙在会见小布什时，竭力将修建隔离墙同以色列的安全挂钩，因此并没有遭到美国方面的太多反对。到2003年10月，第一阶段总长110千米的隔离墙工程已经基本完成。①

在权衡了多方因素后，以色列沙龙政府决定于2005年下半年实施单边撤离计划，撤出在加沙地带的全部21个定居点和西岸北部的4个定居点。这大大削弱了"路线图"的地位，即巴以双方没有通过谈判来修正领土边界的安排，第三方的协调也变得可有可无。以色列的撤离对于哈马斯来说是一种鼓舞，后者将该行为看作其反对以色列取得的阶段性胜利。2006年哈马斯在巴勒斯坦选举中取得胜利，并于2008年全面控制了加沙地区。巴勒斯坦的分裂与以色列同哈马斯的冲突，为和平进程的前景蒙上一层阴影。

第二，小布什政府支持以色列进行反恐自卫。2000年年底的巴以新一轮冲突，引发了第二次巴勒斯坦大起义，一直到2005年才结束。根据美国国会2002年的调查，在2000年年底开始的巴以冲突中，以色列仅因自杀式恐怖袭击身亡的人数就达到了9000人，是"9·11"事件中美国死亡人数的3倍。②在美国国会2002年通过的一项决议中，美国指责阿拉法特对以色列的伤亡事件负有重大责任，重申了对以色列安全的承诺，并表示要对以色列提供更多帮助以支持其反恐自卫。③

---

① 李伟、孙阿扣:《巴以争端的新焦点——隔离墙问题》,载《西亚非洲》,2004年第5期,第13—15页。
② "Expressing Solidarity with Israel in Its Fight against Terrorism", https://www.congress.gov/107/bills/hres392/BILLS-107hres392eh.pdf.
③ 同②。

第三章　美国中东政策中的美以特殊关系因素

表现之一是支持以色列对付阿拉法特。阿拉法特在处理巴以关系上，坚持"和谈"和"起义"并用，认为这是迫使以色列作出让步的有力保障，而对于美国和以色列来说，这样的"起义"就是恐怖主义行为。美国指责阿拉法特和巴勒斯坦民族权力机构的领导人未能遵守1993年《奥斯陆协议》中作出的非暴力承诺，坚决抵制阿拉法特代表巴勒斯坦参与和平进程。决定性改变美国对阿拉法特态度的是"卡琳·阿事件"。2002年1月，以色列拦截了一艘载着50吨武器的、从伊朗运往巴勒斯坦民族权力机构的船只，船上装着C-4炸药和喀秋莎火箭，这被认为是巴勒斯坦民族权力机构支持恐怖主义的证据，阿拉法特从此丧失了美国对他的信任。[1]

在自卫行动上得到美国支持后，沙龙加紧对付阿拉法特。2001年12月4日，以色列内阁发表声明，称自即日起将视阿拉法特领导的巴勒斯坦民族权力机构为"支持恐怖主义的实体"，并称坦齐姆和法塔赫为"恐怖组织"。以色列随后在同月13日决定断绝同阿拉法特的一切联系。断绝外交关系后，接下来就是军事行动。2002年3月29日，以色列国防部发起所谓反恐的"防御盾牌"行动，以色列军队大举入侵约旦河西岸城市拉马拉，并攻入阿拉法特官邸，将阿拉法特围困在房子中。小布什对这次行动非常了解，在2002年6月的一次讲话中，他公开呼吁巴勒斯坦重新选择领导人，并以巴勒斯坦民族权力机构积极反对恐怖主义作为支持建立巴勒斯坦国的先决条件。阿拉法特从此被困在拉马拉，失去了人身自由，并于2004年11月在内外交困中病故。

表现之二是小布什政府默认以色列"定点清除"巴勒斯坦哈马斯组织成员。"定点清除"是一种有安排的暗杀行为，是以色列情报机构用来对付对手的一种手段。哈马斯是美国和以色列共同指认的"恐怖组织"，小布什总统多次呼吁国际社会反对哈马斯和其他针对以色列的巴勒斯坦组织，要求中东有关各方采取措施，切断对哈马斯等组织的

---

[1] Jonathan Rynhold, "Behind the Rhetoric", https://americandiplomacy.web.unc.edu/2005/11/behind-the-rhetoric/.

资金支持,共同制止暴力。①在第二次巴勒斯坦起义期间,巴勒斯坦人民阵线领导人阿布·阿里·穆斯塔法、法塔赫坦齐姆组织领导人雷达尔·卡尔米,以及哈马斯高级官员萨拉赫·沙哈达都被以色列"定点清除"。在美国新保守主义者看来,以色列运用的策略是美国反恐战争的重要组成部分。2001年7月31日,以色列用反坦克导弹暗杀两名哈马斯成员。美国副总统迪克·切尼为以色列的行为辩护称,他认为以色列试图通过先发制人来保护自己是有道理的。②根据以色列人权组织报道,2000年11月至2003年2月,以色列对涉嫌参与恐怖袭击的巴勒斯坦民兵组织领导人和相关士兵进行了85次"定点清除"行动。③

表现之三是小布什政府在黎以冲突中支持以色列打击真主党。真主党是美国和以色列认为的"恐怖组织",其崛起主要是为回应以色列在1982年至2000年对黎巴嫩南部的占领。2000年6月,以色列总理巴拉克决定从黎巴嫩南部战术性撤军,结束对其长达25年的占领。以色列撤军后,真主党迅速控制了该地区。

2006年7月12日,真主党游击队绑架了两名以色列士兵,要求以色列用反以政治犯来交换。以色列拒绝了这个要求,并以此为借口,对黎巴嫩南部展开大规模军事行动,打击真主党游击队的势力。小布什政府希望借此一举消灭真主党,公开力挺以色列。小布什对外表示,"问题的根源在于真主党……有一些恐怖袭击是叙利亚和伊朗支持的"④。以色列在战争中广泛使用火箭弹、集束炸弹,造成黎巴嫩平民大量伤亡。这些集束炸弹大多数来自美国,包括由洛克希德·马丁公司的多管火箭系统提供的M77子弹。尽管以色列的军事行为遭到了国

---

① "President Bush Calls for New Palestinian Leadership", https://georgewbush-whitehouse.archives.gov/news/releases/2002/06/20020624-3.html.
② Ian Urbina and Chris Toensing, "Israel, the US and 'Targeted Killings'", https://merip.org/2003/02/israel-the-us-and-targeted-killings/.
③ 同②。
④ 《指责真主党是冲突根源,美纵容以军再炸一星期》,https://news.sina.com.cn/o/2006-07-20/07229514653s.shtml。

际社会的批评,但以色列引用自卫权为自己辩护,美国国会也未暂停对以色列的武器援助。① 经过一个月的战斗,以色列最终未能全部消灭真主党游击队。美国意识到延长战争只会导致更多的伤亡和受到更多批评,故派出国务卿赖斯出访中东,进行调停,并推动联合国安理会通过停火决议案,巩固了以色列对真主党的局部胜利。

第三,小布什政府支持对伊朗以压促变。在1979年伊朗伊斯兰革命后,美国和伊朗的友好关系遭到逆转,两国开始了长达数十年的敌对状态。与此同时,以色列也和伊朗产生了难以调和的宗教和地缘政治矛盾,以色列将伊朗看成对其国家安全的最大威胁。2002年,伊朗核设施的曝光加强了美以对伊朗的威胁认知。为防止伊朗发展核武器,维护以色列安全和中东地区整体形势稳定,小布什政府积极对伊朗采取经济制裁和军事威慑等措施,迫使伊朗软化其立场。

伊朗最初是在西方的支持下发展核能力的。在美国和平利用核能的倡议下,伊朗于1967年获得了美国提供的5兆瓦核反应堆,这也是其第一座核反应堆。20世纪70年代,伊朗成立了伊朗原子能组织并相继发展了多座核反应堆和独立的核燃料循环体系。在冷战的大背景下,美伊双边关系较好,伊朗也于1970年签署《不扩散武器条约》,其核项目没有遭到美国的阻挠。1979年伊朗伊斯兰革命后,美伊关系发生逆转,美伊核项目合作从此停止。20世纪90年代,伊朗欲重启核计划,在其获得核技术的努力遭到国际孤立后,将目标转向了苏联。1995年,伊朗和俄罗斯达成一份价值8亿美元的合同,在国际原子能机构的监督下建设布什尔轻水反应堆。

除此之外,伊朗还有一些鲜为人知的"秘密核项目"。2002年8月,伊朗反政府组织"伊朗全国抵抗委员会"对外披露了伊朗政府正在进行的秘密核项目,包括纳坦兹的核设施和阿拉克的重水厂。伊核问题开始成为国际社会关注的焦点。在国际原子能机构和欧盟三国同

---

① Frida Berrigan,"Made in the USA: American Military Aid to Israel", *Journal of Palestine Studies*, Vol. 38, No. 3, 2009, pp. 13-14.

伊朗交涉无果后，伊核问题进入安理会五个常任理事国和德国同伊朗谈判的新阶段。在小布什第二任期内，美国较为直接介入伊核问题。2006年5月，美国国务卿赖斯就小布什政府对伊核问题的立场发表声明：伊朗继续谋求核武器会遭到美国强大的政治和经济制裁，伊朗如果暂停铀浓缩计划并同国际原子能机构合作，则不仅可以发展民用核能，还可以获得更大的安全和经济收益。①

伊朗核设施的曝光强化了美国和以色列对伊朗的威胁认知。1995年，克林顿政府颁布12959号行政命令，禁止美国与伊朗进行任何贸易。1996年，又签署《伊朗和利比亚制裁法》，将制裁大棒指向同伊朗开展业务往来的美国和非美国公司。2008年，美国国务卿赖斯在《外交事务》发表文章，指出"伊朗威胁以色列的生存安全，对美国怀有敌意"，伊朗拥有巨大的地区野心，通过革命卫队和圣城部队、加沙哈马斯和黎巴嫩真主党、伊拉克迈赫迪军等国家和非国家工具来推进其政策，拓展影响力。不仅如此，"一个拥有核武器或能随时制造核武器技术的伊朗，都将是对国际和平与安全的严重威胁"。②

以色列和伊朗之间既存在意识形态冲突，也存在地缘政治矛盾。反对以色列是伊朗意识形态的重要组成部分。对于以色列来说，伊朗拥有核武器是极大的威胁：首先，伊朗一旦成为核大国，将会扩大对真主党、哈马斯和伊斯兰圣战组织等的支持；其次，拥有核武器的伊朗可能会引发所谓的多米诺骨牌效应，促使埃及和沙特等地区大国纷纷效仿，最终引起地区核军备竞赛，进一步破坏整个中东地区的稳定。因此，以色列的基本立场是：以色列不能与拥有核武器的伊朗共存，必须采取措施防止伊朗拥核。③

---

① "Statement by Secretary of State Condoleezza Rice", https://2001-2009.state.gov/secretary/rm/2006/67088.htm.

② Condoleezza Rice, "Rethinking the National Interest: American Realism for a New World", *Foreign Affairs*, Vol. 87, No. 4, 2008, pp. 17–18.

③ Gawdat Bahgat, "Nuclear Proliferation: The Islamic Republic of Iran", *Iranian Studies*, Vol. 39, No. 3, 2006, p. 315.

第三章　美国中东政策中的美以特殊关系因素

在这种共同威胁认知下,美国积极采取措施遏制伊朗发展核武器的进程,以维护以色列的安全和美国在中东地区的利益。这一时期美国的对伊政策目标是以压促变,同时利用非军事手段和军事手段:一方面试图对其进行内部颠覆,辅以推动联合国安理会出台经济制裁;另一方面同以色列以及阿拉伯国家合作,对伊朗进行军事威慑。

对于反美国家,美国通常首先对其从言语上进行抹黑。美国致力于将伊朗塑造成为一个"邪恶政权",2002年1月,小布什在国情咨文中将伊朗连同伊拉克、朝鲜称为"邪恶轴心",认定伊朗支持恐怖主义,严重威胁地区的和平与安全。2005年,美国国会通过《支持伊朗自由法案》,同意美国总统使用一切资源资助伊朗反政府组织,2006年,这一预算提高到8500万美元。美国对伊朗的敌意加强了伊朗内部强硬派的力量,2005年,内贾德当选伊朗总统,在核问题上持强硬立场,坚定维护伊朗发展核能的权利,并且发表了"将以色列从地图上抹去"的激进言论。在内贾德的支持和指示下,2006年4月,伊朗核技术成功发展到了"核燃料循环"阶段。面对伊朗的不合作,美国拾起制裁大棒,推动联合国安理会对伊朗进行制裁。从2006年到2008年,美国推动安理会通过了五个与伊核有关的决议,其中四个明确规定了制裁伊朗的措施。制裁对象包括与伊朗核项目和导弹项目有关的机构和个人;制裁措施包括资金冻结、旅行限制、武器禁运等。此外,美国还制裁了伊斯兰革命卫队和伊朗国有银行,并游说全球的主要金融机构和跨国公司,阻止它们与伊朗开展金融和商业业务。①

在军事方面,美国这一时期主要同盟友合作,对伊朗进行武力威慑。美国一直希望为以色列和逊尼派阿拉伯国家找到一个共同敌人,伊朗自然被选中。尤其是伊核危机发生后,以色列和逊尼派阿拉伯国家的共同威胁认知更强了。这一时期,美国陆续对海湾合作委员会成员国出售了爱国者和萨德等导弹防御系统,以及F-15和F-16等新型

---

① 樊吉社:《伊核问题与美国政策:历史演进与经验教训》,载《西亚非洲》,2020年第4期,第129—130页。

战斗机。①从 2006 年到 2007 年，美国相继派出"艾森豪威尔"和"斯坦尼斯"两艘航母在海湾巡航。以色列则欲对伊朗发起先发制人的打击。先发制人是以色列对既定威胁的一种积极应对手段，早在 1981 年，以色列就使用该手段摧毁了伊拉克的核反应堆。据报道，以色列自 2006 年起便开始研制 Eros-B 间谍卫星，提高"箭 2"反导系统的拦截能力，同时还从美国引进了先进的远程轰炸机来攻击伊朗境内的军事目标。②小布什政府为避免重蹈伊拉克覆辙，不愿对伊朗进行军事打击，主要希望通过加强武力威慑逼迫伊朗立场软化，然而伊朗的强硬派政府并不妥协。到小布什任期结束时，联合国关于伊核问题的谈判已经陷入僵局。

（二）奥巴马政府时期的外交行为

奥巴马政府时期，围绕阿以矛盾、伊朗核计划等问题，美以关系频繁产生摩擦。奥巴马适度扭转了美国在阿以问题上过度偏袒以色列的立场，重视全面解决阿以冲突，对以色列施加压力以配合实施"两国方案"。为避免卷入同伊朗的军事冲突，奥巴马和伊朗鲁哈尼政府相互妥协，达成了伊核协议，造成美以关系一度紧张。奥巴马这一系列举措的动机，在于借助外交手段，减弱中东冲突对美国利益的影响，其对外政策呈现出收缩态势。尽管如此，以色列的安全仍然是美国在中东问题上的重要考量，美国继续维持对以色列的安全承诺和军事援助。

第一，奥巴马仍然重视全面解决阿以问题。小布什政府在中东的过度扩张，不仅使美国背上巨大财政包袱，而且中东局势还在朝着不利于美国利益的方向发展：巴以冲突没有停歇迹象，哈马斯和真主党

---

① Kenneth Katzman, "Evolution of U. S. - GCC Defense Cooperation", https://gulfif.org/evolution-of-u-s-gcc-defense-cooperation/.

② 刘志杰：《冷战后以色列对伊朗的政策研究》，暨南大学硕士论文，2017 年 5 月，第 30 页。

难以彻底消灭,伊朗地区影响力扩大,中东地区的反美情绪上升。在这些问题中,巴以冲突是关键。在奥巴马看来,巴勒斯坦人和以色列人之间缺乏和平,妨害了该地区人民以及美国在其他许多领域的安全。①奥巴马改变了小布什时期美国对巴以冲突的忽视态度,意图通过解决巴以冲突来实现阿以间的全面和平。

在定居点问题上,奥巴马政府对以色列施加压力。尽管阿以和平在20世纪90年代取得过一定成就,但在21世纪初却陷入困境,以色列的定居点建设是其中的重要原因。以色列在西岸建造新定居点违反国际法,正如1949年《关于战时保护平民之日内瓦公约》所述:"占领国不得将本国部分平民驱逐或转移到其占领的领土。"②但是,以色列自1967年占领西岸地区以来,一直通过定居点建设来制造既成事实,一点点蚕食巴勒斯坦土地。根据1993年以色列同巴勒斯坦民族权力机构达成的《奥斯陆协议》,西岸被划分为三个区:A区和B区分别约占西岸面积的18%和22%,建有数个巴勒斯坦行政区;C区约占西岸面积的60%,几乎完全由以色列控制。长期以来,国际社会坚持以联合国242号和338号决议为基础,根据"土地换和平"原则解决巴以问题,要求以色列撤出1967年所占领土、停止在被占领土上建设定居点。然而,以色列的定居点在一天天扩大,截至2009年,在约旦河西岸、耶路撒冷东部和戈兰高地的以色列定居者数量达到了50万,其中在东耶路撒冷就有20万以色列人居住。③这一数目几乎是前十年的四倍。

奥巴马就任后,将解决巴以冲突作为其中东政策的首要事项。奥巴马就任总统后的第一个电话打给了巴勒斯坦民族权力机构主席阿巴

---

① "Remarks by President Obama and President Abbas of the Palestinian Authority in Press Availability", https://obamawhitehouse.archives.gov/the-press-office/remarks-president-obama-and-president-abbas-palestinian-authority-press-availabilit.
② 《关于战时保护平民之日内瓦公约》, https://www.un.org/zh/node/182213。
③ "Report on Israeli Settlement in the Occupied Territories", https://reliefweb.int/report/occupied-palestinian-territory/report-israeli-settlement-occupied-territories-jul-aug-2009.

斯，表达了他对巴勒斯坦建国的支持，并保证将寻求巴以和平解决方案。在定居点问题上，奥巴马多次表示美国不支持以色列的定居点建设，耶路撒冷的地位需要由巴以双方谈判确定。奥巴马在2009年5月同以色列总理内塔尼亚胡会面时表示，以色列必须停止定居点建设，我们才能继续前进。①

2009年3月，以色列利库德集团领导人内塔尼亚胡当选总理，为巴以和平进程的前景蒙上一层阴影。内塔尼亚胡长期在巴以问题上持强硬立场，不放弃以色列对耶路撒冷、约旦河西岸、戈兰高地的占领和主权，拒绝接收巴勒斯坦难民。2009年10月下旬，内塔尼亚胡提出在约旦河西岸的建设中保持克制，同时继续完成3000套已经获得许可或已开始建设的住房，即"冻结"或"暂停"不适用于东耶路撒冷、公共建筑或基础设施项目。②内塔尼亚胡的立场使和平进程难以推进。尽管巴勒斯坦民族权力机构主席阿巴斯立场温和，支持同以色列进行谈判，但他也一再强调以色列暂停定居点建设是恢复和谈的前提。阿盟秘书长也表示，在以色列停止其定居点建设之前，阿拉伯国家不会采取任何措施。③2013年，内塔尼亚胡连任以色列总理，以色列在约旦河西岸共建造了2534套新住房，是2012年1133套的2倍多。④

奥巴马的政策也面临着来自美国国内的阻碍。当奥巴马以暂停对以色列的援助为条件要求以色列让步时，美国国会从中作梗。因此，现实是以色列继续扩建定居点，没有受到任何惩罚。显然，奥巴马不愿牺牲自己的政治前景对以色列施加强制性压力。2011年2月，奥巴

---

① "Remarks by President Obama and Israeli Prime Minister Netanyahu in Press Availability", https://obamawhitehouse.archives.gov/the-press-office/remarks-president-obama-and-israeli-prime-minister-netanyahu-press-availability.

② Carol Migdalovitz, "Israeli-Arab Negotiations: Background, Conflicts, and U.S. Policy", https://www.everycrsreport.com/files/20100129_RL33530_166738dd6ac1f69bc3beb8db5e1d4a169cbbcdef.pdf.

③ 同②。

④ "Israel Doubled West Bank Settlement Construction in 2013", https://time.com/11458/israel-doubled-west-bank-settlement-construction-in-2013/.

马在联合国使用否决权阻止了安理会通过谴责以色列扩建定居点的决议。9月，奥巴马在联大发表讲话时，其立场已经退回到"以色列安全是首要"的原来轨道上，闭口不提停止建设定居点的问题。① 2014年7月，以色列对加沙地带发起了为期十天的空袭和地面攻势，美国在这场冲突中继续支持以色列，奥巴马重申对以色列的自卫权的"强烈支持"。② 9月，美国国会通过《美国-以色列战略伙伴关系法案》，重申美国为维护以色列在中东地区军事优势的各项安排，并承诺美国将扩大对以色列防御系统"大卫弹弓""箭2""箭3""铁穹"的军事援助。在2014年到2015年期间，美国为"铁穹"反火箭弹系统累计提供了超过810亿美元的资金支持。③

奥巴马政府支持阿拉伯国家发挥更大作用。与小布什对"阿拉伯和平倡议"④的冷淡态度相比，奥巴马对此给予重视。他在会见约旦国王和沙特国王时，表示了对"阿拉伯和平倡议"的支持，并且在2009年开罗的《新开端》演讲中，也提出希望阿拉伯国家在和平中发挥更多作用。奥巴马此举主要出于三点考虑：一是认可阿拉伯国家对和平进程作出的努力，加强美阿关系；二是希望阿拉伯国家可以同以色列建立信任，同时对巴勒斯坦承担更多责任，落实对巴勒斯坦的援助；三是在伊朗问题上美国需要阿拉伯国家的协调。"阿拉伯和平倡议"中以色列和阿拉伯国家最看重的两点是：以色列从1967年占领的阿拉伯

---

① "Remarks by President Obama in Address to the United Nations General Assembly", https://obamawhitehouse.archives.gov/the-press-office/2011/09/21/remarks-president-obama-address-united-nations-general-assembly.

② "Timeline: How US Presidents Have Defended Israel over Decades", https://www.aljazeera.com/news/2021/5/16/timeline-how-us-presidents-have-defended-israel-over-decades.

③ Jeremy M. Sharp, "U.S. Foreign Aid to Israel", https://crsreports.congress.gov/product/pdf/RL/RL33222/40.

④ 在2002年3月于贝鲁特举行的阿盟首脑会议上，与会成员国一致通过了沙特提出的一项旨在最终解决阿以争端的中东和平新建议，并将其命名为"阿拉伯和平倡议"。倡议要求以色列：从1967年战争以来占领的阿拉伯领土全面撤军，包括从约旦河西岸、加沙地带、叙利亚戈兰高地和黎巴嫩南部其余被占领地区；建立以东耶路撒冷为首都的独立巴勒斯坦国；根据联合国大会第194号决议，公正解决巴勒斯坦难民问题。作为回报，阿拉伯国家则不仅承认犹太家在中东的生存权利，还为以色列提供全面的和平，包括政治、经济和文化的关系正常化。

领土上撤军，以及巴勒斯坦有权建立以东耶路撒冷为首都的国家。2013 年，约翰·克里接任克林顿·希拉里出任美国国务卿，"阿拉伯和平倡议"成为其和平进程战略的一个关键组成部分。为使以色列支持该倡议，克里推动了两项改动：关于撤出 1967 年占领土地的路线可以通过阿以双方谈判进行修改；为以色列提供更强有力的安全保障。①但是，由于内塔尼亚胡总理反对以色列撤出 1967 年以来占领的土地，反对在耶路撒冷问题上作出任何妥协，导致该倡议一直无法执行。到了特朗普政府时期，美国提出了一份更全面的协议取而代之。

奥巴马致力于改善美叙、美黎关系。奥巴马上台后，将阿以和平进程作为中东政策的重点，看重叙利亚在处理巴勒斯坦和伊朗问题上的战略地位，期待叙利亚孤立伊朗、削弱其对哈马斯和真主党的支持。奥巴马上台不久就向叙利亚发出缓和信号。2009 年 2 月初，美国商务部批准向叙利亚出售波音 747 零部件。几周后，美国财政部授权儿童癌症支持协会向阿萨德妻子所在的叙利亚慈善机构转移 50 万美元。3 月初，时任美国参议院外交关系委员会主席约翰·克里、国务院负责近东事务的代理助理国务卿杰弗里·费特曼等官员访问叙利亚，这是多年来美叙间最高级别的双边接触。②在黎巴嫩问题上，奥巴马政府希望黎巴嫩保持政局稳定，不再成为叙利亚和伊朗觊觎的对象和反对以色列的基地。时任美国副总统拜登在访问黎巴嫩表示，美国致力于推动以色列和包括黎巴嫩在内的阿以全面和平。③

第二，奥巴马政府支持以色列"境外御敌"。始于 2010 年年底的"阿拉伯之春"的势头迅速蔓延到叙利亚。2011 年 2 月，叙利亚德拉

---

① "The United States Seeks to Revive the Arab Peace Initiative", https://www.americanprogress.org/article/the-united-states-seeks-to-revive-the-arab-peace-initiative-in-effort-to-jumpstart-israeli-palestinian-talks/.

② 同①。

③ "Biden in Beirut II: Parsing the Speech (Updated)", https://www.cnas.org/publications/blog/biden-in-beirut-ii-parsing-the-speech-updated.

街头发生"涂鸦事件",叙利亚危机由此爆发。① 2014 年"伊斯兰国"兴起,叙利亚巴沙尔政府面临严峻挑战。叙利亚局势失控将会危急到大国在中东的利益,外部势力纷纷介入叙利亚危机。美国认为伊朗及其支持的叙利亚什叶派武装对以色列安全构成了严重威胁,因此积极加强以色列应对伊朗的防御能力,支持以色列"境外御敌"。

首先看美以在叙利亚内战中的立场。出于担心叙利亚乱局滋生极端主义、引发难民危机、造成石油市场的持续不稳定,以及为真主党和伊朗等极端势力扩大影响提供可乘之机等原因,美国积极介入叙利亚国内冲突。② 2011 年 9 月,奥巴马总统在联大阐明了美国在叙利亚危机中要求巴沙尔政府下台的立场,并呼吁联合国安理会制裁叙利亚,积极响应叙利亚人民期望的权力移交。③奥巴马政府一方面不愿丧失地区事务主导能力,另一方面不希望在地区冲突中投入过多军事资源,避免使用武力,通过对叙利亚政府实施制裁和武装叙利亚国内反对派达到推翻巴沙尔政府的目的;当叙利亚政府被爆出使用化学武器时,奥巴马在最后时刻放弃对叙动武,将此问题交由联合国解决;在"伊斯兰国"兴起后,积极组建反恐联盟,同时不放弃政治解决危机的努力,甚至愿同伊朗及俄罗斯合作。④

以色列对巴沙尔政府的去留持摇摆态度,其主要担心伊朗在以色列边境附近施加影响。在以色列方面看来,伊朗利用其在叙利亚的行动自由向真主党提供先进武器和物资来打击以色列,更严重的是,随着伊朗在叙利亚军事存在的大幅扩大,可能使它能够在戈兰高地建立

---

① 2011 年 2 月,叙利亚德拉街头几名小学生在墙上涂写反政府标语遭警察逮捕,继而引发大规模反政府示威。乱局在各方势力推动下迅速蔓延到叙利亚各个城市,反对派趁势而起,要求巴沙尔总统下台,叙利亚危机由此爆发。

② Susanna Blume, "How to Support the Opposition in Syria: New Models for Understanding Syria", *PRISM Syria Supplement*, Vol. 4, 2014, pp. 86—87.

③ "Remarks by President Obama in Address to the United Nations General Assembly", https://obamawhitehouse. archives. gov/the-press-office/2011/09/21/remarks-president-obama-address-united-nations-general-asSembly.

④ 王锦:《奥巴马中东政策评析》,载《现代国际关系》,2016 年第 11 期,第 16 页。

一个新的军事阵线。然而，以色列几乎没有能力限制伊朗在叙利亚的行动，只能袭击向真主党运送武器的车队，并加强在戈兰高地以色列一侧的防御。①以色列更支持一个脆弱的巴沙尔政府维持地区基本秩序，避免新政权上台后以攻击以色列作为加强自身合法性的手段。

其次是美国加强以色列在叙利亚内战中抵御威胁的能力。叙利亚危机发生后，以色列倾向于避免参战，并确定了在三个场景下的干预政策：一是应对从叙利亚方向发来的袭击，二是防止外部势力向真主党转让先进武器，三是防止大规模毁灭性武器落入恐怖分子手中。②在伊朗和真主党加紧利用乱局在戈兰高地建立和巩固军事存在的情况下，以色列北部边境安全面临日益严峻的威胁。为应对威胁，以色列直接出动国防军和空军在边界进行打击，美国则在武器、资金和技术研发方面提供援助。

叙利亚在伊朗的战略版图中发挥着关键作用，也是伊朗向黎巴嫩真主党、哈马斯、巴勒斯坦伊斯兰圣战组织等输送武器的关键转运枢纽。③美国支持以色列防范伊朗向真主党转移武器的行为，2013年1月，以色列调查到大马士革郊区一列车队运载有精密防空武器，并认为是伊朗提供给真主党的武器，于是对该车队发起了空袭。④ 2013年到2018年期间，以色列对伊朗军队和真主党发动了100多次空袭。⑤在导弹威胁方面，真主党拥有俄罗斯先进的地对空导弹 SA-17 和 SA-22，以及俄罗斯宝石反舰巡航导弹，还拥有数千枚伊朗制造的 Fateh 110 火

---

① Larry Hanauer, "Israel's Interests and Options in Syria", https://www.rand.org/content/dam/rand/pubs/perspectives/PE100/PE185/RAND_PE185.pdf.
② Itamar Rabinovich, "The United States and Israel vs. the Syria of Bashar al – Assad: Challenges, Dilemmas, and Options", *Strategic Assessment*, Vol. 23, No. 4, 2020, pp. 87 – 88.
③ 汪波、伍睿：《"以色列优先"与特朗普中东政策的内在逻辑》，载《阿拉伯世界研究》，2021年第3期，第13页。
④ "Israeli Airstrike in Syria Targets Arms Convoy, U. S. Says", https://www.nytimes.com/2013/01/31/world/middleeast/syria-says-it-was-hit-by-strikes-from-israeli-planes.html.
⑤ Mona Yacoubian, "Iran and Israel Are Racing Toward Confrontation in Syria: Will It Lead to a Wider Regional Conflict?", https://www.usip.org/publications/2018/05/iran – and – israel – are – racing-toward-confrontation-syria.

箭弹，射程可以到达以色列境内。据报道，真主党在2006年黎以冲突期间，向以色列发射了近4000枚火箭弹和导弹。①为了加强以色列抵御真主党和伊朗导弹的能力，美以在国防领域进行了深度的合作。2012年，以色列"大卫弹弓"中短程弹道防御系统完成首次测试，该系统旨在抵御射程在70—300千米的火箭弹和巡航导弹，主要来自真主党、叙利亚和伊朗。②根据美国国会研究部报告，2012年到2016年期间，美国为"大卫弹弓"系统投入了822亿美元。③

第三，奥巴马政府寻求同伊朗缓和关系，解决伊核问题。奥巴马政府上台后，将解决伊朗核问题作为其对外政策的又一重点事项，在方式上更强调外交手段的运用。2010年的《美国国家安全战略报告》指出，"寻求与伊朗接触，是我们的现实选择"④。在奥巴马政府的积极努力下，伊核问题取得重大进展，却因此加剧了美以关系的紧张程度，为缓解以色列的担忧，美国加大了对以色列的军事援助。

首先，奥巴马政府推动同伊朗签署伊核协议。美国和伊朗敌对数十年，尽管历届政府对伊朗实行孤立、颠覆、制裁、威胁，无所不用其极，但都不能推翻伊朗政府，也不能改变其政策取向。⑤小布什政府铲除了伊朗曾经的最大对手——伊拉克萨达姆政权，使伊朗在中东坐大。2002年之后，伊朗研制核武器的消息公开，更加引起以色列、沙特等中东国家的惊恐，美国以"伊朗核威胁"为借口联手其他大国共同遏制伊朗。小布什政府对伊朗的严厉制裁措施没有奏效，伊朗最终

---

① "Missiles and Rockets of Hezbollah", https://missilethreat.csis.org/country/hezbollahs-rocket-arsenal/.

② Dan Williams, "UPDATE 3: Israel Tests U.S.-Backed Missile Shield as Iran Nuclear Talks Churn", https://www.reuters.com/article/defense-israel-usa-davidssling-idUSL5N0W04W420150401.

③ Jeremy M. Sharp, "U.S. Foreign Aid to Israel", https://crsreports.congress.gov/product/pdf/RL/RL33222/40.

④ "The National Security Strategy of the United States of America", https://2009-2017.state.gov/documents/organization/63562.pdf.

⑤ 安惠侯：《"9·11"事件以来的美国中东政策评析》，载《阿拉伯世界研究》，2016年第1期，第12页。

建立起相对完整的核循环系统。

在奥巴马时期,美伊终于就核问题达成妥协。一方面,伊朗作为中东反美国家的"领头羊",在战略上牵制着美国,美国为此付出了很多政治和经济成本。伊朗支持哈马斯、真主党对抗以色列,多年来双方冲突不断,伊朗与阿以问题相互关联,一直束缚着美国的中东政策。另一方面,伊朗与前苏联不同,前苏联能够使用带有核弹头的洲际导弹瞄准美国数百个城市,而伊朗核武器对美国本土威胁有限,因此伊朗对美国的安全威胁是有限的,既然无法阻止其发展核武器,那么就尽可能限制其发展的速度。从美国大战略的角度看,缓和同伊朗这样"中间地带"国家的关系,有助于防止其在政治、经济和军事上与亚欧大陆新兴经济体整合到一起。①

奥巴马在2009年上台后,一方面不断向伊朗示好,显示缓和意愿,另一方面以压促谈,增加自身政治筹码。这一时期美国出台了针对伊朗核计划的投资制裁,并综合运用单边和多变手段,使制裁从能源、核原料领域扩展到更广的范围,波及伊朗伊斯兰革命卫队、航空公司、伊朗高官等。2011年年底,美国出台了迄今最苛刻的针对伊朗及外国公司的石油和金融制裁,伊朗能源产业遭受重大打击,国内经济形势日趋严峻。②2013年鲁哈尼当选伊朗总统后,对美国释放和解信号,两国当年就启动核谈判。2015年7月,美国、英国、法国、俄罗斯、中国、德国六国同伊朗最终达成"联合全面行动计划",即"伊核协议"。伊朗方面的承诺主要有:不生产可用于核武器的高浓缩铀或钚,确保其在福尔多、纳坦兹和阿拉克的核设施只服务于民用的医学核工业研究等;限制其可以运行离心机的数量和类型、浓缩程度以及浓缩铀库存的规模;同意联合国原子能机构不受限制地对其核设施进

---

① 田文林:《伊核协议与美国的战略调整》,载《现代国际关系》,2015年第9期,第24页。

② 沈雅梅:《美国对伊朗政策调整的动因及其空间》,载《现代国际关系》,2013年第6期,第51页。

第三章　美国中东政策中的美以特殊关系因素

行核查。美国、欧盟和联合国方面则同意解除对伊朗的核制裁，并于五年后解除联合国对其转让常规武器核弹道导弹的禁令。①

总结来看，伊核协议的核心内容为美国以解除制裁为条件，换得伊朗大幅削减其核能力。协议的签署使得伊朗至少在之后十年内不可能制造核武器，从而避免了美国因伊朗发展核武器而不得不对其发动军事打击的可能性。②然而，协议最终生效还需得到美国国会批准。面对来自国内强硬派的反对，奥巴马力求维护谈判成果，甚至不惜动用总统否决权来应对国会的反对。

其次，美伊达成核协议后，美以关系一度陷入低谷。在伊核协议宣布后，内塔尼亚胡表示这是一个"令人震惊的历史错误"，并于当年联合国大会花40多分钟厉声指责伊朗以民用核计划为掩护制造核武器，对国际社会和以色列构成威胁。以色列外交部长阿维格多·利伯曼则将该协议同与纳粹德国签订的慕尼黑协议进行了比较。③美国以色列公共事务委员会则游说两党成员在国会发起一项否决伊核协议的法案。以色列反对该协议的地方不仅集中于协议本身的缺陷，还认为该协议鼓励了伊朗在其他非核领域的野心：一是协议保留了伊朗的核研发能力，一旦到期将无法阻止其将核能力武器化；二是伊朗获得制裁减免后，将会继续扩大对恐怖主义网络的支持，并且研制弹道导弹威胁以色列安全。④

奥巴马政府时期美以在伊核问题上摩擦不断。美国认为对伊朗采取军事行动的成本太大，更倾向于使用外交接触和制裁的方式。2012年9月，内塔尼亚胡赴美出席联大会议就设定对伊朗动武"红线"一

---

① Eyder Peralta, "Six Things You Should Know About the Iran Nuclear Deal", https://www.npr.org/sections/thetwo-way/2015/07/14/422920192/6-things-you-should-know-about-the-iran-nuclear-deal.
② 安惠侯：《"9·11"事件以来的美国中东政策评析》，载《阿拉伯世界研究》，2016年第1期，第18页。
③ Dalia Dassa Kaye, "Israel's Iran Policies after the Nuclear Deal", https://www.rand.org/content/dam/rand/pubs/perspectives/PE200/PE207/RAND_PE207.pdf.
④ 同①。

事向美国施加，美国国防部长驳斥道："红线使人自缚手脚，是一种用来置人于政治困境的说法。"①

尽管以色列一直强调来自伊朗的核威胁，要求美国政府最大限度压制伊朗发展核武器，但美国方面更多考虑的是力图以最小成本解决该问题，避免同伊朗发生军事冲突，并希望伊朗在叙利亚、伊拉克等地区问题上同美国合作。为了安抚以色列，也为了确保其不对伊朗单独打击，美国加强了对以色列的安全保证。2016年，美国和以色列签署《十年谅解备忘录》，将美国对以色列未来十年的军事援助从上一个十年的300亿美元提升到380亿美元，并同以色列加强弹道导弹方面的合作，以应对伊朗可能的威胁。备忘录签署不久后，美国国会又通过了《2016年以色列国防紧急补充拨款法》，该法案将为以色列提供7亿美元的额外国防资金用于导弹防御，以抵御伊朗的安全威胁，并向以色列额外提供7.5亿美元的军事援助。②可见，奥巴马政府一边寻求跟伊朗缓和关系，一边对以色列进行安抚，仍给予其很多特殊关照。

（三）特朗普政府时期的外交行为

特朗普政府上台后，为了修复奥巴马时期有所受损的美以特殊关系，采取了高度偏袒以色列的对外政策，在巴以和平、戈兰高地、伊朗等造成美以关系摩擦的问题上逆转了奥巴马政府的政策，其特点就是以不断牺牲除美以两国外第三方的合理利益为代价，单方面满足以色列政府关于领土和国家安全的种种要求。

第一，出台解决巴以冲突的"新中东和平方案"。特朗普在就任之初，任命其女婿、同以色列游说组织有密切关系的贾瑞德·库纳什担任白宫负责巴以谈判的高级顾问，任命反对"两国方案"和支持犹太

---

① "Washington Won't Define 'Red Lines', Obama Tells US Rabbis", https://www.pressreader.com/israel/jerusalem-post/20120916/281547993087822.

② Jeremy M. Sharp, "U. S. Foreign Aid to Israel", https://www.everycrsreport.com/files/20161222_RL33222_38d8a59f2caabdc9af8a6cdabfabb963ae8b63ae.pdf.

建设定居点的戴维·弗里德曼为美国驻以色列大使，派遣国际谈判代表杰森·格林布拉特在中东地区展开外交斡旋，在这三人的共同策划下，一份美国新一届政府关于解决巴以冲突的"新中东和平方案"出台。2020年1月，特朗普和内塔尼亚胡在白宫宣布了该方案。总的来看，这是一份带有强烈偏袒以色列色彩的方案，主要从政治、安全、经济三方面促进以色列的利益。①

在政治层面，"新中东和平方案"提出了实现巴勒斯坦建国的政治条件，主要涉及巴勒斯坦需承认以色列为犹太国家；建立符合以色列和美国要求的所谓"民主和法治"的国家机构。尽管巴勒斯坦被允许建国，但其国家主权受到某些限制，例如未经以色列允许不得加入任何国际组织，履行为维护以色列的安全作出的安排，包括非军事化、承认以色列对约旦河西岸领土的控制权等。

在耶路撒冷地位这样的关键性问题上，新方案承认耶路撒冷为以色列"不可分割"的首都，巴勒斯坦的首都"圣城"则被要求建在耶路撒冷东北郊区的阿卡布-舒阿法特-阿布迪斯一线。巴勒斯坦无法对圣殿山/谢里夫圣地行使主权，圣殿山上的阿克萨清真寺将由约旦王室监管。难民问题则涉及几百万巴勒斯坦难民的最终归属，方案提出：终止前阶段与难民身份有关的索赔，任何巴勒斯坦难民无权返回以色列；根据美国近东救济工程处有关标准确认难民身份，并建立"巴勒斯坦难民信托基金"，以处理难民援助和赔偿相关事宜；有关阿拉伯国家有责任救济难民。

在安全层面，这份"新中东和平方案"无不体现出特朗普政府关于维护以色列安全的安排，以确保"巴勒斯坦人拥有的权力不会用来威胁以色列"。鉴于约旦河西岸对以色列有重要战略价值，方案规定以色列保留对约旦河谷的控制权和死海的主权。根据土地交换安排，巴勒斯坦最终对西岸大约70%的土地拥有主权，以色列则保留对剩下

---

① 以下涉及"新中东和平方案"的内容，参见"Peace to Prosperity"，https://trumpwhitehouse.archives.gov/wp-content/uploads/2020/01/Peace-to-Prosperity-0120.pdf。

30%土地的辖制。以色列不必铲除在西岸任何定居点，其中97%的以色列定居点归为以色列领土，97%的巴勒斯坦人则归为巴勒斯坦管辖。

特朗普政府的新方案认为以色列在西岸的军事存在对以色列和地区安排有重要的作用，这体现在以下两点：一是可以用来应对针对以色列的常规袭击。约旦河谷为以色列提供了大约4600英尺（1400米）高的物理屏障来抵御来自东部的攻击，因此以色列需要有军队驻扎在此。此外，鉴于单兵防空系统在中东扩散，一旦该系统发射肩射防空导弹，将打击到离边境线不远处的本-古里安机场，因此以色列还需要控制约旦河谷领空，否则就没有足够时间抵御来袭的敌对飞机或导弹。二是可以用来防止恐怖主义对地区的渗透。以色列对西岸加强控制可以阻止恐怖分子越过约旦河谷渗透到以色列和约旦等国。

为继续加强以色列的边境安全，以色列将与约旦、埃及以及巴勒斯坦密切合作，继续改进所有过境点的系统。以色列、巴勒斯坦和美国有关代表成立"过境委员会"，每季度探讨解决过境点的问题。此外，以色列有权负责巴勒斯坦所有过境点的安全，禁止违禁武器和武器制造材料进入巴勒斯坦。

方案中有关巴勒斯坦打击恐怖主义行动和非军事化的要求，用以确保西岸的巴勒斯坦人不会对以色列人构成安全威胁。在反恐机制方面，美国要求巴勒斯坦建立起囊括所有反恐要素的反恐系统，确保情报侦察、反恐训练、法检、检察、审判、拘留等环节的人员配备完整。在非军事化方面，巴勒斯坦不得发展军事或准军事能力；禁止建设矿山、研发导弹及火箭；禁止拥有作战飞机、重型装甲车、重机枪、激光/辐射、防空/反装甲/反舰等武器；禁止发展军事情报、进攻性网络和电子作战能力；禁止生产或采购武器系统、建设军事基础和训练设施；禁止拥有任何大规模杀伤性武器。为确保巴勒斯坦执行上述要求，方案允许以色列拥有保留越境拆除和摧毁巴勒斯坦境内用于生产违禁武器或其他敌对目的设施的权利。

由于加沙地区大部分被哈马斯等激进组织控制，新方案确认了

"加沙标准"：哈马斯必须明确承认以色列、解除武装、放弃暴力抵抗。否则，美国不承认哈马斯并禁止任何哈马斯人员和其他激进组织人员进入巴勒斯坦政府。

在经济层面，新方案用近70%的篇幅来介绍经济倡议，试图淡化政治和民族问题在巴以冲突中的地位。方案中提出实现释放巴勒斯坦经济潜力、改善巴勒斯坦人权状况、提升巴勒斯坦治理水平三个方面的目标。特朗普政府承诺将在10年内筹集280亿美元支持巴勒斯坦，另外筹集220亿美元支持约旦、埃及和黎巴嫩，可以说是一个宏大的经济计划。需要指出的是，该方案的经济内容和内塔尼亚胡"经济和平"思想如出一辙，即认为巴勒斯坦人会部分放弃主权国家的权利以换得投资和贸易自由等一些物质利益。这与国际社会以前提出的解决方案具有根本不同，以前的解决方案几乎都是"依据国际法和国际关系惯例的传统套路"，认为"只有界定领土、主权、人口（含难民）和水资源等核心要素，才能规划巴勒斯坦的经济与发展"。[①]

第二，支持以色列对戈兰高地的主权。特朗普政府之前，美国在阿以问题上的基本立场是以1967年边界为基础，推动以色列和阿拉伯国家进行关于领土和边界的谈判，其中涉及的戈兰高地问题也是需要叙利亚和以色列之间通过谈判解决。特朗普上台后改变了这一立场，单方面承认以色列对戈兰高地拥有主权。特朗普这一举措的目的在于，修复并加强美以关系，利用以色列对俄叙伊形成战略牵制，扭转美国在叙利亚的战略劣势。

首先，美国和以色列在叙利亚具有一定的战略劣势。在奥巴马政府时期，美国对叙利亚政策目标经历了两个阶段的变化：2011—2014年支持巴沙尔政府下台。2014年"伊斯兰国"开始趁势坐大，美军进入叙利亚反恐。为避免在中东投入过多战略资源，奥巴马扶植叙利亚反对派推翻巴沙尔政府；在"化武危机"发生后放弃对叙利亚动武；

---

① 马晓霖：《美国解决巴以冲突的新方案：基于"世纪协议"的解读》，载《西亚非洲》，2020年第3期，第12页。

组建60国反恐联盟打击"伊斯兰国"效果不佳受到持续诟病。其政策不仅导致土耳其、伊朗积极介入,更是促使俄罗斯于2015年9月以反恐为由将军舰开到叙利亚附近水域,帮助巴沙尔政府巩固了执政地位。2016年9月,美俄就叙利亚停火达成新一轮协议,帮助巴沙尔政府和各温和反对派武装就停火达成"信任"。12月,在俄罗斯、伊朗等国的大力支持下,叙利亚政府军彻底收复叙第一大城市和经济中心阿勒颇,取得五年多来军事博弈的压倒性胜利。[①]事实证明,奥巴马政府既没有推翻巴沙尔政府,也未能实质性消灭"伊斯兰国",相比俄罗斯和伊朗,美国在叙利亚局势中处于劣势。

如上文所述,以色列几乎没有能力限制伊朗在叙利亚的行动,只能攻击伊朗向真主党运送武器的车队。从2018年开始,随着叙利亚政府军扭转了战场的颓势,以及伊朗在叙利亚根基的稳固,以色列和伊朗的对抗面临升级的危险。2018年5月,以色列军方表示其在戈兰高地的阵地遭到了伊朗驻扎在叙利亚边境的圣城旅部队的火箭弹袭击,这是伊朗方面首次正面攻击以色列。以色列随即派出28架飞机,向叙利亚境内的伊朗基地发射了70枚导弹,造成包括政府军和盟军在内的至少23名士兵死亡。[②]

其次,特朗普政府支持以色列对戈兰高地的主权。2017年,特朗普当选美国总统后,为扭转美国在叙利亚的战略劣势,将目标指向有效打击"伊斯兰国"以及遏制伊朗的影响力。在特朗普看来,奥巴马政府干预叙利亚内战的疲软政策导致"伊斯兰国"趁势坐大。[③]所以,特朗普一改前任对军事行动的克制,不仅扩大了在叙利亚打击"伊斯兰国"的军事活动,还在叙利亚政府被爆出使用化学武器之际,命令

---

① 马晓霖:《"奥巴马主义"与叙利亚危机》,载《阿拉伯世界研究》,2017年第1期,第62页。
② "Fears Grow as Israel and Iran Edge Closer to Conflict", https://www.theguardian.com/world/2018/may/10/israel-has-hit-nearly-all-iranian-infrastructure-in-syria-military-claims.
③ 莫盛凯:《特朗普政府中东政策的特点》,载《战略决策研究》,2020年第5期,第44页。

美军向叙利亚政府军事基地发动威慑性空袭，与四年前奥巴马政府的犹豫不决形成鲜明对比。

支持以色列对戈兰高地的主权，是特朗普支持遏制伊朗政策的重要一环。特朗普上台后，相继放弃了对叙利亚反对派和库尔德武装的支持，更加倚重与叙利亚相邻且军事实力强大的以色列对俄叙伊三国形成牵制，促进美国的中东利益，并借机修复被奥巴马政府"伤害"了的美以特殊关系，使以色列重回到美国的战略轨道。

自1967年以来，以色列一直控制着戈兰高地三分之二的面积（与以色列接壤的西部地区），叙利亚民间武装组织和叙利亚政府军则一直争夺对戈兰高地东部地区的控制。以色列十分看重戈兰高地的战略地位和水资源，多来年一直试图将该占领区据为己有。1974年，联合国派出脱离接触部队前往戈兰高地，敦促叙以停火，确定了叙以间既是停火线也是实际上的边界线的"紫线"，将中间266平方千米的区域划分为缓冲区，即《脱离接触协定》。1981年，以色列议会通过一项法案，宣称以色列法律适用于戈兰高地占领区，实际上是正式吞并了该领土。联合国安理会随后出台497号决议，宣布以色列吞并戈兰高地占领区的决定无效。2003年至2006年，在美国的推动下，以色列和叙利亚重新启动和谈，然而，双方在最主要的边界问题上分歧严重，和谈没有取得成果。以色列主张以1923年英法划定的叙利亚、巴勒斯坦边界线为准，根据这一标准，包括戈兰高地在内的北部地区的水源，被划在英国委任统治的巴勒斯坦地区内。叙利亚则要求以1967年"六日战争"前的边界实际控制线为准。2009年内塔尼亚胡上台后，多次表示不会以归还戈兰高地为代价同叙利亚达成和平协议，但愿意同叙利亚进行谈判，以获得其削弱对哈马斯、真主党支持的承诺。

2019年3月25日，特朗普签署总统公告，承认戈兰高地（被占领土）是以色列主权领土的一部分。3月27日，联合国安理会召开会议，除美国外的其他14国重申以色列占领戈兰高地违反国际法。美国代表则认为，美国政府的决定既不会影响1974年的《脱离接触协定》，也不会损害脱离接触部队的任务。戈兰高地对以色列具有至关重要的安全和战略意义。他还呼吁俄罗斯迫使巴沙尔政府部队立即撤出隔离区,并声称,只要真主党还在戈兰高地,叙利亚和以色列之间就不可能有和平的机会。① 美方的表态不仅违反了多数国家关于以色列必须根据国际法撤出戈兰高地的要求,也改变了美国几十年来不承认未通过谈判单方面宣称对某片领土拥有主权的政策。

第三,对伊朗极限施压。特朗普上台后,修正了奥巴马时期的对伊政策,将美国在中东的最大战略对手重新选定为伊朗。美国和以色列在反对伊朗方面存在共同利益,他们都认为伊朗与中东诸多问题有关联,不仅威胁以色列的安全,也是破坏中东地区稳定的源头。因此,特朗普在上台后一年多,就宣布退出伊核协议,并使用制裁和军事威慑手段加强对伊朗的遏制。

特朗普政府彻底改变了对伊朗的缓和政策。2015 年,奥巴马政府同伊朗签署伊核协议,使伊朗核能力受到严格限制。然而,美国国内一直存在反对声音。特朗普在总统竞选期间,曾多次批评奥巴马同伊朗和解、签署伊核协议、取消对伊制裁的政策。在特朗普看来,伊核协议存在重大缺陷:首先是"落日条款"问题,自协议生效起(从 2016 年 1 月起)10 年后将会取消对伊朗离心机的限制,15 年后将会取消其低浓缩铀数量的限制;其次是美国解除伊朗制裁会增强伊朗支持恐怖主义的力量;再次是美国及其盟友关心的伊朗弹道导弹计划、地区扩张野心等问题一个也没有得到解决。②

就任总统后,特朗普对外多次表达对伊核协议的不满并启动针对伊朗政策的全面评估。2017 年 9 月,特朗普在联大指出,伊核协议是

---

① "Security Council Members Regret Decision by United States to Recognize Israel's Sovereignty over Occupied Syrian Golan", https://www.un.org/press/en/2019/sc13753.doc.htm.
② 莫盛凯:《特朗普政府中东政策的特点》,载《战略决策研究》,2020 年第 5 期,第 55 页。

"美国有史以来最糟糕、最片面的决议"①。10月，白宫发布了《特朗普总统伊朗新战略》，指出伊朗威胁是全方位的，包括发展弹道导弹、支持恐怖主义、支持叙利亚阿萨德政权、敌视以色列、阻碍波斯湾航行自由、对他国进行网络攻击、侵犯人权、未经正当程序拘留外国人等。特朗普声称，美国需对伊朗实施全方位的战略遏制，以改变其政权的行为。②

在特朗普政府重新表现对伊朗的强硬态度后，美以关系迅速升温。一方面，特朗普认为美以两国在应对"恐怖组织"和伊朗威胁方面拥有共同利益，美国需要同盟友合作，加强地区亲美力量，重塑有利于美国的力量平衡。③另一方面，特朗普对伊政策无疑契合了内塔尼亚胡一贯反伊的立场。以色列与伊朗长期敌视，伊朗支持真主党、哈马斯和其他针对以色列的武装组织，一个有核的伊朗对以色列来说是最严重的安全威胁。尽管以色列拥有中东地区最强大的经济和军事力量，但可能仍欠缺独自对抗伊朗的能力，所以推动美国极限遏制伊朗、促使其改变反以立场，就成为以色列的长期政策之一。④

特朗普时期美国推行对伊朗的极限施压措施，这一措施主要体现在美国退出伊核协议、加强对伊朗的制裁以及军事威慑方面。2018年3月和4月，持强烈反伊立场的约翰·博尔顿和迈克·蓬佩奥相继被特朗普任命为美国总统国家安全顾问和国务卿，在他们的推动下，特朗普在当年5月不顾欧洲盟友反对，单方面退出伊核协议，并计划在180天内重新启动对伊朗的制裁。第一轮制裁于当年8月启动，主要针对伊朗非石油经济部门和货币市场。11月开始第二轮制裁，美国加大了

---

① "Full Text: Trump's 2017 U. N. Speech Transcript", https://www.politico.com/story/2017/09/19/trump-un-speech-2017-full-text-transcript-242879.
② "President Donald J. Trump's New Strategy on Iran", https://ir.usembassy.gov/president-donald-j-trumps-new-strategy-iran/.
③ "National Security Strategy of the United States of America", http://nssarchive.us/wp-content/uploads/2020/04/2017.pdf.
④ 范鸿达：《美国特朗普政府极限施压伊朗：内涵、动因及影响》，载《西亚非洲》，2019年第5期，第12页。

对伊朗能源和金融领域的施压，新的制裁旨在将伊朗能源出口降至为零。新一轮制裁将 900 多名个人、实体船只和飞机列入制裁名单的有：50 家伊朗银行及其子公司、伊朗航运和能源部门的 200 名人员和船只，以及伊朗国家航空公司的超过 65 架飞机。美国还威胁对与伊朗有业务往来的国家和公司实施制裁，使得超过 100 家公司停止了与伊朗的贸易。一年后，作为伊朗经济支柱的石油出口量从每天 250 万桶降至每天 100 桶，国内陷入新一轮金融危机，里亚尔贬值 60% 以上，通货膨胀率则达到了 40%。①从 2019 年开始，美国的制裁目标接着指向了政治领域，分别制裁了伊朗伊斯兰革命卫队以及最高领袖哈梅内伊的核心班子。2020 年 10 月，美国对伊朗金融部门的 18 家银行实施制裁，试图进一步将伊朗排除在全球银行体系之外。②美国的制裁激起了伊朗在核领域的反制，伊朗相继在 2019 年 7 月、9 月、11 月和 2020 年 1 月分五阶段突破了伊核协议对其在浓缩铀持有量、丰度和可运行离心机数量上的限制。③

在军事威慑方面，从 2019 年以来，美国通过派遣航母舰队在波斯湾游弋、与地区盟国军演等方式对伊朗进行武力威慑。2019 年 5 月，美国宣布在波斯湾部署亚伯拉罕·林肯号航母战斗群和轰炸机特遣部队。6 月，一艘通过霍尔木兹海峡的油轮遭到袭击，美国将这次袭击归咎于伊朗。④7 月，美国军方宣布正在与其军事盟友商讨，联合组建一个旨在维护海湾地区航行安全的"护航联盟"，通过在霍尔木兹海峡与曼德海峡执行巡航和行动，确保行经该地区水域盟国船只的航行自

---

① Zaheena Rasheed,"What Sanctions Did Trump Slap on Iran?", https://www.aljazeera.com/news/2019/5/13/what-sanctions-did-trump-slap-on-iran.

② "US Hits Iran's Financial Sector with Fresh Round of Sanctions", https://www.jpost.com/breaking-news/us-hits-irans-financial-sector-with-fresh-round-of-sanctions-645072.

③ 莫盛凯：《特朗普政府中东政策的特点》，载《战略决策研究》，2020 年第 5 期，第 62 页。

④ "Key Events Leading up to US-Iran Confrontation", https://apnews.com/article/donald-trump-ap-top-news-persian-gulf-tensions-barack-obama-iraq-b687c7be0a03c2c6c53397c2f9406f24.

由与安全。①面对美国的军事威胁，伊朗方面则通过击落美国无人机、袭击沙特油田、加快核导弹研发等方式进行反制。2020年1月，美国同以色列合作暗杀伊朗伊斯兰革命卫队圣城旅的领导人卡西姆·苏莱曼尼，伊朗则向伊拉克的美军基地发射了几枚导弹作为报复。②

特朗普不愿同伊朗开战，更倾向于通过盟友的力量对其进行遏制。为此，美国一方面积极武装以色列，另一方面试图联合其海湾盟友组建反伊联盟。为达到上诉两个目标的平衡，特朗普积极推动以色列同阿拉伯国家关系正常化，减轻美以特殊关系对美国加强同阿拉伯国家军事合作的束缚。

因此，特朗普政府积极推动以色列同逊尼派阿拉伯国家的关系正常化。从2019年开始，随着打击"伊斯兰国"的目标基本完成，特朗普政府计划逐步从叙利亚北部撤军。为应对伊朗的威胁，特朗普欲在中东组建一个反伊联盟，借盟友力量遏制伊朗，同时把以色列和阿拉伯国家凝聚在一起。2019年1月，蓬佩奥在埃及开罗发表演讲，表达了美国希望借助外交手段和盟友合作以"阻止伊朗对该地区和世界的恶意影响和行动"，③ 由此开始了一系列具体行动。

美国欲加强盟友合作的首次尝试是组建"中东战略联盟"。2017年5月，特朗普访问沙特，首次提出了建立联盟的建议，该联盟包括所有六个海湾合作委员会国家——巴林、科威特、阿曼、卡塔尔、沙特和阿联酋，以及埃及、约旦和美国，在美国的背后还有以色列。美国负责阿拉伯海湾事务的副助理国务卿蒂姆·伦德金表示，该联盟专注于"伊朗、网络问题、对基础设施的攻击以及协调从叙利亚到也门

---

① 孙立昕：《特朗普政府对伊朗政策及美伊战略博弈前景》，载《当代世界》，2019年第10期，第45—46页。

② "Key Events Leading up to US-Iran Confrontation", https://apnews.com/article/donald-trump-ap-top-news-persian-gulf-tensions-barack-obama-iraq-b687c7be0a03c2c6c53397c2f9406f24.

③ Jennifer Hansler and Nicole Gaouette, "Pompeo Rebukes Obama and Takes on Iran in Cairo Speech", https://edition.cnn.com/2019/01/10/politics/pompeo-cairo-speech/index.html.

的冲突管理"①。然而,当年 6 月爆发的卡塔尔断交危机打乱了美国的部署。

在组建"中东战略联盟"受挫后,特朗普政府转而寻求单个攻破,力图通过推动以色列同单个阿拉伯国家的关系正常化,将两方团结在美国周围,加强美国对中东局势的影响力。在特朗普政府的大力推动下,2020 年 9 月 15 日,以色列同阿联酋、巴林分别缔结了和平协议,阿联酋和巴林成为继埃及和约旦之后第三个和第四个同以色列实现关系正常化的阿拉伯国家。

对于以色列来说,同更多阿拉伯国家实现关系正常化将明显改善其地缘政治环境。自 1949 年建国以来,以色列长期在中东地区遭受敌视,无法得到政治上的承认、无法拥有安全的边界、无法融入地区经济合作。正常化协议的签署,标志着以色列在没有向巴勒斯坦作出过多妥协的情况下得到了更多阿拉伯国家对其犹太国家身份的承认,很多阿拉伯国家渐渐放弃完全在"阿拉伯和平倡议"基础上解决巴以冲突的立场,不再同以色列斗争,而愿意同其开展更广泛的合作。在伊朗问题上,以色列希望同海湾国家加强合作来应对伊朗的威胁。在推动以色列和阿联酋关系正常化后,美国计划对阿联酋出售 F-35 战机,以色列则表示"在保证以色列军事优势的情况下,以色列不会反对美国向某些阿拉伯国家出售武器"②。

以色列同阿联酋和巴林建交背后,折射了近些年阿拉伯世界政治力量发展演变、分化组合的现象。2011 年"阿拉伯之春"之后,中东国家之间关系出现了三个比较明显的趋势:一是阿以冲突持续弱化,二是逊尼派国家和什叶派国家之间的斗争升级,三是关于支持和反对

---

① Yasmine Farouk,"The Middle East Strategic Alliance Has a Long Way to Go",https://carnegieendowment.org/2019/02/08/middle-east-strategic-alliance-has-long-way-to-go-pub-78317.

② Joseph Krauss,"Israel Drops Objection to US Sale of 'Certain' Arms to UAE",https://www.defensenews.com/global/mideast-africa/2020/10/23/israel-drops-objection-to-us-sale-of-certain-arms-to-uae/.

穆兄会的对抗日益明显,这三种趋势都促使以色列地缘政治环境发生明显改善。①美国正是利用上述变化,通过推动以色列同阿拉伯国家关系正常化,合作应对伊朗的威胁,并竭力将以色列和阿拉伯盟友打造为其在中东的两根战略支柱,其中所包含的对以色列的"关照"是不言而喻的。

五、美国维护美以特殊关系的影响

"9·11"事件后,美国维护美以特殊关系造成巴以问题边缘化,激发了中东地区亲美、反美势力的博弈。混乱表象下暗含着美国的战略调整,从奥巴马政府时期开始,美国开始在中东进行战略收缩,尽管它不会放弃主导中东事务,但塑造中东的意愿下降,手段从直接干预变成间接干预,力求走出中东地区的泥潭。

(一) 巴以问题边缘化

小布什政府上台后,虽然出台了"路线图",但并未改变对以色列的偏袒立场,默认或支持了以色列沙龙政府一系列破坏"路线图"的行为,巴以问题未能取得实质性进展。奥巴马政府上台后,不愿因过度迁就以色列而牺牲自己的政治前景,对以色列施加了一些压力。但是,自围绕定居点问题向以色列施压受阻后,奥巴马的立场开始倒退,以色列的定居点数量在其任期内不降反增。特朗普政府是在阿以冲突弱化的大背景下上台的,特朗普希望以色列和有关逊尼派国家在反对伊朗问题上加强合作,将盟友团结在美国周围,以较小代价在中东建立美国主导的地区秩序,其关于巴以问题解决的设想最终形成"新中东和平方案"。

根据这一方案,巴勒斯坦的领土被进一步蚕食、在耶路撒冷地位

---

① 高尚涛:《阿以建交:中东局势前景展望》,载《人民论坛》,2020年第27期,第122页。

受到挤压，还被剥夺了许多作为主权国家的正当权利，如无法拥有军队、接受以色列的监督等等。这些条件显然不是巴勒斯坦人所能接受的，美国的方案一发布，巴勒斯坦民族权力机构领导人阿巴斯就发表声明予以拒绝，并断绝与美国和以色列的一切联系。多年来，阿巴斯领导的巴勒斯坦民族权力机构一直主张同以色列谈判，但在特朗普上台后的新形势下，这股温和力量遭遇重大打击，在巴勒斯坦内部权力竞争中更加脆弱，无力压制激进派的冒险行为。以色列方面，在特朗普政府出台"新中东和平方案"后，右翼犹太势力趁势加大对巴勒斯坦领土的兼并，加大了巴以爆发新一轮流血冲突的风险。与此同时，中东力量都在忙于寻求各自利益，聚焦叙利亚战争、也门内战、伊核危机，无暇顾及巴以冲突问题。少了外部力量的支持，巴以问题日益边缘化，巴勒斯坦建国前景黯淡。

（二）激发中东地区亲美、反美势力的博弈

中东亲美力量主要指以色列、埃及以及以沙特为代表的海湾合作委员会国家，它们是美国认为的重要伙伴国家。反美势力主要包括伊朗、叙利亚巴沙尔政府以及真主党、哈马斯等伊斯兰武装组织，以及"伊斯兰国"、"基地"组织等恐怖组织。而亲美国家都同以色列有着直接、间接的矛盾。在奥巴马时期，美国主张同伊朗缓和关系，达成伊核协议，部分解除了对伊朗的制裁。这一方面加大了美国同以色列以及沙特等盟友之间的矛盾，另一方面也催生了以色列同被伊朗威胁的逊尼派国家的秘密合作。特朗普上台后，全面修正奥巴马的中东政策，退出伊核协议，重启对伊朗的高压制裁，在巴以问题上基本满足以色列的安全需求，又推动达成对沙特的巨额军售合同，美以、美阿关系迅速升温，加上以色列陆续同阿联酋和巴林等阿拉伯成员国实现关系正常化，使得亲美力量得到重塑，美国在中东的盟友体系进一步加强。

特朗普的一系列行为使得中东地区包括伊朗、叙利亚巴沙尔政府在内的反美力量进一步组织起来，抱团取暖。①在中东的反美力量之中，伊朗是最强大的一员，其长期致力于创建一个以伊朗为核心的什叶派网络，以便更好地同对手进行权力竞争和拓展影响力。受制于自身经济实力，伊朗近些年注重发展不对称军事能力，加强在导弹领域的建设，并且保持在核问题上的强硬立场。在地区问题上，伊朗在叙利亚内战中力挺巴沙尔政府，为其提供了大量的武器和经济援助，与此同时，伊朗革命卫队出现在叙利亚战场帮助叙利亚政府打击叛军、收复重要城市。在叙利亚政府军与"伊斯兰国"的对抗中处境困难之时，伊朗又组织了大量来自黎巴嫩真主党以及阿富汗、伊拉克和巴基斯坦等地的什叶派民兵积极介入，与俄罗斯一起帮助巴沙尔巩固了政权。在特朗普宣布承认以色列对戈兰高地被占领土拥有主权后，叙利亚在政治军事上更加倚重伊朗，伊朗革命卫队在戈兰高地武装真主党建立反以色列阵线的趋势也更加明朗。伊朗是黎巴嫩真主党最大的支持者，多年来一直为其提供大量的资金、武器和军事指导，二者具有共同的什叶派意识形态信仰，并且都持坚定的反美、反以立场。在也门，伊朗支持的南部胡塞武装与沙特支持的北部政府军争夺国家权力，也门的冲突很大程度上被看作伊朗和沙特之间的代理人战争。

六、结语

本章围绕"'9·11'事件后美以特殊关系对美国中东政策的塑造"这个主题，依次讨论了三个问题。

第一，介绍了美以特殊关系发展的背景。冷战时期美以特殊关系的建立与巩固与美国对以色列价值认识的深化有关，美国逐渐将以色列打造为在中东地区遏制伊朗和激进阿拉伯势力的重要支柱；冷战结束后，随着苏联威胁消失，美国主要防范地区激进势力破坏地区平衡、

---

① 高尚涛：《特朗普政府的中东关系网络评析》，载《当代世界》，2019 年第 2 期，第 45 页。

挑战美国利益，美以特殊关系也呈现出相应的变化。

第二，首先对"9·11"事件后三届美国政府的领导人、重要官员关于中东问题的讲话、政府声明、政策文件进行文本分析，从文本层面论述了"9·11"事件后美以特殊关系会对美国中东政策产生影响：美国将维护以色列的安全作为解决巴以问题方案的重要原则；美国历届政府都反对对以色列安全构成威胁的国家和组织，因此美国支持以色列对恐怖组织进行反恐自卫，并同以色列合作遏制伊朗等敌视以色列的政权。其次分析阐述了美国在"9·11"事件后继续重视美以特殊关系的三个重要因素：以色列具有重要的战略价值、借助以色列反对敌对势力、美国国内的大力支持。

第三，对"9·11"事件后在美以特殊关系因素影响下美国中东政策的具体实践进行分析，从经验层面论证了美以特殊关系对美国中东政策产生的具体影响。小布什政府时期：出台解决巴以问题的"路线图"，但未对以色列行为作出足够的约束；支持以色列对哈马斯、真主党等所谓"恐怖组织"进行反恐自卫；伊核危机发生后，加强对伊朗的军事威慑、经济制裁，逼迫伊朗软化立场。奥巴马政府时期：重视解决阿以问题，但未能实质性敦促以色列配合美国方案；叙利亚内战爆发后加强以色列应对伊朗威胁的防御能力，支持以色列"境外御敌"；同伊朗签署伊核协议，造成美以关系紧张。特朗普政府时期：出台单方面维护以色列利益的"新中东和平方案"以解决巴以冲突；突破原则承认以色列对戈兰高地的主权；放大伊朗的威胁，对伊朗极限施压；推动以色列同中东国家实现关系正常化，塑造有利于美国和以色列利益的地缘环境。

通过上述分析，本章通过文本层面和实践层面的互相印证，确认了美以特殊关系对美国中东政策具有重大影响。

第四章 美国中东政策中的经济因素

自21世纪伊始，美国先后通过反恐战争和"阿拉伯之春"强势介入中东，由此重塑了地区格局，使域内外国家陷入大国博弈和民族、宗教冲突的漩涡之中。究其背后动机，确保石油流动等经济因素在美国中东政策中扮演重要角色。

一、经济因素与美国中东政策研究引论

本章收集了美国政府近20年发布的中东政策报告，以此为基础进行文本分析，对其中涉及的经济话语进行解读，由此了解美国与中东的经济往来在华盛顿全球战略中的地位。在此基础上，本章引用了美国国会研究服务局、能源信息署、白宫贸易办公室、商务部、国际政策中心安全援助监视项目的相关资料，通过数据分析核实和细化了美国与中东的经济联系的情况。本章还结合金融危机和"阿拉伯之春"的时代背景，以历史分析法研究了三届政府政策的异同，勾勒出21世纪初美国与中东经济互动的演进脉络。

关于具体研究哪些国家。中东地区包括很多国家，尽管其中大多数属于信仰伊斯兰教的阿拉伯国家，但它们依旧具有不同的自然环境、社会习俗和经济结构，所以很难泛泛而论。在就中东整体展开研究时，

选取几个具有代表性的案例是必须的。鉴于经济因素是本章研究的自变量这一事实，本章拟以国民经济对能源的依赖度为衡量标准，将所有中东国家分为三类，并从每一类中选取一个国家作为代表性案例进行研究，以此分析经济因素对美国中东政策的影响。

第一，国民经济高度依赖能源产业的国家。这类国家围绕化石能源及其衍生品的生产和销售开展经济活动，非能源产业处于附属地位。以沙特为例，自20世纪30年代发现油田以来，石油一直是利雅得的经济命脉。截至1997年，石油开采与提炼在沙特国民生产总值中的比重依旧高达78.76%，而冶金、电力和建材等非石油工业产值占比仅有21.24%。①在阿卜杜拉和萨勒曼国王经济多元化政策的推动下，2008年到2018年间，轻工业、旅游业等非石油产业持续发展，石油收入占国民生产总值的比重也从52.71%降至43.27%，但石油产业依旧是沙特经济增长的支柱，扮演着不可或缺的角色。②

第二，国民经济不完全依赖能源产业的国家。这类国家通过能源及石化产品生产、销售赚取充足利润后，出于对资源耗竭的担忧，较早启动了产业多元化进程，在贸易、金融等非能源领域取得一定的成就。以阿联酋为例，鉴于国内石油储量有限，阿布扎比非常重视非石油产业的发展。据统计，1991年石油采掘和炼化占阿联酋国民生产总值的比重仅有42.8%，而以航运、金融和转口贸易为代表的服务业和由炼铝、纺织、建材组成的加工业占比则分别为36.9%和7.4%。③自2008年到2018年，阿联酋石油部门贡献的产值从38.2%降至30%，加工业和服务业发展迅速，其在中东金融和商贸中心的地位得到进一

---

① 安维华、钱雪梅主编：《海湾石油新论》，北京：社会科学文献出版社，2000年版，第150页。

② 程星原：《海合会国家积极拓展经济增长新模式》，载《国际资料信息》，2011年第4期，第5—8页；"Yearly Statistics", http://www.sama.gov.sa/en-us/economicreports/pages/yearlystatistics.aspx。

③ 同①，第216—217页。

步巩固。①

第三，国民经济难以依赖能源产业的国家。这类国家能源产量较少，经济综合发展水平相对落后，却因历史上处于农耕区而拥有大量年轻化的人口。例如埃及，其经济长期依靠运河、侨汇、旅游和石油收入维持运转。萨达特当政时，四者占埃及国民收入的比重接近50%，石油不具主导地位。②截至2006/2007财年，四者总值已从穆巴拉克接任时的64.1亿美元增至295亿美元。③塞西当选总统后，四大产业占比由2013/2014财年的57%猛增到2014/2015财年的65.8%，其中石油比例仍呈下降之势。④除此之外，2000年到2020年，埃及劳动力人口由2004.5万人增至2907.3万人，而沙特和阿联酋两国相加的总数从811.9万人涨到2127.6万人，这也使前者在发展劳动力密集型工业、推动经济多元化上面获取了更多优势。⑤

综上可知，沙特历来以石油为立国之本，商贸也主要围绕石油出口展开；阿联酋油气产值不小，但非能源产业规模和种类显然更加庞大和多元化；埃及能源、商贸产业均不发达，经济整体发展水平落后，但劳动力优势相对明显。鉴于此沙特、阿联酋、埃及可以作为拥有上述三种经济结构的中东国家代表，成为本章的研究样本。

至于这些国家的文本和数据来源，本章充分注意到代表性、广泛

---

① 杨坚争、夏云超：《阿联酋电子商务的发展》，载《电子商务》，2009年第8期，第14—15页；Khatija Haque, "UAE PMI: Steady in September", http://www.emiratesnbdresearch.com/research/article/? a=uae-pmi-steady-in-september-1103。

② Hazem Kandil, *Soldiers, Spies, and Statesmen: Egypt's Road to Revolt*, New York City, N. Y.: Verso, 2014, p. 204.

③ 陈天社：《穆巴拉克时期埃及的发展及其局限性》，载《外国问题研究》，2017年第4期，第72—82、119页；1980/1981年度数据参见世界知识年鉴委员会主编：《世界知识年鉴（1982年）》，北京：世界知识出版社，1982年版，第224页；2006/2007年度数据参见黄培昭：《埃及经济形势良好》，载《人民日报》，2007年8月29日，第7版。

④ 《2014/2015年年度报告》（阿拉伯文），http://www.cbe.org.eg/ar/EconomicResearch/Publications/Pages/AnnualReport.aspx。

⑤ "Labor Force, Total-Middle East & North Africa, Saudi Arabia, United Arab Emirates, Egypt, Arab Rep.", https://data.worldbank.org/indicator/SL.TLF.TOTL.IN? end=2020&locations=ZQ-SA-AE-EG&start=2000&view=chart.

性和针对性这三个重要因素。一方面，任何用于研究的文本都必须具有足够的时间和空间跨度，而非仅仅是对少数对象的片面描述。就国家政策研究而言，政府等国家机关的档案不仅记述时间长，而且涉及对象广，能够更加全面地展示国家制定、执行政策的背景、过程及影响。另一方面，任何用于研究的文本都需要就某一主题展开透彻的分析，而不能只是围绕某一或者某些主题展开宽泛的讨论。作为美国主管外交的最高机构，美国国务院发布的报告与白宫和国会的相比针对性更强，更能相对准确地阐释美国对中东等域外地区的政策。

通过浏览美国国务院官方网站的内容，我们发现经济和中东均在美国的对外政策中扮演了重要角色。就经济而言，国务院专设主管经济增长、能源和环境的副国务卿一职，下辖三个局级机构和三个办公室，负责制定和执行有关经济发展、能源、农业、科技等事宜的对外政策。①国务院主管政治事务的副国务卿负责监督近东事务局的日常运作，通过"精心管理的外交、宣传、援助"与西亚和北非的19个政治实体展开合作，最终达到"促进美国人民的利益、安全与经济繁荣"的目的。②据此可知，美国国务院近东事务局尽管冠以"近东"之名，其职能所涉及的范围却和今日"中东"概念基本吻合，其追求的目标也与经济相关，因此具备成为本章研究对象的条件。

鉴于此，本章决定选取美国国务院近东事务局2001年到2021年间沙特、阿联酋和埃及三国页面内包括讲话、新闻稿和情况说明等在内的所有报告，分析经济因素对小布什、奥巴马和特朗普三届政府中东政策的影响。需要指出的是，受小布什和奥巴马两届政府国务院官网国家页面内材料缺乏影响，本章同时梳理了二人在任期间国务卿界面下所有的国务卿旅行记录，并选取其中涉及中东的部分作为补充，

---

① "Under Secretary for Economic Growth, Energy, and the Environment", https://www.state.gov/bureaus-offices/under-secretary-for-economic-growth-energy-and-the-environment/.

② "Bureau of Near Eastern Affairs", https://www.state.gov/bureaus-offices/under-secretary-for-political-affairs/bureau-of-near-eastern-affairs/.

继而进一步充实了用于研究的文本材料。

二、美国政府对其中东经济利益的表述

本章首先梳理了美国国务院的有关报告,然后以能源、经贸和军售为切入点,分别研究了近20年间美国三届政府对其中东利益的表述,并对其中的总体特点与变化趋势予以解析。

(一)文本情况介绍

经初步整理,2001—2021年间美国国务院总共发布了1307篇涉及沙特、阿联酋和埃及三国的报告,其中70.62%关注华盛顿与地区国家在推动所谓"民主"改造、颠覆"邪恶政权"、打击恐怖组织等地缘政治与军事方面的互动,而谈及双边经济议题的文本则仅占报告总数的29.38%。具体统计如表1所示。

表1:2001—2021年美国国务院涉中东报告概况 (单位:篇)

	总数	与经济相关数量(占比,%)	泛指经济数量(占比,%)	与能源相关数量(占经济相关报告比重,%)	与经贸相关数量(占经济相关报告比重,%)	与军售相关数量(占经济相关报告比重,%)
沙特	480	141 (29.38)	11 (7.80)	58 (41.13)	63 (44.68)	27 (19.15)
阿联酋	288	120 (41.67)	8 (6.67)	42 (35.00)	74 (61.67)	16 (13.33)
埃及	539	123 (22.82)	9 (7.32)	19 (15.45)	88 (71.54)	24 (19.51)
沙特、阿联酋、埃及三国	1307	384 (29.38)	28 (7.29)	119 (30.99)	225 (58.59)	67 (17.45)

资料来源:美国国务院。

注:存在一篇报告同时谈及能源、经贸和军售三类因素或其中任意两类因素的情况。

通过对上述384篇相关文本的进一步剖析，我们发现其中28篇报告中只有"推进经济改革倡议"①"建设多样化经济"②等对双边经济关系的笼统表述，并未阐明相关政策细节，因此不予专门研究。在其余356篇中，119篇聚焦"稳定能源市场"③"投资能源基础设施"④等油气产销情况；225篇强调"自由贸易谈判"⑤"跨境投资自由流动"⑥等因素对美国经济的重要性；67篇重点放在"加强防务贸易"⑦"提供高精尖军事装备"⑧等有关武器转让的事宜。根据上述情况，本章将其分别编为能源、经贸和军售三大类，并以此为突破口，就小布什、奥巴马和特朗普三届政府对美国与中东经济互动的表述展开深入分析，由此厘清美国中东经济政策的总体表现特点和具体发展脉络，为进一步验证前者维护中东经济利益行动的有效性提供政策参照。

（二）2001—2009年政策要旨：看重石化优势，开发商务潜力

1. 小布什政府中东经济政策整体表述：保油市，促自贸，加快武器转让

第一，中东地区的能源事关美国、西方乃至整个世界的经济健康

---

① Colin L. Powell, "Intervention at the Opening Plenary of the Forum for the Future", https://2001-2009.state.gov/secretary/former/powell/remarks/39675.htm.

② George W. Bush, "President's Radio Address", https://georgewbush-whitehouse.archives.gov/news/releases/2008/05/20080517.html.

③ Sean McCormack, "U.S.-Saudi Strategic Dialogue", https://2001-2009.state.gov/r/pa/prs/ps/2006/66463.htm.

④ "Remarks with Saudi Arabia Foreign Minister Saud Al Faisal", https://2001-2009.state.gov/secretary/rm/2006/66473.htm.

⑤ "Secretary Rice Meets with Leaders of the United Arab Emirates", https://2001-2009.state.gov/r/pa/prs/ps/2006/61995.htm.

⑥ "United States-United Arab Emirates Joint Statement", https://2001-2009.state.gov/r/pa/prs/ps/2008/nov/111954.htm.

⑦ "Assistant Secretary of State for Political-Military Affairs R. Clarke Cooper Travels to the United Arab Emirates, Saudi Arabia, Bahrain, and Israel", https://2017-2021.state.gov/assistant-secretary-of-state-for-political-military-affairs-r-clarke-cooper-travels-to-the-united-arab-emirates-saudi-arabia-bahrain-and-israel/index.html.

⑧ William J. Burns, "A Renewed Agenda for U.S.-Gulf Partnership", https://2009-2017.state.gov/s/d/former/burns/remarks/2014/221809.htm.

运转与社会秩序稳定，向来是美国历届政府关注的对象。2001年至2009年间，美国国务院一共发布13篇涉及美国与中东国家在能源方面互动的报告。纵览上述文本，美国与中东在能源领域开展外事活动的动因可以归纳为两点。

一是中东动荡不安的局势影响了当地的能源出口，损害了美国的国家利益。一方面，1993年巴以签订《奥斯陆协议》后以色列继续在约旦河西岸和加沙地带修建犹太人定居点，引发巴勒斯坦民众的反抗；而伊朗、伊拉克等域内石油大国也对巴勒斯坦民众表示支持，并威胁切断对西方的石油供应，引发美国的强烈担忧。2002年巴以爆发武装冲突后，伊拉克外长阿卜杜拉·贾法尔随即呼吁中东各国与巴格达一道对欧美启动石油禁运，以此声援巴勒斯坦民众。对此，美国国务卿鲍威尔表示上述行动不符合中东各国的利益，并号召中东国家接受美国能源部长亚伯拉罕的提议，通过增产尽快弥补市场供应缺口。① 另一方面，自2003年美国推翻萨达姆政权后，伊拉克的石油生产迟迟得不到恢复，而伊拉克国内扎卡维等人麾下武装团体的反美活动则日渐高涨并外溢到周边国家，中东局势持续动荡，国际油价不断攀升。为此，美方官员多次前往中东，与域内各国就如何控制当地局势、维持油市稳定展开协商。例如，2006年2月，美国国务卿赖斯在阿布扎比会见海湾各国外长，并于会后发表联合声明，确认双方在维持全球油市稳定上具有共同利益，并同意携手调控国际油价，以此推动世界经济有序增长。②

二是2007年8月爆发的次贷危机席卷全美，导致美国通货膨胀率和失业率持续高企，经济陷入衰退周期。华盛顿希望中东有关国家压低油价，刺激美国经济在最短时间内实现复苏。为此，小布什在2008

---

① Colin L. Powell, "Press Briefing on Board Plane", https://2001-2009.state.gov/secretary/former/powell/remarks/2002/9237.htm.

② "Joint Statement with Foreign Ministers of Gulf Cooperation Council Following Meeting in Abu Dhabi", https://2001-2009.state.gov/r/pa/prs/ps/2006/61994.htm.

年上半年两次出访中东,会见沙特、阿联酋等国领导人,强调虚高的油价加剧了美国及其欧洲盟友在金融危机中的损失,而中东各国应该充分发挥石油安全阀的作用,通过有序增产推动油价回落,最终为美国乃至全球经济的健康运转与社会秩序的稳定贡献力量。①

第二,凭借着丰富的石油美元与稠密的人口,中东地区扮演着美国资本来源与商品市场的角色,从而使美国与中东经贸联系成为白宫制定中东政策时难以忽视的因素。2001年到2009年间,国务院共有72篇报告涉及经贸,占经济类型报告的74.23%。通过对有关文件的分析,本章认为,美国与中东开展经贸外交的重心可以2004年为节点,大致划分为两个阶段。

第一个阶段是2004年之前,华盛顿将主要精力集中在建设美国-中东自由贸易区上。小布什认为,中东依靠其沟通三大洲的地理位置,历史上一直都是东西方贸易的枢纽;而近代以来英法等国的殖民侵略则阻断了中东自主融入世界资本主义市场、享受经济全球化红利的道路,使之陷入贫困和落后之中。2003年5月,鲍威尔出访中东期间出席南卡罗莱纳大学毕业典礼时,正式建议中东伙伴与美国一道,在十年内逐步建成美国-中东自由贸易区,由此"用自由市场和公正的法律消灭腐败和假公济私",最终使中东人民"在繁荣和自由中茁壮成长"。②

在随后召开的第33届世界经济论坛上,美国贸易代表佐利克将美国-中东自由贸易区的建设分为五个阶段。一是美国将协助中东各国加入世界贸易组织,融入全球贸易体系。二是美国计划扩大普惠制范围,给予盟国3500种货物免税待遇。三是白宫与各国缔结贸易与投资框架协定,缓解潜在贸易争端。四是华盛顿与域内国家签署双边投资条约,

---

① Stephen Hadley, "Press Briefing by National Security Advisor Stephen Hadley on the President's Trip to the Middle East", https://georgewbush-whitehouse.archives.gov/news/releases/2008/05/20080507-5.html.

② George W. Bush, "President Bush Presses for Peace in the Middle East", https://2001-2009.state.gov/p/nea/rls/rm/20497.htm.

第四章 美国中东政策中的经济因素

并为外资争得公平待遇。五是美国直接与各国展开自由贸易协定谈判，最终全面建成中东自由贸易区。总而言之，华盛顿方面表示，自己愿意"分享作为一个全球贸易国的经验，并开放本土市场"，美国在获得廉价商品的同时可以为中东带去更多商机，最终实现双赢。①

随着双边自由贸易区计划的不断落实，华盛顿发现贸易并不足以推动美国与中东国家之间经贸关系的全面、健康、可持续发展；而鉴于西亚和北非地区经济健康发展与社会秩序稳定对国际社会的重要性，美国应将其他经济因素考虑在内，进一步推进美国对中东的经济外交，由此既加快前者经济、社会现代化的步伐，又帮助美国乃至整个世界享受前者发展、稳定的红利。鉴于此，2004年6月，小布什在八国集团峰会上推出"大中东北非伙伴关系计划"，同意与他国创立未来论坛，与中东在政治、经济和社会领域"建立共同未来伙伴关系"，以"加强所有人的自由、民主和共同繁荣"。② 由此，可看作美国与中东开展经贸外交的第二个阶段。

综合相关文本叙述，本章认为，美国主导的"大中东北非伙伴关系计划"中的经济部分可以分为投资、贸易和创业三个维度。在投资方面，与会国决定一面成立中东和北非私企伙伴关系基金和小额金融协商小组，为中小企业提供融资服务；一面建成基金网络和投资工作队，推动各国官方和民间组织之间的合作，逐步改善区域营商环境。在贸易方面，八国集团支持加快建成美国-中东自由贸易区，继而减少贸易壁垒，帮助中东融入全球贸易体系。此外，八国集团还强调创业精神的重要性，并对摩洛哥和巴林牵头开办创业中心、为年轻人提供

---

① "Joint Press Briefing at the World Economic Forum with Jordanian Foreign Minister Marwan Muasher", https://2001-2009.state.gov/secretary/former/powell/remarks/2003/21982.htm.

② "G-8 Plan of Support for Freedom", https://georgewbush-whitehouse.archives.gov/news/releases/2004/06/20040609-29.html.

职业技能培训表示欢迎,希望以此带动相关方投资和贸易发展。①

第三,受敏感的地理位置、丰富的石油资源、复杂的民族宗教矛盾,以及与域内外大国激烈博弈等因素影响,中东地区古往今来一直笼罩在冲突与战争的阴影下,由此也成为全球军火商相互争抢的巨大市场。小布什在任期间,国务院共有8篇报告谈及美国和中东国家之间军火交易,而2007年7月发布的《美国对中东地区的援助与军力支持》则对其他报告进行了最系统的概述。在这一报告中,美国副国务卿强调美国早在20世纪中叶便将中东纳入全球战略之中,并逐步建立、强化了自身与阿拉伯世界之间的防务关系。自1982年对沙特出售空中预警机控制系统以来,美国与中东双边军火贸易额大幅上升。鉴于此,美国今后愿继续对中东国家出售先进武器,以此起到提升后者防御能力、维持地区和平稳定的效果。②

总而言之,2001年到2009年间,国务院频繁发布谈话和新闻稿,从能源、经贸、军售三个维度系统梳理了美国与中东国家之间的经济合作进程。就能源而言,在当地局势动荡和全球金融危机发酵的大背景下,中东石油稳定流入国际市场、推动全球经济可持续运转一直是小布什政府制定对中东政策的关键考量;就经贸来说,华盛顿先后推出美国-中东自由贸易区和"大中东北非伙伴关系计划"这两大政策,试图以贸易、投资和创业三驾马车带动中东经济现代化,使之进一步契合美国乃至全球各国的经贸利益;就军售来讲,华盛顿同样想要借助反恐战争这一契机,对本就动荡频仍的中东倾销本国武器装备,由此带动本国军工复合体运转,并进一步巩固双边安全伙伴关系。由此一来,华盛顿相信上述三大措施可以在促进美国经济发展的同时,确

---

① "Accomplishments of the First Forum for Future, Rabat 2004", https://2001-2009.state.gov/r/pa/prs/ps/2004/39676.htm; "Remarks with Moroccan Foreign Minister Benaissa, Moroccan Finance Minister Oualalou, and U. S. Treasury Secretary John Snow at the Conclusion of the Forum for the Future", https://2001-2009.state.gov/secretary/former/powell/remarks/39677.htm.

② R. Nicholas Burns, "Press Briefing Conference Call on U. S. Aid and Military Support to the Middle East Region", https://2001-2009.state.gov/p/us/rm/2007/89807.htm.

保自己主导下的世界秩序的稳定,由此推动本国国家利益和目标的实现。

2. 小布什政府对沙特经济政策表述:调节能源生产,促进经贸互通

在信息技术革命和经济全球化的推动下,21世纪初世界进入经济社会建设的腾飞期,能源的重要性日益凸显。作为世界上石油储量最大的国家,沙特拥有超强的浮动产能和相应的市场调节能力,因而被美国视为全球石油生产的"安全阀",受到华盛顿的高度重视。随着战后动荡局势的加剧,伊拉克乃至整个中东的石油生产都受到了严重影响。有鉴于此,美国国务院竭力强调能源价格虚高对全球经济发展的弊端,并要求沙特开动其剩余产能,有序推动国际油价回落。①2007年夏金融危机爆发后,美国经济滑入衰退区间,国内工商业生产长期不振。为此,白宫指出沙特石油是世界摆脱金融危机的最大动力。美国对此高度重视,希望通过与沙特携手调控国际油价,推动世界经济有序增长。②

就经贸而言,美沙之间的合作则主要围绕沙特加入世界贸易组织进程展开。2003年,小布什政府提出美国-中东自由贸易区倡议后,沙特随即响应,表示希望美国帮助自己加入世界贸易组织。白宫表示美国愿意在"技术讨论和谈判"方面提供援助,帮助利雅得获取世界贸易成员国资格,继而实现吸引外资、提升就业率等目标。沙特则对此表示感谢,并承诺加强沙美双边经贸往来,由此惠及两国人民。③

综上所述,本章认为能源和经贸是小布什政府对沙特经济外交的

---

① "Remarks with Saudi Arabia Foreign Minister Saud Al Faisal", https://2001-2009.state.gov/secretary/rm/2006/66473.htm.
② "Press Gaggle by Dana Perino and Ed Gillespie", https://georgewbush-whitehouse.archives.gov/news/releases/2008/05/20080516-3.html.
③ "Joint Press Availability with Saudi Foreign Minister Saud Al-Faisal", https://2001-2009.state.gov/secretary/rm/2005/48390.htm; "Roundtable with Saudi Media", https://2001-2009.state.gov/secretary/rm/2005/48401.htm.

左右两翼。首先，在中东地区战乱频发和全球金融危机愈演愈烈的情况下，白宫极其重视沙特调节全球石油产量的能力，力图通过加强和利雅得的沟通将国际油价控制在合理区间，以此保证美国及其全球经济有序运行、平稳复苏。其次，华盛顿成功说服沙特加入自己主导的美国-中东自由贸易区计划，以帮助利雅得加入世界贸易组织为条件试图扩展自身在沙特乃至整个中东地区的商业版图，继而从侧面巩固影响力，为自己进一步推行全球战略打下坚实的基础。

3. 小布什政府对阿联酋经济政策表述：确保能源安全，推动自贸建设

自阿联酋境内发现石油以来，美国企业便持续参与阿方的油气勘探、开采和提炼工作，帮助阿联酋成为中东地区石油产量第二大国和世界级能源供应商之一。由此一来，阿联酋便成了继沙特之后美国在中东地区另一个有能力充当石油产量调节器的重要伙伴。小布什在任期间，美阿两国高层在多场会谈中均谈及能源议题，并表示双方愿意就此展开合作，确保能源供应稳定和油气运输安全，最终捍卫双边共同利益。①

作为中东地区最大的金融中心与贸易枢纽，阿联酋同样积极参与美国-中东自由贸易区建设，并力图由此达成对美自贸协定。美方承认这一问题的艰巨性，同时坚称愿意尽力满足阿方的要求，加强双方在贸易、投资等领域的往来，继而为两国人民创造就业机会、为全球经济发展提供动力。②

总的来说，能源安全与贸易、投资机制建设是 2001 年到 2009 年间美国政府对阿联酋经济互动的两大焦点。一方面，丰富的石油产量提升了阿联酋在美国中东战略中的重要性，促使华盛顿与阿布扎比展

---

① "United States–United Arab Emirates Joint Statement", https://2001-2009.state.gov/r/pa/prs/ps/2008/nov/111954.htm.

② C. David Welch, "U.S.–United Arab Emirates Relations", https://2001-2009.state.gov/p/nea/rls/rm/2006/63921.htm; "Secretary Rice Meets with Leaders of the United Arab Emirates", https://2001-2009.state.gov/r/pa/prs/ps/2006/61995.htm.

开多轮会谈，以此确保能源供应持久稳定、油气外运不受干扰。另一方面，有鉴于阿联酋强大的经济实力和产业布局的多元化，美国花费大量精力推动阿布扎比加入它主导的自由贸易体系，由此不仅能促进阿方经济的可持续发展，还会加快美企进入中东的步伐，最终为巩固美国对中东经济和地缘政治利益的控制提供良好契机。

4. 小布什政府对埃及经济政策表述：开展贸易合作，加快经济转型

埃及的富裕程度虽然不及海湾国家，但其凭借着横跨亚非的地理位置和庞大的人口数量仍有可能成为转口贸易枢纽、劳动密集型产业生产中心和日用消费品市场。2001年到2009年，白宫与开罗就签署双边自由贸易协定和共建美国-中东自由贸易区展开大量对话，希望后者积极融入国际市场，以此分享全球贸易的红利；对此穆巴拉克作出积极回应，表示埃及已启动经济改革计划对接美方倡议，并愿意与美国一道为贸易和投资创造机会。

小布什任内美埃政府就经济议题展开的对话以签订双边自由贸易协定和建设美国-中东自由贸易区为核心，旨在为美国商品和资本扩张打下基础，并为埃及乃至所有域内国家充分发掘其自然和社会潜力，推动本国经济多层次、跨越式发展作出了积极试探。在此基础上，美埃两国的全方位战略伙伴关系便能得到显著提升，华盛顿在中东地区的影响力也会进一步彰显。

（三）2009—2017年政策要旨：迎接能源革命，推动经贸增长

1. 奥巴马政府中东经济政策整体表述：实现能源转型，提振贸易投资

第一，中东地区的油气资源是全球各国经济社会发展的重要支柱，所以在奥巴马政府的中东政策中，中东油气资源仍然很受重视。2009年到2017年间，美国国务院总共发表了29篇有关美国与中东地区就能源安全展开互动的报告，根据上述材料，本章可以将美国与沙特、阿联酋等国开展能源交流的影响因素分为两部分。

一是 2006 年次贷危机爆发后，美国试图利用中东石油刺激全球经济复苏。2007 年后，世界各国通货膨胀率和失业率持续高企，生产和消费等诸多环节缺乏动力，各大产业均面临史无前例的大衰退。就美国而言，华尔街诸多实体和虚拟经济巨头纷纷破产，联邦国债大幅上升，国民经济已经到达破产边缘。面对这一严峻形势，白宫多次派官员访问中东，与沙特、阿联酋等国官员展开会谈，表示中东的优质石油是推动美国乃至世界经济复苏的关键动力，并呼吁海湾国家与美国通力合作，确保全球石油供应的安全与稳定。①

二是页岩革命改变了全球能源格局，美国需要与中东展开合作，一面保护本土油气产业，一面维持油市长期稳定。随着水平井压裂技术的普及，2009 年后北美页岩油气产量开始快速增长，并使美国在 2014 年首次取代沙特成为全球石油产量第一的国家。② 2015 年年底，奥巴马取消对北美自贸区以外地区出口石油的禁令，美国石油由此全面走向国际市场。考虑到中东国家低廉的采油成本和可观的石油产量，如何保护本土页岩产业，同时与沙特等欧佩克国家合作调控国际油价、划分市场份额日益成为美国关注的重点。对此，美国白宫表示，尽管页岩革命已使北美成为新的全球能源产地，但中东常规油气仍是国际能源市场的重要组成部分。为此，美国愿意与海湾各国就协调石油产量展开合作，以便既保护本土初生的页岩行业不受打击，又维持国际油市稳定，促进全球经济健康发展。③

第二，就经贸领域而言，随着金融危机的余波逐渐散去，奥巴马决定继承前任的政策，继续根据美国标准对中东贸易和投资环境实施

---

① Hillary Rodham Clinton, "Manama Dialogue Opening Dinner", https://2009 - 2017. state. gov/secretary/20092013clinton/rm/2010/12/152354. htm.

② "Energy Institute Statistical Review of World Energy, Oil: Production, Thousand Barrels Daily", https://www. energyinst. org/statistical-review.

③ William J. Burns, "A Renewed Agenda for U. S. - Gulf Partnership", https://2009 - 2017. state. gov/s/d/former/burns/remarks/2014/221809. htm.

改造。2009年到2017年间，国务院一共发布89篇涉及美国与中东经贸联系的报告，占其经济类报告的69.53%。根据相关文件的描述，本章将奥巴马政府对中东的经贸外交分为两个阶段。

第一阶段：2009年到2012年是奥巴马政府在中东推动经济转型的筹备阶段。在此期间，白宫通过举行双边高层互访和召开专项论坛等方式，与沙特、阿联酋和埃及等国就如何加强中东与域外国家的投资和贸易往来、拉动本土创业创新展开富有建设性的对话；同时鼓励域内国家参加美国主导的经济发展或商业投资项目，由此一面舒缓美国国内的过剩产能，一面加快中东经济多元化进程，最终使双方民众享受到经济发展的红利。[1]

第二阶段：2012年4月，美国正式将贸易、投资和一体化确立为推动中东经济转型的三大方针。首先，就跨境贸易而言，白宫呼吁中东利用自身与八国集团间的既有合作机制，减少贸易壁垒、融入世界市场，成为"世界上最有活力的地区之一"。其次，就国际投资来说，美国表示，中东是"所有经济体实现增长和繁荣的重要驱动力"，决心在埃及等转型国家启动融资项目，以此帮助中小企业提升劳动生产率，实现产业转型。最后，谈及区域一体化，白宫建议地区伙伴国在上述行动基础上加快经济改革，由此提升监管透明度，创造良好营商环境；同时为民众提供更多具有技术含量的工作岗位，继而改善民生。[2]奥巴马政府希望以上述策略为指针，积极推动中东多国与美国在经贸领域展开高层次的合作，由此既在某种程度上实现推动中东国家经济转型的目标，也通过中东市场反哺本国实体经济和金融业，最终强化美国对西亚、北非地区的控制和影响力。

第三，大约从2013年开始，美国更加重视与中东多国的武器贸

---

[1] "Assistant Secretary Jose W. Fernandez Traveling to Jordan, Saudi Arabia, and the United Arab Emirates", https://2009-2017.state.gov/r/pa/prs/ps/2011/10/175946.htm.

[2] "Outcomes of Meeting of the Deauville Partnership with Arab Countries in Transition", https://2009-2017.state.gov/r/pa/prs/ps/2012/04/187821.htm.

易。自"阿拉伯之春"爆发以后，中东既有的"威权政府"在政治风波和暴力革命中或被推翻或遭动摇；宗教极端组织与反政府武装借机割据一方；域内外大国趁机介入一些国家内乱并展开代理人斗争。中东地区不稳定性持续上升。鉴于美国武器装备的优质性能，不少中东国家希望从美国购买大量军火遏制敌对势力，维护自身统治。奥巴马任内，美国国务院一共发布了八篇有关美国对中东军售的报告，系统阐述了白宫在军售领域内的行动原则，本章依据侧重点的不同将其分为三大模块。

首先，白宫在会见中东国家要员及参加专项研究论坛时多次强调，美国愿意对中东盟友出售高质量的武器装备，以此鼓励前者分摊美国在海湾和东地中海地区的防务，更好地扮演地区安全维护者的角色。其次，华盛顿建议中东盟友在美直接成立军备采购办事处，以此加快高精尖军事装备的交易和交付速度。最后，美国支持以海湾合作委员会国家为首的中东各国建立、完善区域防御体系，遏制极端组织和伊朗等敌对势力的威胁。①由此一来，美国便有机会实现推动美制武器出口，强化中东各国维护边境安全、打击恐怖主义势力和巩固中东安全秩序等目标。

综上所述，在2009年到2017年间，美国国务院通过发布一系列报告，系统梳理了美国在油气生产、投资贸易和武器转让三大领域的相关政策。就油气生产而言，美国在次贷危机和页岩革命的背景下与中东各大产油国展开合作，试图一面推动全球经济缓慢复苏，一面确保美国国内页岩行业和国际油市的长期稳定。就投资贸易来说，奥巴马在继承小布什政策的基础上结合现实情况，通过多维尔与转型阿拉伯国家伙伴关系会议等平台制定了对中东经贸环境实施改造的政策。就武器转让来讲，美国以出售先进军事装备为核心，以协助建立采办

---

① William J. Burns, "A Renewed Agenda for U. S. –Gulf Partnership", https://2009-2017. state.gov/s/d/former/burns/remarks/2014/221809. htm; "Background Briefing on Manama and Baghdad", https://2009-2017. state.gov/r/pa/prs/ps/2016/04/255654. htm.

机构和加强防御体系为手段，进一步完善了对中东军售框架，希冀既满足国内军火商的要求，又加强与中东国家的安全伙伴关系，最终巩固自身在中东的势力范围。通过与中东国家在能源、经贸和军售三方面展开合作，美国希望一面带动本国经济触底反弹，一面加大对中东地区的权力投射，从而维护自身在中东乃至全球范围内的政治影响力。

2. 奥巴马政府对沙特经济政策表述：协调能源经贸，重视军售合作

尽管美国对沙特的人权状况不满，但奥巴马政府与利雅得一直就能源议题保持沟通。"阿拉伯之春"爆发后，中东多国陷入动荡，伊朗一面借机加大对黎巴嫩真主党、叙利亚巴沙尔政府等盟友的支持，试图在阿拉伯半岛北缘构筑"什叶派之弧"；一面趁乱加快尖端武器的研发进程，令逊尼派各国感到巨大威胁。在此背景下，美国正式启动对伊制裁，禁止德黑兰出口石油，由此给国际油市留下了巨大缺口。随后，美国与沙特就确保全球石油供应稳定展开多次会谈，并呼吁后者启动备用产能填补国际油市缺口，带动全球经济有序复苏。[1]随着北美油砂和页岩油等非常规能源产量的激增，自2014年起全球石油剩余产能大幅增加，国际石油市场波动异常剧烈，阻碍了世界各国经济的复苏进程。为此美国数次遣使飞赴沙特，与利雅得方面就加强政策协调、维持全球能源供应稳定展开协商，希望沙特方面适度调低产量，为美国页岩油产业的运营和市场开拓留下一定空间。[2]

与此同时，沙特凭借雄厚的资金、较强的购买力和大量的年轻人口，成为美国吸收流动资金、出口高附加值商品和发展劳动密集型工业的较好对象。在第一任期内，奥巴马政府力图推动沙特启动经济自由化改革进程，并在其制定的《国家出口倡议》中将沙特列为六个二

---

[1] "Senior State Department Officials En Route to Riyadh, Saudi Arabia", https://2009-2017.state.gov/r/pa/prs/ps/2012/03/187218.htm.

[2] "Special Envoy Amos J Hochstein Travels to Saudi Arabia and Lebanon", https://2009-2017.state.gov/r/pa/prs/ps/2016/05/257648.htm.

级目标之一，建议美国企业深度开发当地的投资和贸易潜力。①在第二任期内，随着沙特现代化改革的逐步展开，奥巴马政府将注意力进一步集中在帮助推动沙特企业转型、加速产业多元化发展上，华盛顿对沙特经济外交的方向更加明确。②

除此之外，"阿拉伯之春"爆发后，伊朗对伊拉克和叙利亚的强力影响使"新月沃地"的权力格局变化速度显著加快，从而对沙特北翼的安全构成了一定威胁。为此，美国政府多次表态，表示作为利雅得方面的合作伙伴，华盛顿乐于通过向沙特大规模出售先进武器，加强其应对外部威胁的防御能力，由此维护海湾乃至整个中东地区的权力均势，确保局势可控。③

综上可得，能源供应、经贸建设和军火交易均在2009年到2017年间的美国对沙特经济外交中扮演了一定的角色。首先，考虑到沙特油田的巨大产能，美国一面将沙特石油视为弥补伊朗石油缺口的替代选项，一面要求利雅得方面通过减产保障美国页岩油产业可持续发展、维护全球能源格局稳定。其次，在沙特开始现代化改革的前后，美沙高层之间的互动则利于推动沙特的经济多元化进程，给美国企业和资本介入当地市场提供机遇。最后，美国多次承诺向沙特出售作战装备，由此既有助于国内军工企业拓展销路，又能提升沙特的防务能力，从而为遏制伊朗等域内敌对势力提供便利。

3. 奥巴马政府对阿联酋经济政策表述：巩固经贸成果，增加军售存量

随着次贷危机余波逐渐散去，阿联酋的转口贸易和伊斯兰金融中

---

① "U.S.-Saudi Arabia Fact Sheet", https://2009-2017.state.gov/r/pa/prs/ps/2010/06/143770.htm.
② "Preview of Secretary Kerry's Trip to Riyadh", https://2009-2017.state.gov/r/pa/prs/ps/2016/01/251670.htm; John Kerry, "Remarks with Embassy Riyadh Staff and Families", https://2009-2017.state.gov/secretary/remarks/2016/01/251678.htm.
③ "Special Joint Press Briefing on U.S. Arms Sales to Saudi Arabia", https://2009-2017.state.gov/r/pa/prs/ps/2011/12/179777.htm.

心的地位逐步得到恢复，并吸引了奥巴马政府的注意。美国决心以阿联酋为突破口，通过提升阿联酋经济市场化和多元化水平，进一步推动中东的经济体制转型。在此期间，白宫官员多次造访阿联酋，一面与阿布扎比方面展开经济政策对话，一面与马斯达尔、穆巴达拉等商业巨头会面，就如何在信息技术和电子商务等领域加强贸易和投资往来、通过健全人员培训机制培养创业精神、推动阿联酋经济可持续发展开启建设性探讨。①

阿联酋与伊朗围绕大通布岛和小通布岛主权归属问题纠纷不断，而随着2011年后伊朗对外扩张速度的不断加快，阿联酋的不安全感与日俱增，由此对美制武器逐渐展现出越来越大的兴趣。为此华盛顿方面表示愿意继续通过对外军事销售渠道对阿联酋出售阿帕奇直升机、C-17运输机、F-16战机和爱国者导弹等大量武器装备，使地区局势向有利于美国的方向倾斜。②

综合上述文本，我们不难发现加强美阿经贸和军售合作在奥巴马政府中东政策中的关键地位。就经贸而言，美国渴望通过与阿联酋官方和企业界的交往加强双方在贸易、投资、人员培训方面的合作，从而既推动阿联酋经济转型升级，又为美国金融业和制造业注入生机。就军售而言，美国对阿联酋出售大量先进军事装备的承诺不仅与美阿之间的战略伙伴关系相符合，而且有助于为洛克希德·马丁和雷神等公司开拓中东市场，同时进一步明确了华盛顿对海湾地区的战略辐射能力，由此将一个经济实力强劲、战略意志坚定的美国展现在中东各国面前。

---

① "Assistant Secretary of State Jose Fernandez Travels to the United Arab Emirates", https://2009-2017.state.gov/r/pa/prs/ps/2013/03/206634.htm; "Joint Statement: United States and United Arab Emirates Hold Third Economic Policy Dialogue in Abu Dhabi", https://2009-2017.state.gov/r/pa/prs/ps/2013/03/206727.htm.

② Anne W. Patterson, "Remarks at the U.S.-U.A.E. Business Council and AmCham Abu Dhabi Policy Luncheon", https://2009-2017.state.gov/p/nea/rls/rm/224038.htm.

4. 奥巴马政府对埃及经济政策表述：发展能源经贸，维持军售机制

自 21 世纪以来，埃及人口开始大幅增长，而国内的石油和天然气则逐渐枯竭。越来越少的能源难以满足居民日益增长的家庭用电和交通出行等诸多需求，埃及的能源形势日趋严峻。在这种情况下，美国积极鼓励通用电气等公司为埃及研发电机，并表示愿意协助埃及制定能源战略，为埃及提供稳定的能源供应。①

就美国与埃及经贸往来而言，奥巴马政府一面发布官方报告，表明华盛顿愿与开罗通过加强投资和贸易领域的合作，使得埃及经济回稳向好；一面带领美国进出口银行和美国海外私人投资公司等 60 余家公私机构前往埃及，考察当地营商环境，由此在官方和民间两个维度加深了两国的互信。②

通过对上述指导意见的贯彻，华盛顿在投资和贸易方面的政策逐渐明晰。就投资来说，美国国务院计划花费 6000 万美元启动美国-埃及企业基金，为埃及中小企业提供融资服务，以此提振私营市场活力；就贸易来说，国务院决定继续推进合格投资区计划，给予七个合格投资区内 300 多家机构的输美商品免税待遇，以此扩大双边贸易额，提供更多工作机会。③

与此同时，考虑到"阿拉伯之春"后埃及局势动荡、西奈半岛恐怖袭击频繁的现状，埃及对美国军火的需求也逐步上升。为此，美国国务院多次发表报告，表示愿意对埃及出售 M1A1 坦克、F-16 战机和爱国者导弹等军事装备及其配套零件，以此维护埃及及其周边地区的

---

① John Kerry,"Remarks at the U. S. -Egypt Strategic Dialogue", https://2009-2017. state. gov/secretary/remarks/2015/08/245583. htm.

② "U. S. Support for Economic Growth in Egypt", https://2009-2017. state. gov/r/pa/prs/ps/2011/03/158397. htm；"Ambassador David Thorne to Lead U. S. Chamber of Commerce Business Delegation to Egypt", https://2009-2017. state. gov/r/pa/prs/ps/2014/11/233840. htm.

③ "U. S. Support for Economic Growth in Egypt", https://2009-2017. state. gov/r/pa/prs/ps/2011/03/158397. htm.

安全，进而巩固两国的伙伴关系，由此使美国在中东地区的伙伴网络更加牢固。①

总而言之，出于对埃及地缘政治优势、经贸潜力和安全问题的重视，奥巴马政府与开罗方面就油气开采、商贸往来和武器转让展开多轮磋商。就油气开采而言，美国积极鼓励本国公司参与埃及油田的开发建设，希望在满足埃及民众生产生活需求的同时实现对当地能源的控制。就商贸往来而言，白宫在贯彻指导意见和开展商业考察的基础上在贸易和投资两个方向同时发力，试图巩固美国与埃及的经贸联系，同时惠及两国人民。就武器转让而言，先进武器的出口不仅可以舒缓美国国内军工企业的过剩产能，同样能够提升埃及维护地区和平的能力，最终从侧面加强美国对中东局势的把控力。

（四）2017—2021年政策要旨：油市、商贸维稳，军售总额激增

1. 特朗普政府中东经济政策整体表述：维持油市稳定，保障供应安全

早在竞选总统期间，特朗普便曾接受油气企业的大笔政治捐款。2017年正式就任后，传统能源更是在特朗普政府的政策议程中占据了重要位置。2017年到2021年间，国务院一共发布了77篇涉及美国与中东能源合作的报告，占经济类报告总数的48.43%。通过对文本的分析，本章将推动美国与中东地区之间展开能源互动的原因分为两类。

第一，特朗普政府致力于保证能源生产和运输安全。中东地区石油储量和产量极其丰富，但石油主产地位于阿拉伯半岛东部，而石油外运的通道霍尔木兹海峡则坐落于阿联酋、阿曼和伊朗之间，实际均处于伊朗的火力控制之下。随着伊朗与美国及其海湾伙伴国关系的不断恶化，全球石油生产及运输的不稳定性逐步提升。2019年，伊朗盟友胡塞武装对海湾地区油轮和油田发动袭击，美国国务院随即发表声

---

① "Background Briefing by Senior Administration Officials on U.S. Assistance to Egypt", https://2009-2017.state.gov/r/pa/prs/ps/2013/10/215262.htm.

明予以谴责，表示伊朗"对全球石油自由流动构成了巨大威胁"。为此，美国承诺与中东伙伴加强对当地能源基础设施的保护，以此维护国际石油市场及中东地缘格局的稳定。①

第二，特朗普政府力图确保能源转型顺利完成。在特朗普政府能源主导政策和水平井压裂技术持续升级的推动下，自2017年起，美国得克萨斯和俄克拉荷马等地页岩油气产量大幅攀升，在国际能源市场上的份额也逐渐提高。面对这一新情况，美国国务院一面派遣主管能源的官员出访中东各国，一面发布《美国能源充沛：伙伴关系新时代》等能源外交指导方针，为美国在国际舞台上维护自身能源利益提供了行动指南。美国白宫表示，在页岩革命和供需模式转换的推动下，全球已经步入能源转型时代，但油气在未来20年仍将是各国主要的能源来源。为此，美国愿与中东共筑能源伙伴关系，从而"优化资源开发，使世界各国从中受益"。此外，白宫还针对中东各地区制定了多样化的政策。至于海湾地区，美国计划通过2019年9月启动的中东伙伴关系能源支柱对话机制，帮助海湾国家开辟新的能源产地和运输线路，"构建更加多样化和安全的能源结构"。就东地中海沿岸而言，美国承诺将与埃及等国开展专项合作，帮助沿岸国家兴建能源基础设施、构筑多边协作平台，以此加快当地天然气的勘探、开发和销售进度。②

综上所述，美国国务院在特朗普任上发表的涉及中东的报告以谈论美国与中东能源互动为主，并从能源生产、供应安全和国际油市稳定两个角度强调了能源安全对美国的重要性。就能源生产和供应安全

---

① "Joint Statement by Saudi Arabia, the United Arab Emirates, the United Kingdom, and the United States on Yemen and the Region", https://2017-2021.state.gov/joint-statement-by-saudi-arabia-the-united-arab-emirates-the-united-kingdom-and-the-united-states-on-yemen-and-the-region/index.html.

② Francis R. Fannon, "U. S. Energy Abundance: A New Era of Partnerships", https://2017-2021.state.gov/u-s-energy-abundance-a-new-era-of-partnerships/index.html; "Statement of the Co-Chairs of the First Middle East Strategic Alliance (MESA) Meeting of the Energy Pillar Working Group", https://2017-2021.state.gov/statement-of-the-co-chairs-of-the-first-middle-east-strategic-alliance-mesa-meeting-of-the-energy-pillar-working-group/index.html.

而言，特朗普政府与海湾有关国家在多次会谈中对伊朗表示一致谴责，并承诺通过保护友方能源基础设施，确保全球石油生产和运输安全。就国际油市稳定来说，特朗普政府在页岩革命的背景下与中东石油生产国进行积极协商，同时系统地制定对外能源政策，希望借此一则确保自身能源产业安全，二则开拓战略储备能源，三则维护国际能源局势稳定，最终巩固自身的全球影响力。

2. 特朗普政府对沙特经济政策表述：能源安全，经贸潜力，装备需求

就能源方面而言，保障石油运输通道安全一直是美国对沙特外交的一大核心。2019年美国指责伊朗及其盟友在波斯湾屡次袭击油轮和油田后，美国与沙特方面开启多轮会谈，就双方一道确保输油通道安全达成一致。除此之外，维护国际油气市场稳定在美沙经济往来中的重要性也持续上升。尽管2017年美国石油产量再次超越沙特并自此稳居世界第一，但其在全球总产量中的相对份额却依旧有限。① 有鉴于此，美国白宫多次遣使赴利雅得与沙特高官会谈，希望双方联手确保国际石油供应稳定，以此推动全球经济繁荣。②

随着沙特"2030愿景"配套政策的落地实施，美国和沙特之间开展经贸合作的潜力得到不断释放。在美沙首席执行官年度峰会等多个场合，白宫表示，美国拥有世界领先的技术和优质的工业制成品，而沙特则享有大量石油美元和青年劳动力，双方极具开展经贸合作的空间。为此华盛顿建议双方深化经济伙伴关系，加强贸易与投资往来，以此一面推动沙特经济转型升级，一面为美国实体与虚拟产业增添新

---

① "Energy Institute Statistical Review of World Energy, Oil: Production, Thousand Barrels Daily", https://www.energyinst.org/statistical-review.
② "The United States and Saudi Arabia: A 75-Year-Long Diplomatic Partnership", https://2017-2021.state.gov/the-united-states-and-saudi-arabia-a-75-year-long-diplomatic-partnership/index.html.

的活力,最终扩大华盛顿实力,加强对中东乃至全球的控制。①

与此同时,美沙军事合作也意义重大。作为美国维持中东稳定的重要合作伙伴,沙特一面参加了华盛顿于2014年组建的反恐国际联盟,与美国一道打击"伊斯兰国";一面又就维护海湾权力均势与美国展开协调,并在白宫的支持下遏制伊朗主导的"什叶派之弧"的进一步扩张。由此一来,沙特对美国武器装备的需求与日俱增。美国国务院就此发布一系列报告,欢迎沙特与美国政治军事事务局展开合作,通过对外军事销售和直接商业销售两条渠道购入美国武器,由此不仅给美国本土带来生产订单和就业岗位,同时确保中东安全与繁荣。②

综上所述,2017年到2021年间,美国继续对沙特的能源安全、经贸潜力和武器装备需求保持高度关注。就能源安全而言,特朗普政府分别就维护石油运输通道安全、合理协调石油生产达成共识,由此为确保美国页岩油产业安全和国际石油市场稳定作出了努力。就经贸潜力而言,特朗普政府主张美国与沙特凭借各自在资本、技术等方面的优势实现良好对接,由此一面加快沙特经济现代化进程,一面为美国企业开拓海外市场。就武器装备需求而言,美国白宫承诺为沙特购入美式武器提供便利,力图由此提升美沙经济和安全伙伴关系,巩固中东反伊联盟基础。

---

① "Secretary of State Tillerson to Participate in U. S. -Saudi Arabia CEO Summit", https://2017-2021. state. gov/secretary-of-state-tillerson-to-participate-in-u-s-saudi-arabia-ceo-summit/index. html; Rex W. Tillerson, "Remarks at the U. S. -Saudi Arabia CEO Summit", https://2017-2021. state. gov/remarks-at-the-u-s-saudi-arabia-ceo-summit/index. html.

② "U. S. Security Cooperation with Saudi Arabia", https://2017-2021. state. gov/u-s-security-cooperation-with-saudi-arabia/index. html; "Ambassador Tina Kaidanow, Acting Assistant Secretary of State for Political-Military Affairs, Travels to Saudi Arabia, the United Kingdom, and Belgium, Media Note, Office of the Spokesperson", https://2017-2021. state. gov/ambassador-tina-kaidanow-acting-assistant-secretary-of-state-for-political-military-affairs-travels-to-saudi-arabia-the-united-kingdom-and-belgium/index. html.

3. 特朗普政府对阿联酋经济政策表述：能源协调，经贸互动，军售磋商

对特朗普政府来说，与阿联酋展开能源合作也是自身中东战略的重要一环。首先，美阿多次举行双边会谈，就维持全球油价稳定、合理划分市场份额达成共识。其次，随着阿联酋现有油田储量的枯竭和高能耗生产模式对经济发展破坏的加剧，能源勘探以及节能提效工作逐渐构成美阿双方能源合作的另一维度。为此，华盛顿决心与阿布扎比构建新型能源伙伴关系，就上述议题开展高效合作，从而加快区域一体化进程，实现中东繁荣稳定。①

与此同时，自阿布扎比王储穆罕默德·阿勒纳哈扬执政以来，阿联酋的经济现代化步伐稳步加快，其中东贸易与金融枢纽的作用进一步凸显。面对这一情况，美国通过高层互访、政策对话等方式与阿联酋在航空航天、人工智能、医疗保健和数字经济等领域加强双边协调，希望以此逐步打破贸易壁垒、加强投资互动，维护共同的经济利益。②

随着美伊在海湾地区冲突的不断激化，阿联酋周边的安全形势骤然严峻，美式武器对阿联酋的吸引力也逐渐上升。对此国务院数次发布报告，表示美国愿意向阿布扎比出售各式高精尖武器，以此加强阿联酋遏制伊朗及其中东伙伴的实力，最终维护美国及其中东伙伴在海湾地区的安全与稳定。③

在特朗普任内，美国国务院高度重视阿联酋的战略地位，与阿布扎比就能源安全、商贸往来和武器转让议题展开大量磋商。就能源安全而言，美国通过与阿联酋的协调合作试图一边确保全球能源格局稳

---

① "The Abraham Accords: Joint Statement on Establishing a Strategic Vision for Energy Partnership", https://www.energy.gov/articles/joint-statement-establishing-strategic-vision-energy-partnership.

② "Joint Statement on the Sixth U. S. – U. A. E. Economic Policy Dialogue", https://2017-2021.state.gov/joint-statement-on-the-sixth-u-s-uae-economic-policy-dialogue/index.html.

③ "U. S. Security Cooperation with the United Arab Emirates", https://2017-2021.state.gov/u-s-security-cooperation-with-the-united-arab-emirates/index.html.

定，一边加快阿联酋乃至全球能源勘探和节能提效工作进程，继而推动经济可持续发展。就商贸往来而言，美国借助阿联酋推进经济现代化的契机，通过多种方式与阿联酋展开投资、贸易政策协调，希望开拓新的合作领域，使双边经贸关系实现进一步发展。就武器转让来说，美阿就进一步开展双边军火交易展开协商，既能提升双方的安全合作水平，也可以加快阿联酋的国防现代化进程，由此为中东实现繁荣稳定提供机遇。

4. 特朗普政府对埃及经济政策表述：开发能源，拓展经贸，出售武器

随着2015年以后地中海和黑白沙漠等地发现大量油气田，能源的开采、提炼和运输问题逐渐提上埃及政府的工作日程。但由于资金和技术有限，埃及希望美国等西方国家积极参与油气的开发和建设，缓解国内愈演愈烈的供电危机。2017年至2021年间，国务院派遣多名专业官员奔赴埃及，与埃及政商两界领袖会晤，表示美国愿意推动埃及的能源开发与出口，由此在稳定全球能源市场的同时帮助埃及实现推动经济高速增长的目标。[①]

2014年塞西就任总统后，埃及局势开始趋于稳定。埃及独特的地理位置、巨大的市场和年轻化的劳动力吸引了美国政府和企业的关注。受此影响，自2017年起，特朗普政府多次派遣各级官员前往埃及，与其就开展经贸合作展开建设性磋商。在贸易方面，美国同意拓宽埃及商品输美渠道；在投资方面，埃及同意邀请更多美国企业赴埃投资兴业，由此不仅满足美国资本输出的要求，而且可推动埃及经济自由化改革进程，为埃民众提供更多工作岗位。[②]

---

① "Assistant Secretary Fannon Travel to Israel, Cyprus, and Egypt", https://2017-2021.state.gov/assistant-secretary-fannon-travel-to-israel-cyprus-and-egypt/index.html.

② "Press Availability with Egyptian Foreign Minister Sameh Shoukry", https://2017-2021.state.gov/press-availability-with-egyptian-foreign-minister-sameh-shoukry/index.html; "Press Availability with Egyptian Foreign Minister Sameh Shoukry", https://2017-2021.state.gov/press-availability-with-egyptian-foreign-minister-sameh-shoukry-2/index.html.

与此同时，极端组织在西奈半岛和黑白沙漠等地的肆虐时常搅动着埃及本就紧张的局势，迫使埃及政府向美国寻求更多的武器装备。为此，美国国务院发布数个报告，回顾了近几十年来美国以赠送、销售等方式向埃及提供军事援助的历程，并表示美国政府将继续向埃及出售包括阿帕奇直升机、爱国者导弹在内的大量武器装备，以此支援开罗在打击恐怖主义和保障国内安全方面作出的努力。①

在特朗普务实外交的推动下，2017年后美埃在加强天然气开发、拓宽经贸渠道和出售尖端武器等方面进行协商。就天然气开发而言，美方承诺向埃及提供资金和技术支持，以此改善埃及民生，加快美国企业走进中东市场的步伐。就经贸联系而言，美国和埃及就推动双方商品外销和资金自由流动达成共识，决心加快埃及经济现代化进程，巩固美埃双边经贸联系。就武器销售来说，华盛顿对埃及出售尖端武器，旨在加强双方在安全领域的合作，由此进一步巩固美国在中东的霸权。

（五）美国中东政策表述的简要总结

从2001年到2021年，美国政府的中东经济政策经历了由不成熟和不完善到逐步成熟和不断完善的全过程。

小布什在任期间，美国国务院一共发布了195篇涉及美国与沙特、阿联酋和埃及经济合作的报告，其中经贸、能源和军售分别占74.23%、13.40%和8.25%。首先，小布什政府的中东经贸政策面向所有地区国家，旨在通过落实美国-中东自由贸易区和"大中东北非伙伴关系"两项计划帮助中东伙伴加入世界贸易组织、开启对美自贸谈判，并为其境内中小企业注资，最终推动双方贸易和投资往来。其次，在中东动荡和金融危机的背景下，此时美国对中东能源政策主要针对海湾国家，意在敦促其通过增加产量压低油价，减轻美国经济遭受的

---

① "Strengthening the U.S.-Egypt Partnership", https://2017-2021.state.gov/strengthening-the-u-s-egypt-partnership/index.html.

冲击。最后，2001年到2009年间美国的中东经济政策同样包含地缘政治考量。就经贸而言，小布什政府认为上述倡议能够推动中东接受市场经济、所谓"自由主义"价值观和西方民主政治。就军售来说，在伊拉克局势恶化的背景下，小布什政府认为美制武器可以增强中东伙伴的军事实力，从而防止危机外溢，最终起到维护华盛顿在中东地区主导权的作用。

奥巴马在任期间，美国国务院持续关注美国与沙特、阿联酋和埃及的经济伙伴关系。在128篇有关经济的报告中，经贸、能源和军售占比分别为69.53%、22.66%和17.97%。首先，美国国务院一面借助世界经济论坛等机制对中东制定总方针，一面参考各国国情开展经济政策对话、启动企业融资基金，希望以此促进双边贸易投资往来。其次，美方中东能源战略主要聚焦海湾地区。在第一任期内，奥巴马政府力图催促有关国家增产以填补伊朗缺口，加速美国经济复苏；页岩革命爆发后，奥巴马解除能源出口禁令，并致力于与海湾合作委员会联手影响油价，分配市场份额，保证全球经济平稳运行。最后，奥巴马政府也通过对外军事销售和直接商业销售渠道，向海湾国家和埃及推销美制武器装备，试图借此消耗本土军工企业过剩产能。另外，2009年到2017年间美国中东经济政策也体现了一些非经济因素。一方面，奥巴马继承了小布什的理想主义政策理念，试图通过上述经贸倡议敦促以所谓"转型国家"为代表的域内伙伴加快经济自由化进程，继而推动政治改革，由此塑造亲美的地缘政治格局。另一方面，奥巴马政府对中东军售也能够提升地区伙伴的防御能力，由此帮助中东伙伴国构建区域防御体系，"遏制"伊朗和极端组织等敌对势力的"扩张步伐"。

特朗普在任期间，美国国务院共有159篇报告谈到美国与沙特、阿联酋和埃及的经济互动，其中能源、经贸和军售各占48.43%、40.25%和22.64%。就能源而言，美国国务院一面与海湾国家就优化生产结构、确定市场份额展开政策协调，努力确保全球油市与经济稳定；一面帮助东地中海沿岸国家建设能源基础设施、加快油气勘探和开发水平，竭力加强全球能源安全。在经贸领域，美国通过经济政策对话和双边高层互访等途径拓展美国与中东经贸合作的空间，加快了中东国家经济转型的速度。就军售来说，特朗普政府将中东整体作为着力点，力图通过政治军事事务局对地区伙伴出售武器。与此同时，地缘政治也对2017年到2021年间美国中东经济政策施加了一定影响。在能源领域，美国与地区伙伴同样致力于加大对油气田和运输通道的保护，从而提升其利用石油对抗伊朗的能力。在军售方面，特朗普政府也希望本国高精尖武器能够进一步加快中东伙伴国的军备现代化进程，由此帮助其在反恐战争中获得优势，起到维护地区安全的作用。

总而言之，近20年间美国国务院涉中东经济政策报告的主题以经贸为主，能源和军售分别居于第二位和第三位。

能源转型及东地中海油气开采进程加速后，美国一边与海湾有关国家合作协调石油政策，维持油市运行平稳；一边助力埃及等国开采能源，由此填补其用电缺口。就军售来讲，"阿拉伯之春"前美国向海湾国家零星出售装备，此后则开始加强对有关国家的武器销售。

美国中东经济政策的背后不乏地缘政治推力。首先，美国政府提出的经贸倡议和对话机制均有借市场经济之手改变中东政治生态、推动"民主化改革"、根除恐怖主义与地区动荡的用意。其次，美国与海湾国家协调能源政策也有助于使其伙伴国在对伊斗争中取得更大的优势。最后，美国也希望通过军售构建地区防御体系和反恐联盟，由此遏制敌对势力，确保地区局势可控。在经贸、能源和军售框架下，美国加强了与中东各国的经济往来，进一步提升了双边战略合作水平，从而为维护自身在中东乃至全球的影响力提供了可能。

三、美国政府维护其中东经济利益的行动

在这一部分，我们一面继续整理美国国务院、白宫等政府部门的

报告及国内外各大媒体的新闻报道,从中梳理华盛顿业已落实的对中东经济政策的内容;一面引用英国石油公司、美国商务部等机构的数据,分析上述政策所取得的成果,最终指出美方维护能源、经贸和军售三大利益,对加强双边经济伙伴关系、推动地区和平稳定的积极影响。

(一) 由能源依赖困境到能源主导格局

1. 相关背景

石油是重要的能源和化工原料,事关全球经济稳定与社会正常运行。作为第二次工业革命的领军者之一,美国于1859年在宾夕法尼亚钻探出世界第一口有开采价值的油井。在此后几十年里,美国凭借着雄厚的实力和资本,一面大量对外出口石油,一面带领西方国家的油企在各国勘探、开采,推动了全球石油工业生产的规模化与现代化。①就中东地区而言,当地石油多属储量大、埋藏浅、纯度高的轻质油,开采成本不及2美元每桶。②因此,美国在1928年7月与英、法、荷签订《红线协定》,获取了伊拉克石油公司23.75%的股份和在原奥斯曼帝国境内开采、经营新油田的权利。截至二战前夕,美国通过签署租约控制了巴林和沙特100%、科威特50%及伊拉克23.75%的油田,巩固了其能源霸主的地位。③

随着二战后经济的高速增长,美国国内能源供应逐渐紧张,中东石油的重要性日益凸显。1953年,美国联合英国发动阿贾克斯行动,推翻了主张石油国有化的伊朗首相摩萨台,并通过石油七姐妹分得伊

---

① 白云居士:《美国中东政策转向和全球战略布局(上)》,载《坦克装甲车辆·新军事》,2019年第6期,第33—37页。
② 舒先林:《美国中东石油战略研究》,北京:石油工业出版社,2010年版,第260页;史丹:《世界石油供需与隐蔽的资源竞争——兼析美国军事行动下的能源战略》,载《改革》,2002年第1期,第119—127页。
③ 王波:《美国石油政策研究》,北京:世界知识出版社,2008年版,第30页;陈悠久:《美国对海湾石油的依赖和石油战略》,载《西亚非洲》,1991年第6期,第17—26页。

朗40%的油田。截至1968年，新泽西美孚石油公司等美国油企的年利润高达36.19亿美元，占七姐妹总盈利的75.4%。①1973年第四次中东战争爆发后，鉴于华盛顿的亲以立场，中东有关国家对美国发起石油战。自1973年10月16日至12月23日，国际油价从3.011美元每桶飙升至11.651美元每桶，由此导致美国燃料紧缺，工业生产和道路交通陷入瘫痪。②面对各国的强硬态度，白宫最终选择妥协。1974年6月，美沙成立双边经济合作共同委员会。华盛顿继续向利雅得提供政治和军事支持，允许其购买竞拍机制外的国债；利雅得则需利用其在欧佩克的主导权，推动各成员国以美元结算石油，并根据美方意愿调整油价。在此后几十年里，美国一面从海湾大量进口轻质原油，一面通过本国实体企业和金融机构吸收前者出口石油所赚利润，由此稳定了国内能源市场，巩固了美元的霸权地位。③

就中东而言，沙特能源大国地位的确立与美国息息相关。1933年，加州美孚石油公司以5万英镑买下沙特东部93.2万平方千米土地66年的租让权，并于1935年在达曼港钻探出第一口油井。加州美孚随之被改组为阿美石油公司，控制了沙特全境的石油资源，而利雅得所得地租仅占公司总利润的10%。此后沙特多次与美国签订增股协定，最终在1980年实现石油工业国有化。④如今沙特石油运输、炼制、销售等环节依旧离不开埃克森美孚、德士古、雪佛龙等石油巨头的参与，但沙特的惊人产量及其在欧佩克中的地位都奠定了它对美国经济发展的重要性，使美国在推行中东战略时不得不考虑利雅得的态度。

与此相似，外资在阿联酋能源业的发展中也扮演了重要角色。

---

① 《第三世界石油斗争》编写组：《第三世界石油斗争》，北京：生活·读书·新知三联书店，1981年版，第79—99页。
② 江红：《为石油而战——美国石油霸权的历史透视》，北京：东方出版社，2002年版，第365页。
③ Nick Giambruno, "Ron Paul Says: Watch the Petrodollar", https://www.marketoracle.co.uk/Article48071.html.
④ 张士智、赵慧杰：《美国中东关系史》，北京：中国社会科学出版社，1993年版，第52页。

1958年，西方石油公司首次在阿布扎比沿海的乌姆·谢夫探得石油。1962年6月，阿布扎比自达斯岛出口了第一桶原油。1962年到1971年，阿布扎比酋长国石油收入从70万英镑增至1.796亿英镑，但石油勘探、开采和销售均由西方企业控制。①1974年到1977年间，迪拜石油公司收回全部外国股份，阿布扎比国家石油公司持股增至60%，其余仍由道达尔、埃克森美孚等公司共享。②

与海湾国家相比，埃及的能源产量较低，但开采历史却更加悠久。早在1908年，埃及便在尼罗河三角洲开采石油，此后，西奈半岛和西部沙漠的乌姆巴拉卡、萨拉姆等地也相继成为石油工业中心。③埃及还较早开采天然气，1967年，贝拉伊姆石油公司在尼罗河三角洲阿布·马迪发现首个气田，此后，苏伊士湾和西部沙漠也逐渐开始出产天然气。④为获取资金和技术支持，埃及邀请美国阿帕奇等国际石油巨头参与本国能源行业，允许后者与埃及石油总公司、埃及天然气控股公司和南谷石油控股公司三家国企签订开采权出让和产量分成协议，通过联合持股的方式共同管理油气田，推动能源生产。⑤

总之，鉴于本土建筑、石化、运输等产业运转均离不开石油的事实，美国自20世纪起便高度重视中东国家，通过土地租让、产量分成和技术支持等方式逐步参与到沙特等国的油气开采和销售中，以此稳定石油市场，并起到巩固美国经济根基、加快中东现代化进程的作用。

---

① 安维华、钱雪梅主编：《海湾石油新论》，北京：社会科学文献出版社，2000年版，第204页。
② 高祖贵：《全球大变局下的中东与美国》，北京：时事出版社，2017年版，第77—109页。
③ "Egypt Positions Itself at the Center of a New Energy Market"，https://worldview.stratfor.com/article/egypt-positions-itself-center-new-energy-market；黄晓兵：《埃及能源供需趋势与合作机遇探析》，载《地质与勘探》，2018年第6期，第1114—1117页。
④ "Statistical Review of World Energy 2020 69th Edition"，https://www.bp.com/content/dam/bp/business-sites/en/global/corporate/pdfs/energy-economics/statistical-review/bp-stats-review-2020-full-report.pdf；黄晓兵：《埃及能源供需趋势与合作机遇探析》，载《地质与勘探》，2018年第6期，第1114—1117页。
⑤ 张爱国、郁珺：《2016年埃及油气行业运行状况及投资策略》，载《国际石油经济》，2017年第5期，第88—93页。

2. 2001—2009年：推动中东增产，确保自身供应

尽管拥有丰富的石油储藏，海湾有关国家的石油生产却长期面临着几大威胁。一方面，在美国制裁的阴影下，伊拉克和伊朗内部人道主义危机日渐严重，政府的态度日趋激进；而"两国方案"的停滞不前则使巴勒斯坦地区长期陷于冲突之中，由此使海湾地区缺乏生产和运输石油的稳定环境。另一方面，随着经济全球化的不断加深，全球经济波动也给域内石油生产带来了极大的不稳定性。在上述背景下，小布什政府与中东产油国积极沟通，最终在一定程度上维护了自身能源安全和国际石油市场的稳定。

受巴以冲突后伊拉克发动石油禁运的影响，2002年2月初至4月初，布伦特原油价格由20.32美元每桶涨到27.66美元每桶，欧美石油库存量也随之骤降6000万桶。[①]面对严峻形势，小布什于4月4日呼吁以色列从巴勒斯坦领土撤军，并派国务卿鲍威尔飞赴中东与有关各方展开会谈。在美方压力下，4月25日沙特驻美使馆宣布，利雅得不会配合巴格达的行动，并愿释放自身产能从维护国际油市供求平衡。在沙特及其海湾合作委员会盟友的配合下，国际油价逐步回落，欧美国家的能源危机得到初步缓解。[②]

2003年美国对萨达姆政权宣战后，伊拉克全境的油田遭到破坏，海湾邻国的石油生产也受到极大影响。随着油市恐慌情绪的加剧，2006年4月美国原油期价超过75美元每桶。面对严峻形势，白宫通过多种渠道与中东产油国展开磋商，希望后者增产抑价。作为回应，沙特承认高油价同样会损害生产国利益，但却迟迟不履行先前承诺的在

---

① 田春荣：《中东局势和美国石油市场可能驱动油价继续高位徘徊》，载《中国石化》，2002年第5期，第12—14页。

② "President to Send Secretary Powell to Middle East", https://georgewbush-whitehouse.archives.gov/news/releases/2002/04/20020404-1.html; "President Bush Meets with Crown Prince of Saudi Arabia", https://georgewbush-whitehouse.archives.gov/news/releases/2002/04/20020425-4.html.

未来三年将原油产量增至1250万桶每日的约定。①受此影响，2007年10月，西得克萨斯原油期货价格突破90美元每桶大关，同年美国批发价格指数上涨6.3%，达26年来最大增幅。②

与此同时，随着2007年夏天次贷危机的爆发，世界经济陷入前所未有的大衰退。在此背景下，小布什于2008年两次出访中东，试图通过说服沙特等国启动备用产能刺激经济复苏。同年5月16日，沙特石油大臣纳伊米正式宣布将6月原油产量增加30万桶每日至945万桶每日。此后其他欧佩克成员国陆续启动增产计划。③

与海湾国家不同，随着人口大幅增加和既有油田的枯竭，自20世纪90年代起，埃及石油产量逐渐回落，不仅难以满足国内发电需求，还使埃及丧失了对美出口创汇的机会。④与石油相比，埃及天然气产量保持一定增势，在满足自身需求的同时，还能对外出口。2003年阿拉伯管道一期工程完工后，埃及开始对约旦和黎巴嫩等周边国家出口天然气，其对欧美和亚太市场出口所占比重则相对较小。受此影响，2001年至2008年间，仅有阿帕奇等美国能源公司进入埃及，通过为埃及国内市场生产油气赚取利润。⑤

总之，2001年至2008年间，美国年均石油产量约为700万桶每日，平均石油自给率仅有约35%。与此同时，来自海湾地区的石油消

---

① Joint Statement by President Bush and Saudi Crown Prince Abdullah", https://georgewbush-whitehouse.archives.gov/news/releases/2005/04/20050425-8.html; "Oil Prices Too High: Saudi Oil Minister", https://www.smh.com.au/business/oil-prices-too-high-saudi-oil-minister-20060502-gdngss.html.

② Matthew Robinson, "Oil Falls After Striking Record ＄90 a Barrel", https://www.reuters.com/article/us-markets-oil-idUSSP10407020071019; "Wholesale Prices Rose by 6.3 Percent in 2007", https://www.nbcnews.com/id/wbna22664317.

③ "President Bush Meets with President Karzai of Afghanistan", https://georgewbush-whitehouse.archives.gov/news/releases/2008/05/20080517-3.html.

④ "Egypt Positions Itself at the Center of a New Energy Market", https://worldview.stratfor.com/article/egypt-positions-itself-center-new-energy-market.

⑤ 潘楠:《东地中海地区天然气开发现状与前景》, 载《国际石油经济》, 2016年第11期, 第81—96、102页。

费量的比例一直保持在25%左右。①鉴于海湾国家的庞大出口能力，小布什政府在《国家能源政策》框架下大力加强与沙特和阿联酋等国的合作，通过商业交易和产量分成等方式自波斯湾地区进口大量轻质原油，由此为美国经济发展提供了坚实保障。与此同时，通过粉碎伊拉克发起的石油禁运，小布什政府打击了反美势力，维护了美国在中东的政治影响力，为其进一步落实全球战略扫清了障碍。除此之外，埃及的能源储量则相对匮乏，在美国对中东的能源政策中并不占据重要位置。表2为2001—2008年美国与中东石油贸易概况。

表2：2001—2008年美国与中东石油贸易概况 （单位：万桶每日）

	产量	消费量	进口量	自海湾进口量	自埃及进口量
2001年	767.0	1953.4	1187.1	276.1	0.7
2002年	762.4	1962.5	1153.0	226.9	1.1
2003年	736.8	1984.8	1226.4	250.1	0.9
2004年	725.0	2049.8	1314.5	249.3	1.4
2005年	690.1	2053.1	1371.4	233.4	1.5
2006年	682.5	2031.3	1370.7	221.1	0.6
2007年	685.7	2020.8	1346.8	216.3	0.9
2008年	678.3	1884.8	1291.5	237.0	1.5

资料来源：英国石油公司2022年鉴、美国能源信息署。

3. 2009—2017年：协调中东产量，维护本国工业

2009—2017年间，中东乱局和北美页岩革命对奥巴马政府的中东能源战略均产生了举足轻重的影响。

---

① "Statistical Review of World Energy", https://www.bp.com/en/global/corporate/energy-economics/statistical-review-of-world-energy.html; "U.S. Imports from Persian Gulf Countries of Crude Oil and Petroleum Products (Thousand Barrels per Day)", https://www.eia.gov/dnav/pet/hist/LeafHandler.ashx? n=PET&s=MTTIMUSPG2&f=A.

一方面，2011年"阿拉伯之春"爆发后，伊朗在其石油红利的支撑下一面大力发展核技术，一面试图在叙利亚和伊拉克等国构筑抵抗逊尼派国家的"什叶派之弧"，使沙特等阿拉伯产油国的安全受到威胁。受此影响，2011年12月至2012年2月，西得克萨斯原油期货价格从98.8美元每桶飙升至109.77美元每桶，美国经济复苏进程受到阻碍。①在美国游说下，2012年3月沙特表示愿意增产25%，继而带领海湾合作委员会成员国填补了伊朗遭受制裁留下的缺口，使西得克萨斯原油期货价格在同年11月降至94.6美元每桶。②与此同时，美国还一面向海湾增兵，一面邀请地区伙伴国参加海上军事演习，并帮助海湾国家组建海事运营中心，由此保障了油轮通过霍尔木兹海峡的航行自由，为推动美国经济回暖提供了能源保障。③

另一方面，随着巴肯等地页岩层勘探的成功，2009年到2012年，美国页岩油产量由24.7万桶每日增加到72万桶每日，中东地区主导国际油市的日子成为过去。④面对页岩油气的步步紧逼，欧佩克则以增产计划作为回应。2014年到2016年，仅沙特一国便增产88.7万桶每日，使其石油产量创下1240.6万桶每日的历史新高。⑤受此影响，美国西得克萨斯原油期货价格从2014年的93.28美元每桶跌至2016年的43.34美元每桶，导致WBH Energy和Continental Resources等页岩油

---

① 牛犁：《国际油价走势回顾及2013年展望》，载《发展研究》，2013年第2期，第33—36页。

② Guy Chazan, "Naimi Calls High Oil Prices 'Unjustified'", https://www.ft.com/content/f9f8eb00-729e-11e1-9be9-00144feab49a；牛犁：《国际油价走势回顾及2013年展望》，载《发展研究》，2013年第2期，第33—36页。

③ "Joint Communique from the Second Ministerial Meeting for the U. S. - GCC Strategic Cooperation Forum", https://2009-2017.state.gov/r/pa/prs/ps/2012/10/198516.htm; William J. Burns, "A Renewed Agenda for U. S. - Gulf Partnership", https://2009-2017.state.gov/s/d/former/burns/remarks/2014/221809.htm.

④ 刘轶：《美国能源独立对其中东政策的影响》，载《中国科技投资》，2013年第20期，第12—13页；高大统：《"页岩气革命"：美国进一步接近"能源独立"目标》，载《资源与人居环境》，2017年第11期，第71—75页。

⑤ "Energy Institute Statistical Review of World Energy, Oil: Production, Thousand Barrels Daily", https://www.energyinst.org/statistical-review.

巨头破产，各大产油州就业问题日益严峻。①为克服险情，奥巴马多次派代表赴沙特斡旋，最终在2016年年底促使沙特等欧佩克产油国和俄罗斯达成共同减产180万桶每日的协议，由此宣告了"欧佩克+"机制的建立。②2016年至2018年，布伦特石油价格从43.73美元每桶涨至71.31美元每桶，美国页岩油气生产逐渐恢复，由此推动了能源独立进程，并为美国油企拓展海外市场提供了便利。③

就埃及而言，2009年后埃及油气消费量不断上升，最终在2010年和2015年先后超过本国产量。④面对巨大的国内需求缺口，埃及政府一面从沙特等国进口油气，一面在产量分成协议框架下倚靠外企继续挖掘本国剩余产能⑤；其中英国石油公司和埃尼聚焦地中海与红海海域，而美国阿帕奇公司则扎根西部沙漠腹地。

总的来说，随着水平井压裂技术的应用，美国巴肯和鹰福特等页岩油田产量渐呈爆发之势，由此推动美国石油产量从2009年的726.7万桶每日增至2016年的1236.1万桶每日，自海湾国家进口石油的总量则逐步稳定在170万桶每日上下，基本实现了2011年3月奥巴马政府《能源安全未来蓝图》里减少对海外能源依赖的目标。⑥与此同时，2015年12月奥巴马解除对北美以外出口原油的禁令后，美国石油逐步走向世界市场，与沙特等能源巨头的碰撞变得不可避免。白宫就此

---

① "Statistical Review of World Energy", https://www.bp.com/en/global/corporate/energy-economics/statistical-review-of-world-energy.html；颜梦雪：《国际油价低迷背景下美国能源政策新取向研究》，载《中国市场》，2016年第3期，第169—173页。

② "OPEC and Non-OPEC Ministerial Meeting", https://www.opec.org/opec_web/en/press_room/3944.htm.

③ "Statistical Review of World Energy", https://www.bp.com/en/global/corporate/energy-economics/statistical-review-of-world-energy.html.

④ 同③。

⑤ 王洪一：《埃及油气开发的机遇与现实》，载《中国投资》，2017年第20期，第20—21页。

⑥ 王洪一：《埃及油气开发的机遇与现实》，载《中国投资》，2017年第20期，第20—21页；"U.S. Imports from Persian Gulf Countries of Crude Oil and Petroleum Products (Thousand Barrels per Day)", https://www.eia.gov/dnav/pet/hist/LeafHandler.ashx?n=PET&s=MTTIMUSPG2&f=A.

与利雅得展开积极沟通,由此划定双方市场份额,确保了国际能源市场的平稳运行。此外,奥巴马政府对中东的能源政策同样包含政治考量。随着对伊制裁的加码和海湾合作委员会石油产量的提升,美国迫使伊朗回到谈判桌前,最终推动了伊核协议的达成,维护了美国在中东的主导权。此外,美国油企在埃及则以帮助开罗挖掘产能为主,对国际油市的影响并不显著。表3为2009—2016年美国与中东石油贸易概况。

表3:2009—2016年美国与中东石油贸易概况　　(单位:万桶每日)

	产量	消费量	进口量	自海湾进口量	自埃及进口量	出口量
2009年	726.7	1803.0	1169.1	168.9	1.0	202.4
2010年	755.9	1832.2	1179.3	171.1	1.0	235.3
2011年	788.3	1799.7	1143.6	186.1	0.4	298.6
2012年	892.9	1758.6	1059.8	215.6	3.1	320.5
2013年	1010.0	1801.1	985.9	200.9	0.4	362.1
2014年	1180.4	1813.1	924.1	187.5	0	417.6
2015年	1278.9	1852.4	944.9	150.7	0.2	473.8
2016年	1236.1	1862.2	1005.5	176.6	1.3	526.1

资料来源:英国石油公司2022年鉴、美国能源信息署。

4. 2017—2021年:干涉中东产销,塑造能源霸权

与奥巴马时代类似,伊朗核问题与能源革命依旧是特朗普政府制定对中东能源政策的背后推手。首先,特朗普政府对伊朗的敌视政策迎合了海湾合作委员会国家的政治需求,但也给后者的石油生产与运输施加了极大的负面影响。2018年至2019年间,美国强行退出伊核协议,并禁止世界各国进口伊朗原油,由此引起伊朗的极大不满,并对密切配合美国的沙特等国进行报复。在阿曼湾油轮被袭后,2019年

9月，伊朗协助也门胡塞武装对沙特阿美石油公司的布盖格炼油厂与胡赖斯油田发动无人机袭击，导致沙特每日原油供应骤减570万桶。①面对伊朗的反攻，次月美国向沙特增派3000名士兵，并与海湾伙伴国一道组建了国际海上安全架构，确保油轮安全通过霍尔木兹海峡的"合法权利"，并"践行自身对维护航行自由和地区安全的承诺"。②

其次，就能源革命而言，在水平井压裂技术和特朗普政府优惠政策的推动下，2019年美国页岩油产量增至707.7万桶每日，在美国原油总产量中的比例达到57.8%，惠廷、切萨皮克等能源公司的销售额大幅增长，美国能源的外销能力也显著提高。③2020年年初新冠疫情暴发后，国际油市持续低迷。随着3月沙特和俄罗斯两国减产谈判破裂，利雅得将原油售价较布伦特基准调低至10.25美元每桶，创20年来最大跌幅。自4月1日起，惠廷等页岩油巨头陆续破产，美国本土能源产业遭受重创。④特朗普随即与相关各方展开积极沟通，最终促使"欧佩克+"在4月12日达成史上最大规模减产协议，同意在5月和6月减产970万桶每日。此后国际油价逐步回升，美国能源行业的生产和就业压力得到了有效缓解。⑤

就埃及而言，2015年后尼罗河三角洲盆地相继发现多个储量巨大

---

① Dion Nissenbaum, "Response to Saudi Attack Poses Test for Trump's Middle East Strategy", https://www.wsj.com/articles/response-to-saudi-attack-poses-test-for-trumps-mideast-strategy-11569595891.

② Brian H. Hook, "Special Representative for Iran and Senior Advisor to the Secretary Brian Hook", https://2017-2021.state.gov/special-representative-for-iran-and-senior-advisor-to-the-secretary-brian-hook-2/index.html; David Schenker, "China and Russia: The New Threats to Middle East Security and Stability", https://2017-2021.state.gov/china-and-russia-the-new-threats-to-middle-east-security-and-stability/index.html.

③ "BP Statistical Review of World Energy 2019 68th Edition", https://www.bp.com/content/dam/bp/business-sites/en/global/corporate/pdfs/energy-economics/statistical-review/bp-stats-review-2019-full-report.pdf.

④ Anjli Raval, "Saudi Arabia Plans Oil Capacity Boost in Latest Price War Move", https://www.ft.com/content/da47d98c-636e-11ea-a6cd-df28cc3c6a68; "Oil Price Charts", Oil Price, March 14, 2020, from https://oilprice.com/oil-price-charts/46.

⑤ "The 10th (Extraordinary) OPEC and Non-OPEC Ministerial Meeting Concludes", https://www.opec.org/opec_web/en/press_room/5891.htm.

的气田,其中意大利埃尼公司发现的祖尔气田更是具有高达8495亿立方米的储量。2017年12月建成投产后,祖尔气田于次年产出122亿立方米天然气,埃及随即重新成为天然气出口国,并成立了东地中海天然气论坛。①美国嗅到商机后,于2019年7月与埃及签署能源合作备忘录,并于次年2月凭借东地中海天然气论坛观察员国身份,帮助雪佛龙和埃克森美孚拿下在埃及西部海域勘探油气田的大单,由此为美国能源企业进军埃及、分享油气红利提供了巨大的便利。②

总之,在旨在提振本国产能的《美国优先能源计划》激励下,2017—2020年美国石油产量稳步增长,进口自海湾的石油量从174.6万桶每日跌至76.6万桶每日。③在能源自给率提升的同时,各大油企力推美国石油出口,并与沙特等国逐步建成相对稳固的能源对话机制。此外,在国际海上安全架构机制下,特朗普政府保护了海湾合作委员会国家的石油生产和运输免受伊朗的报复性袭击,由此构成对伊朗极限施压政策的重要一环。最后,埃及气田的发现也为美国能源企业找到了新的利益增长点,从而为华盛顿加强对中东能源乃至全球能源格局的控制提供了一定的积极推动力。表4为2017—2020年美国与中东石油贸易概况。

---

① 杨永平、杨佳琪:《以色列和埃及的天然气合作:动因、问题及影响》,载《阿拉伯世界研究》,2021年第3期,第105页;"Factbox: Egypt's Push to Be East Mediterranean Gas Hub", https://www.reuters.com/article/us-egypt-israel-gas-factbox/factbox-egypts-push-to-be-east-mediterranean-gas-hub-idUSKBN1ZE1ON.

② "Energy: Fuel for the Economy", https://www.amcham.org.eg/publications/business-study/126/energy-fuel-for-the-economy-november-2019; "Egypt Agrees with Five Energy Firms on Exploration in Mediterranean: Minister", https://www.reuters.com/article/us-egypt-oil-idUSKBN2090DS.

③ "Statistical Review of World Energy", https://www.bp.com/en/global/corporate/energy-economics/statistical-review-of-world-energy.html; "U. S. Imports from Persian Gulf Countries of Crude Oil and Petroleum Products (Thousand Barrels per Day)", https://www.eia.gov/dnav/pet/hist/LeafHandler.ashx?n=PET&s=MTTIMUSPG2&f=A.

表4：2017—2020年美国与中东石油贸易概况　　（单位：万桶每日）

	产量	消费量	进口量	自海湾进口量	自埃及进口量	出口量
2017年	1315.4	1887.8	1014.4	174.6	0.9	637.6
2018年	1533.4	1944.7	994.3	157.8	3.6	760.1
2019年	1707.2	1947.5	914.1	96.3	5.5	847.1
2020年	1647.6	1717.8	786.3	76.6	3.0	849.8

资料来源：英国石油公司2020年鉴、美国能源信息署。

（二）从双边自贸建设到贸易投资互通

1. 相关背景

除能源外，经贸也是美国中东政策的一个重点。1978年，美国联邦参议员威廉·富布莱特就表示："如果让产油国感到它们在美国的繁荣中有直接而具体的利益，美国的风险就会减少；而当前发展这种利益最明显的方法便是贸易和投资。"[1]中东产业结构单一、劳动力市场容量较小，难以满足各国人民日益增长的生活和就业需求。鉴于此，中东多国近年来在进口生活必需品的同时努力延长能源产业链，并发展基础工业和商贸、金融等服务业，对欧美资金、技术、设备和市场的需求与日俱增。[2]

1985年，阿联酋在迪拜建立阿里山自贸区，这是中东建立最早和规模最大的自贸区。根据阿联酋有关规定，外资在此建厂可享受100%股份；机器设备和零件进口免缴关税，企业免缴15年公司税，并可将资本和红利自由汇往境外。在加大招商引资力度后，阿联酋工业发展迅速起来。截至2012年，阿联酋已建成阿里山自贸区和穆罕默德·本·拉希德技术园区等16个较活跃的自贸区，入驻公司总数超过3000

---

[1] 杨光：《美国的中东石油外交》，载《国际经济评论》，2003年第3期，第34页。
[2] 薛英杰：《阿联酋海洋经济研究》，载《海洋经济》，2015年第4期，第54—64页。

家。①此后不久,沙特随即在国内兴建6家工业城,免除工业厂房设施、机械设备和原材料的进口关税,并将企业所得税从45%降到20%,力图借助外资推动金融、信息和科技产业发展。②

与沙特和阿联酋类似,埃及也曾推出优惠政策,试图带动全国经贸发展。自1987年起,埃及相继在纳赛尔城、亚历山大和塞得港等地兴建10个自贸区,允许区内企业免税进出口商品,并将企业生产设备的进口税率降至2%。③出于同一目的,埃及还长期依赖美国国际开发署提供的经济援助。自1975年到1996年年初,美国对埃及的经济援助总额达202亿美元,其中87亿美元用于国内经济建设,94亿美元用于进口美国商品,由此使美方援助通过商贸渠道流回本土。④

除招商引资之外,中东多国也开始主动对美投资。在高油价推动下,1973年到1987年,欧佩克累计采油净入13 072.5亿美元,其中1802.9亿美元流入美国银行、股市及房地产市场。为进一步管理石油外汇,各国纷纷设立主权财富基金,并聘请专业人士负责投资事宜。⑤就阿联酋来说,1976年成立的阿布扎比投资局是全球最大的主权财富基金。该机构由外国资金管理人掌管,所持资产50%为美元,50%—60%投向股票,20%—25%投向固定收益,其余用于房地产和对冲基金等替代性产业。就沙特而言,沙特货币局外汇控股公司资产构成全球第三大主权财富基金。该机构也由专业管理机构运作,所持资

---

① 中国信保:《阿联酋投资与经贸风险分析报告》,载《国际融资》,2007年第9期,第61—63页。

② 汪巍:《多元化助沙特摆脱石油依赖症》,http://www.agoil.cn/news/guoji/2014-06-19/2819.html。

③ Samer Soliman, *State and Industrial Capitalism in Egypt*, Cairo: American University in Cairo Press, 1998, pp.16-52;赵颖:《埃及纺织业投资指南》,载《纺织科学研究》,2020年第7期,第34—38页。

④ 杨建荣:《埃及与美国的经贸关系》,载《国际交流学院科研论文集》,1997年第4期,第57—59页。

⑤ Venugopal K. Rajuk, *Petrodollar and Its Impact on the World Economy*, New Delhi: Indus Publishing Company, 1990, pp.318-319.

产70%—80%为美元,80%投向美国短期国债等政府债券。①由此一来,中东经济多元化水平逐渐提高,美国金融业和制造业的运转也得到了进一步的保障。

2. 2001—2009年：提出自贸倡议,开辟合作领域

沙特非油企业规模小、效率低,需从美国进口大量轻工产品、机械设备和技术专利以推动经济建设。到2000年,美沙双边贸易额达205.99亿美元。其中,美国对沙特出口62.342亿美元,自沙特进口143.68亿美元,成为沙特最大的贸易伙伴。②在小布什政府美国-中东自贸区倡议的推动下,沙特先于2003年与美国缔结贸易与投资框架协定,后在2005年11月正式加入世界贸易组织。③受此影响,2001年到2008年间美沙货物贸易由191.848亿美元增至672.316亿美元,从而拓展了两国经济交流的深度,加强了双边战略伙伴关系。④

此外,沙特对美投资的重要性同样不可小视。法赫德国王继位后,沙特资金大量流入美国银行、股市及地产等多个领域,总额迅速增加。随着"9·11"事件的爆发,美国安全形势日趋严峻。截至2002年,沙特已有1000亿至6000亿美元资金出逃美国,但剩余的在美资金依旧有5000亿到7000亿美元,占其海外总投资的75%。⑤2007年,沙特

---

① 姜英梅:《中东金融体系发展研究——国际政治经济学的视角》,北京:中国社会科学出版社,2011年版,第315页;Brad Setser and Rachel Ziemba, "Understanding the New Financial Superpower: the Management of GCC Official Foreign Assets", Council on Foreign Relations, RGE Monitor, 2007; "GCC Sovereign Funds: Reversal of Fortune", Council on Foreign Relations, Center for Geo-Economic Studies Working Paper, 2009;关雪凌、刘西:《全球主权财富基金:现状、原因与影响》,载《中国人民大学学报》,2008年第5期,第72—79页。

② "Trade in Goods with Saudi Arabia", https://www.census.gov/foreign-trade/balance/index.html.

③ "Joint Press Availability with Saudi Foreign Minister Saud", https://2001-2009.state.gov/secretary/rm/2005/56821.htm.

④ "Trade in Goods with Saudi Arabia", https://www.census.gov/foreign-trade/balance/index.html.

⑤ Robert G. Kaiser, "Enormous Wealth Spilled into American Coffers", https://www.washingtonpost.com/archive/politics/2002/02/11/enormous-wealth-spilled-into-american-coffers/2b6c47ff-5420-44f8-8146-e82560c41962/.

基础工业公司出资116亿美元买下通用电气公司塑料业务,沙特资本开始涉足美国实体经济,由此实现了投资组合多元化,推动了美沙经贸关系的逐步升级。①

自1972年建国以来,阿联酋一直以其能源收入进口他国食品、机械和工业制品,其中自美国进口约占10%—12%,是阿联酋的重要进口来源国。②例如,自20世纪90年代以来,美制电子产品愈发受到阿联酋市场欢迎。2000年1月,迪拜成立全球首个信息技术发展自由区——迪拜网络城,并对入驻企业给予税收优惠。截至2007年,已有微软、甲骨文、惠普、IBM等400余家欧美巨头进驻网络城,使阿联酋当年电子商务交易总额增至11亿美元。③

受经济多元化政策的推动,阿联酋纺织品和铝制品逐步占据了美国市场。2004年,阿联酋纺织品出口额达115亿迪拉姆,其中不少流向欧美,而迪拜更是出资6000万美元启动纺织城项目,巩固了阿联酋作为欧美纺织品制造基地的地位。④与此同时,在中东第二大铝厂迪拜铝厂巨大产能的推动下,2002年阿联酋对美出口4.50万吨铝及铝制品,成功跻身美国第三大进口产地之列。⑤2004年,阿联酋同美国签署贸易与投资框架协定,并展开自由贸易谈判。截至2008年,尽管自由贸易协定未能成型,但美阿货物贸易额依旧达157.036亿美元,较

---

① Diana Farrell and Susan Lund,"The New Role of Oil Wealth in the World Economy", https://dbr.donga.com/article/view/1401/article_no/891/ac/magazine.
② 安维华、钱雪梅主编:《海湾石油新论》,北京:社会科学文献出版社,2000年版,第223页。
③ 洪永涛:《阿联酋高新技术产品市场广大,竞争激烈》,载《世界机电经贸信息》,2001年第8期,第46—49页;杨坚争、夏云超:《阿联酋电子商务的发展》,载《电子商务》,2009年第8期,第14—15页。
④ "ITCE Dubai 2004 Opens:Emirate's Textiles Imports Hit Dh 11.5 Billion", https://www.albawaba.com/business/itce-dubai-2004-opens-emirates-textiles-imports-hit-dh-115-billion;"ITCE Dubai 2004 to Target US $ 11 Billion Middle East Textile Industry", http://wam.ae/en/details/1395226498244.
⑤ "Country File:UAE", *Economist Intelligence Unit*, 2007, p.35;全菲:《阿拉伯联合酋长国投资市场分析》,载《西亚非洲》,2009年第3期,第63—68页。

2001年增长309.78%，阿联酋成为美国在中东的第三大贸易伙伴。①

在小布什政府时期，美阿投资往来热络。对美国而言，高新技术一直是投资重点。2008年7月，阿联酋设立核能计划执行机构后，与美国西图公司签署为期十年的核能咨询服务协议，由此为两国开展民用核能合作奠定基础。②相比高新技术，阿联酋资本更加青睐金融和地产板块。2007年，阿布扎比投资局出资75亿美元，买下花旗集团4.9%的股份，成为其最大股东；③而伊玛尔地产集团以10.5亿美元购得约翰·莱恩之家地产公司，进一步拓展了美国市场。④在此背景下，美国和阿联酋于2008年3月就主权基金投资的相关规范达成共识，加强了双方在投资领域的政策协调，从而实现双赢。⑤

与沙特和阿联酋类似，埃及也有部分油气资源，但国民经济整体水平落后，对美贸易长期逆差。1996年埃美贸易总额为38.59亿美元，其中埃及进口额为31.46亿美元，以美国农产品和机械设备为主；出口额仅为7.13亿美元，多由纺织品及油气构成，贸易逆差十分明显。⑥1999年，埃美签署贸易与投资框架协定，为两国在贸易和投资领域开展合作提供了政策平台，从此加快了埃及新自由主义经济改革的步伐。但此后受巴以冲突影响，2001年到2004年美埃货物贸易上升乏力，总额一直徘徊在40亿美元上下。2004年12月美国、以色列和

---

① "Middle East Free Trade Initiative", https://ustr.gov/about-us/policy-offices/press-office/fact-sheets/archives/2003/june/middle-east-free-trade-initiative; "Trade in Goods with United Arab Emirates", https://www.census.gov/foreign-trade/balance/c5200.html.

② "CH2M Hill to Manage UAE Nuclear Power Programme", https://www.meed.com/ch2m-hill-to-manage-uae-nuclear-power-programme/.

③ "Citi to Sell ＄7.5 Billion of Equity Units to the Abu Dhabi Investment Authority", https://www.citigroup.com/citi/news/2007/071126j.htm.

④ "Emaar Acquires U.S.-Based Builder John Laing Homes", https://www.theglobeandmail.com/report-on-business/emaar-acquires-us-based-builder-john-laing-homes/article710098/.

⑤ "Treasury Reaches Agreement on Principles for Sovereign Wealth Fund Investment with Singapore and Abu Dhabi", https://home.treasury.gov/news/press-releases/20083201554621374.

⑥ Igor S. Oleynik, *Egypt Foreign Policy and Government Guide*, Washington D.C.: International Business Published, 2001, p.321.

埃及签署合格工业区协议后,埃及获准在开罗等地兴建7个工业区,其中所生产的产品只要含有10.5%以上的以色列工业或服务成分,将免税进入美国市场。在此背景下,2008年美埃双边货物贸易总额高达83.726亿美元,相较2005年增长59.46%。①

就投资而言,从20世纪70年代到2011年,美国在电力项目上对埃投资18亿美元,贡献了约三分之一的产能。此外,美资也广泛分布于埃及制造业和金融业,推动了开罗的经济现代化进程,在2006年至2010年间埃及四度跻身世界银行《营商环境报告》榜单前十名。②

总的来说,在美国-中东自贸区倡议下,小布什政府先后与摩洛哥、巴林和阿曼签署自贸协定,免除对方90%以上出口商品的关税,而埃及、约旦、黎巴嫩等国也被纳入特惠制内,由此为美国与中东国家加强双边经贸合作提供了平台。截至2008年,美国-中东贸易总额增至2054亿美元,其中自中东进口以油气为主,占比78.43%;对中东出口以机械和交通设施为主,占比52.99%,美国和中东国家之间的商贸潜力由此得到进一步开发。③ 表5为2008年美国与中东贸易概况。

表5:2008年美国与中东贸易概况

	数额(亿美元)	总额占比(%)	主要商品类别(数额,亿美元)
美国对中东的商品出口	668	5.1(美国第四大出口市场)	机械(123) 车辆(104) 飞机(84) 宝石(69) 电气机械(45)

---

① 《对外投资合作国别(地区)指南:埃及(2018年版)》,https://www.yidaiyilu.gov.cn/wcm.files/upload/CMSydylgw/201902/201902010516015.pdf;"Trade in Goods with Egypt",https://www.census.gov/foreign-trade/balance/c7290.html。

② "Assistance to Egypt",https://2009-2017.state.gov/r/pa/prs/ps/2011/05/163818.htm。

③ "Middle East Free Trade Initiative",https://ustr.gov/about-us/policy-offices/press-office/fact-sheets/archives/2003/june/middle-east-free-trade-initiative;"Middle East/North Africa(MENA)",https://ustr.gov/countries-regions/europe-middle-east/middle-east/north-africa。

续表

	数额（亿美元）	总额占比（%）	主要商品类别（数额，亿美元）
美国自中东的商品进口	1386	6.6（美国第五大进口供应商）	矿物燃料和石油（1087） 贵金属（103） 药品（37） 电机（17） 机械（15）

资料来源：美国贸易代表办公室。

在投资领域，美国和中东国家也开展了富有成效的合作。2005年11月，美国与埃及等伙伴国集资9100万美元启动未来基金计划，由此推动了中东国家中小企业的发展，满足了当地青年人口的就业需求。截至2007年，美国在大中东地区的外国直接投资增至421亿美元，同比增长14.7%。①在雄厚资金的支撑下，金融危机期间中东对外投资也非常强劲。2007年11月至2008年10月期间，中东主权财富基金仅对欧美金融机构的融资便高达580亿美元，有助于挽救了处于颓势的美元，加速了西方乃至全球经济的复苏。②

由此可见，在美国-中东自由贸易区倡议和"大中东北非伙伴关系计划"等官方倡议的推动下，2001年到2009年间美国与中东国家之间的贸易和投资存量都实现了史无前例的增长，由此加强了双边经贸伙伴关系，提升了中东的经济自由化水平，也为美国向中东国家推广所谓"民主"政治、重塑地缘格局提供了契机。

3. 2009—2017年：加强伙伴关系，拓展交流深度

奥巴马政府期间，美国和沙特深化了在贸易与投资领域的伙伴关系。

作为沙特最大的贸易伙伴，奥巴马时代的美国不仅是沙特能源的

---

① "Briefing to Preview Secretary Rice's Middle East Travel", https://2001-2009.state.gov/r/pa/prs/ps/2005/56734.htm.

② Mehmet Asutay, "GCC Sovereign Wealth Funds and Their Role in the European and American Markets", *Equilibri*, Vol. 12, No. 3, 2008, pp. 335-354.

重要买家，更是沙特所需工业制成品的核心供货商。2016 年，美沙货物贸易总额达 349.95 亿美元，其中美国对沙特出口额为 180.07 亿美元，以除汽车外的资本货物为主；自沙特进口额为 169.88 亿美元，以工业用品和材料为主，美国首次实现贸易顺差。①

奥巴马任期内美沙同样保持着高频度的投资往来。一方面，美国对沙特投资多集中在能源和高科技板块。具体来说，2012 年 6 月，埃克森美孚便与沙特基础工业公司签署协议，同意在阿布朱拜勒联合兴建生产丁基橡胶的世界级工厂。②2016 年 5 月，通用电气又和沙特工业投资公司达成总价值超 14 亿美元的协议，承诺为沙特兴建发光二极管（LED）灯生产工厂和军机引擎修理厂，并提供技术人员培训服务，由此帮助沙特完善本土产业链、提振出口竞争力。③至 2016 年年底，美国对沙特直接投资达 101.64 亿美元，较 2011 年增长 24.99%，在沙特创造了 431.02 亿美元的销售额，由此拉动了沙特经济的多元化发展。④

另一方面，沙特对美国投资同样不少。2012 年到 2016 年，沙特在美企业年均销售额达 751.91 亿美元。⑤鉴于沙特资金对美国经济的重要性，奥巴马否决了 2016 年 5 月国会通过的反支持恐怖主义者法案，拒绝美国"9·11"事件受害者家属向沙特索赔的请求，保住了沙特在美的几千亿美元资产，维护了美国经济的稳定。⑥

在奥巴马政府的推动下，2009 年后美阿经济伙伴关系得到进一步巩固。2009 年到 2016 年，美阿贸易高速增长。就阿联酋进口而言，

---

① "Saudi Arabia—International Trade and Investment Country Facts", https://apps.bea.gov/international/factsheet/factsheet.html#511.

② "SABIC and Exxon Mobil to Proceed with Specialty Elastomers Project at Al-Jubail", https://www.businesswire.com/news/home/20120625006125/en/SABIC-and-ExxonMobil-to-Proceed-with-Specialty-Elastomers-Project-at-Al-Jubail.

③ Jon Gambrell, "GE Announces Deals Worth over $1.4 Billion with Saudi Arabia", https://apnews.com/article/3b24c763ee334f30b18bdf6d6bc214c5.

④ 同①。

⑤ 同①。

⑥ Matthew Zeitlin, "Saudi Ownership of U.S. Debt Revealed for First Time", https://www.buzzfeed.com/matthewzeitlin/saudi-ownership-of-us-debt-revealed-for-first-time.

机械设备和交通工具占比不小。在2013年的迪拜航空展上,三家阿联酋航空公司出资140亿美元,自波音购得多架配有电气发动机的飞机。① 就阿联酋出口来说,纺织品依旧举足轻重。以2013年为例,阿联酋仅阿里山自贸区内就有近120家服装厂,年产值约1亿美元,其中不少产品销往美国。② 截至2016年,美阿货物贸易总额为257.551亿美元,其中美国顺差为190.139亿美元,由此帮助华盛顿巩固了阿联酋第二大贸易伙伴的地位。③

除此之外,美阿在投资领域也展开了大量合作。随着金融海啸的退潮,2011年后美国对阿联酋能源等领域的投资总体呈增长态势。2011年2月,阿布扎比石油炼制公司与美国通用技术国际公司签约,获准使用后者技术并扩建位于鲁维斯的炼油厂。次年8月,美国康弗丁等外企还与阿联酋核能公司签订总价值为30亿美元的合同,承诺在未来15年内为巴拉卡核电站提供燃料供应和浓缩服务。④ 2011年到2016年,美国对阿联酋直接投资大涨107.47%至136.99亿美元,销售额达237.04亿美元,进一步推动了阿联酋国民经济的复苏。⑤

与此同时,阿联酋对美投资也值得一提。2009年12月,迪拜世界与美国米高梅国际酒店集团合作开展的拉斯维加斯城市中心项目正式

---

① Anne W. Patterson, "Remarks at the U. S. -U. A. E. Business Council and AmCham Abu Dhabi Policy Luncheon", https://2009-2017.state.gov/p/nea/rls/rm/224038.htm.

② 张娟:《迪拜杰贝·阿里自由贸易区(JAFZA)解密》,载《国际市场》,2014年第5期,第37—40页。

③ "Trade in Goods with United Arab Emirates", https://www.census.gov/foreign-trade/balance/c5200.html.

④ "GTC Technology Awarded Mass Transfer Equipment Contract for Ruwais Refinery Expansion", https://www.digitalrefining.com/news/1002048/gtc-technology-awarded-mass-transfer-equipment-contract-for-ruwais-refinery-expansion#.YqiQwi21Gu4; Stanley Carvalho and Maha El Dahan, "UPDATE 1-UAE Awards Nuclear Fuel Supply Contracts, Worth ＄3 Bln", https://www.reuters.com/article/uae-nuclear-contracts-idINL6E8JF3IE20120815.

⑤ "United Arab Emirates—International Trade and Investment Country Facts", https://apps.bea.gov/international/factsheet/factsheet.html#513.

竣工。该项目花费共计85亿美元，满足了4.9万美国人的就业需求。① 2016年，阿联酋对美直接投资稳定在27.96亿美元，为美国提供了1.2万个就业岗位。②

奥巴马执政期间，美埃经贸往来经历大起大落。2009年到2012年，美埃贸易总体保持高位增长。2013年至2016年，双边货物贸易受军事政变影响下降26.67%至49.79亿美元。③为维护美埃合作大局，华盛顿特意降低埃及获得免税出口待遇的门槛，由此使2014年合格工业区对美出口总额保持在8亿美元，其中大部分为成衣，支撑了28万个工作岗位，帮助美国跻身埃及贸易伙伴前三名之列。④

美国对埃及投资同样起伏不定。鉴于埃及成功实现所谓"民主转型"，2011年到2013年美国年均对埃及直接投资达171.88亿美元，支撑了约2.8万个工作岗位。⑤2013年穆尔西下台后，基于地缘政治考量，美国在冻结大量对埃援助之余，仍与埃方保持了一定的投资往来。就官方层面，埃及-美国企业基金总额在2013年3月成立后的两年里从6000万美元增至1.2亿美元，由此为埃及年轻人提供了在私营企业工作的机会。埃及政府则在2015年3月颁布《新投资法》，力图简化外资审批流程，帮助美企更好地融入埃及市场。在民间层面，仅2015年年初，可口可乐和通用电气等公司对埃及投资便达5亿美元，进一步支持了私营经济的发展。截至2016年，美国对埃及直接投资稳定在105.45亿美元，在埃及企业销售总额达119.32亿美元，为埃及经济

---

① Buck Wargo, "Analyst: City Center's Opening Will 'Push Economy Forward'", https://web.archive.org/web/20100829052719.

② "United Arab Emirates – International Trade and Investment Country Facts", https://apps.bea.gov/international/factsheet/factsheet.html#513.

③ "Trade in Goods with Egypt", https://www.census.gov/foreign-trade/balance/c7290.html.

④ John Kerry, "Remarks at the Opening Plenary of the Egypt Economic Development Conference", https://2009-2017.state.gov/secretary/remarks/2015/03/238872.htm.

⑤ "Egypt—International Trade and Investment Country Facts", https://apps.bea.gov/international/factsheet/factsheet.html#410.

复苏注入了新动力。①

从中东的大视角来看,2011 年到 2014 年美国与中东贸易规模总体呈上升态势,中东年均顺差达 299.42 亿美元。受美国页岩革命和中东动荡加剧影响,2015 年后双边贸易总额开始下降,但美国也摆脱贸易逆差,使自己在与中东的贸易中取得更多的优势地位。② 表 6 为 2011—2016 年美国与中东贸易概况。

表 6:2011—2016 年美国与中东贸易概况 (单位:亿美元)

	2011 年	2012 年	2013 年	2014 年	2015 年	2016 年
美国出口	823.17	956.12	1005.28	1021.52	1021.72	989.36
美国进口	1242.58	1335.51	1227.62	1198.07	793.70	729.43

资料来源:美国商务部经济分析局。

除贸易外,双边投资往来也比较频繁。在海外私人投资公司、多维尔伙伴关系过渡基金和国内发展筹资等官方倡议及民间交易的推动下,2012 年到 2016 年间美国对中东能源、运输、金融等领域年均投资达 480.194 亿美元,为后者提供了 12.8 万个就业岗位,并推动了地区私营企业的发展。③ 2014 年至 2016 年中东对美直接投资从 164.67 亿美元回升至 241.69 亿美元,在美企业销售额达 789.27 亿美元。④ 表 7 为 2011—2016 年美国与中东直接投资概况。

---

① John Kerry, "Remarks at the Opening Plenary of the Egypt Economic Development Conference", https://2009 - 2017. state. gov/secretary/remarks/2015/03/238872. htm; "Background Briefing Previewing Travel to Egypt", https://2009-2017. state. gov/r/pa/prs/ps/2015/03/238853. htm; "Egypt—International Trade and Investment Country Facts", https://apps. bea. gov/international/factsheet/factsheet. html#410.

② "Middle East—International Trade and Investment Country Facts", https://apps. bea. gov/international/factsheet/factsheet. html#599.

③ Jose W. Fernandez,"Employing Economic Tools to Address MENA's Challenges", https://2009 - 2017. state. gov/e/eb/rls/rm/2012/200003. htm; "The Deauville Partnership with Arab Countries in Transition of the Meeting on Policies for Small and Medium-Sized Enterprises", https://2009-2017. state. gov/r/pa/prs/ps/2012/11/200330. htm.

④ 同②。

表7：2011—2016年美国与中东直接投资概况

	2011年	2012年	2013年	2014年	2015年	2016年
美国对中东直接投资（亿美元）	359.51	403.06	453.99	554.67	498.02	491.23
美国在中东企业雇工人数（万）		11.9	12.1	13.2	13.2	13.6
美国在中东企业销售总额（亿美元）		752.85	741.22	750.92	646.73	611.35
中东对美国直接投资（亿美元）	194.63	183.74	179.44	164.67	175.82	241.69
中东在美国企业雇工人数（万）		5.7	5.7	5.9	6.2	6.3
中东在美国企业销售总额（亿美元）		1140.46	1061.60	1049.18	801.78	789.27

资料来源：美国商务部经济分析局。

总的来说，2009年到2017年间美国与中东贸易和投资往来一直保持在较高水平，由此一方面巩固了双边经贸伙伴关系，促进了全球经济复苏；一方面加快了中东各国的经济改革进程，从而为美国实现中东所谓"民主"改造计划、巩固自身霸权提供了助力。

4. 2017—2021年：推动经贸融合，力求双向互通

2017年到2020年，沙特是美国全球第27大和中东第一大贸易伙伴，在此期间，沙特对美出口大量油气和化工产品，自美进口以运输设备、工业机械及专业服务为主，双边年均贸易额达408.84亿美元，其中美国顺差为53.98亿美元，支撑了国内超16.5万个工作岗位。[①]

[①] "U.S. Relations with Saudi Arabia, Bilateral Relations Fact Sheet", https://2017-2021.state.gov/u-s-relations-with-saudi-arabia/index.html; "Saudi Arabia—International Trade and Investment Country Facts", https://apps.bea.gov/international/factsheet/factsheet.html#511; "U.S.-Saudi Arabia Trade Facts", https://ustr.gov/countries-regions/europe-middle-east/middle-eastnorth-africa/saudi-arabia.

除贸易外,美沙双边投资也往来频繁。作为沙特最大的外国直接投资来源,2016年起美企对沙特基建的投资大幅增长。继在沙特公映首部电影后,美国电影院线先后在沙特全境开办50家影院。与此同时,利雅得更与美企签订2.67亿美元订单,授权后者兴建地铁车厢工厂,以此为更多美企赴沙投资营造良好环境。① 2018年,美国对沙直接投资增至108.07亿美元,在沙企业销售额达94.74亿美元,提供了2.1万个工作岗位,缓解了沙特的就业压力。②

此外,沙特也是美国能源和科技巨头重要的投资来源。2017年4月,沙特基础工业公司与埃克森美孚签署协议,决定就是否在美国墨西哥湾沿岸合资兴建石化综合体展开可行性研究。③与此同时,沙特主权财富基金也出巨资买入优步、特斯拉等美国高新技术企业的股份,力图推动经济多元化进程。2018年3月到4月访美期间,穆罕默德王储会见微软、苹果、脸书等硅谷巨头,表示愿同这些高科技公司加强合作。④截至2018年年底,沙特对美直接投资达77.38亿美元,为美国提供了近万个工作岗位。鉴于此,卡舒吉遇害后特朗普仅口头谴责沙特,并顶住国内外的巨大压力,拒绝对沙启动制裁。⑤

2017年到2020年,美国与阿联酋积极开展经济合作,双边投资和贸易实现强劲增长。阿联酋是美国全球第30大贸易伙伴,2017年至

---

① "The United States and Saudi Arabia Advance Decades of Cooperation", https://2017-2021.state.gov/the-united-states-and-saudi-arabia-advance-decades-of-cooperation/index.html; "Saudi Arabia Awards $14bln Railway Projects Contracts", http://www.tradearabia.com/articles/section/CONS.

② "Saudi Arabia—International Trade and Investment Country Facts", https://apps.bea.gov/international/factsheet/factsheet.html#511.

③ "SABIC Picks Texas for Potential Project with Exxon Mobil", https://www.reuters.com/article/sabic-exxon-idUKL8N1HR3QF.

④ 丁隆、黄兰:《萨勒曼继任以来沙特外交政策的调整与前景》,载《当代世界》,2020年第2期,第11—19页。

⑤ Conor Finnegan, "Trump 'Not Satisfied' with Saudi Response to Khashoggi Killing, but Not Willing to Risk Arms Sales", https://abcnews.go.com/Politics/trump-satisfied-saudi-response-khashoggi-killing-riskarms/story?id=58670976; "Saudi Arabia-International Trade and Investment Country Facts", https://apps.bea.gov/international/factsheet/factsheet.html#511.

2019年，美国对阿联酋出口不少交通设施及机械设备，并自阿联酋进口大批油气和金属制品，由此使双边商品贸易额增至243亿美元，为美国提供了16.7万个工作岗位。①

在投资领域，美阿双边互动频繁。一方面，随着阿联酋的商业腾飞，2016年以来大量欧美企业入驻阿联酋。2017年到2018年，美国对阿联酋直接投资增加11.74亿美元至180.55亿美元，在阿联酋企业销售额增长7.59%至281.25亿美元，为阿联酋采矿、基建、医疗和制造业提供了约3万个工作岗位。另一方面，2017年到2019年，阿联酋对美国直接投资也从113.41亿美元增加到174.22亿美元，在美国企业销售总额由94.42亿美元增至121.56亿美元，为美国提供年均1.4万个就业机会，同时也推动了自身经济的可持续发展。②

特朗普在任时，华盛顿与埃及的双边经贸关系得到强化。在合格工业区协议推动下，大量埃及油气、服装和蔬果涌进美国市场，美国粮食、燃料和机械也成为埃及市场上的畅销货。美埃双边货物贸易总额由2017年的56.241亿美元增至2020年的68.422亿美元，增幅达21.66%，埃及也由此成为美国第47大商品贸易伙伴。③就投资而言，2017年到2019年，美国平均每年在埃及能源、基建、酒店和金融行业投资110亿美元，在埃及企业年均销售总额高达125亿美元，支撑起大约4万个私营企业岗位，推动了埃及"2030愿景"计划的落实。④

---

① "Joint Statement on the Launch of the U. S.–UAE Strategic Dialogue", https://2017-2021. state. gov/joint-statement-on-the-launch-of-the-u-s-uae-strategic-dialogue/index. html; "U. S.-United Arab Emirates Trade Facts", https://ustr. gov/countries-regions/europe-middle-east/middle-east/north-africa/united-arab-emirates.

② "United Arab Emirates—International Trade and Investment Country Facts", https://apps. bea. gov/international/factsheet/factsheet. html#513.

③ "Trade in Goods with Egypt", https://www. census. gov/foreign-trade/balance/c7290. html; "U. S.-Egypt Trade Facts", https://ustr. gov/countries-regions/europe-middle-east/middle-east/north-africa/egypt.

④ "U. S. Relations with Egypt", https://2017-2021. state. gov/u-s-relations-with-egypt/index. html; "Egypt—International Trade and Investment Country Facts", https://apps. bea. gov/international/factsheet/factsheet. html#410.

总而言之，2017年至2020年，美国与中东之间的贸易总额持续增长，除机械设备及油气外，日用消费品及服务也在进出口中占据不少比重，由此使双边贸易类型较此前更加均衡。① 表8为2017—2020年美国与中东贸易概况。

表8：2017—2020年美国与中东贸易概况　　（单位：亿美元）

	2017年	2018年	2019年	2020年
美国出口	972.48	982.70	1002.87	749.43
美国进口	796.35	886.33	700.66	498.25

资料来源：美国商务部经济分析局。

就投资而言，2017年后美国对中东直接投资增长20.98%至901.24亿美元，推动了中东各国的经济多元化进程。与此同时，在巨额主权财富基金支撑下，截至2019年中东对美直接投资达415.60亿美元，比2017年提高30.90%，由此不仅通过石油美元巩固了美国制造业和金融业的根基，也为美国民众提供了6.8万个工作岗位，起到了改善民生的作用。② 表9为2017—2020年美国与中东直接投资概况。

表9：2017—2020年美国与中东直接投资概况

	2017年	2018年	2019年	2020年
美国对中东直接投资（亿美元）	745.09	769.45	823.86	901.24
美国在中东企业雇工人数（万）	14.1	14.3		
美国在中东企业销售总额（亿美元）	657.59	713.99		

---

① "Middle East—International Trade and Investment Country Facts", https://apps.bea.gov/international/factsheet/factsheet.html#599.

② 同①。

续表

	2017 年	2018 年	2019 年	2020 年
中东对美国直接投资（亿美元）	317.50	378.27	415.60	424.97
中东在美国企业雇工人数（万）	6.9	6.8	6.8	
中东在美国企业销售总额（亿美元）	641.61	785.83	797.93	

资料来源：美国商务部经济分析局。

（三）军售稳步升级，大单相继签署

1. 相关背景

受《中立法案》限制，20 世纪初美国对外武器转让屈指可数。1941 年美国国会通过《租借法案》后，军工复合体接到大批武器研发和生产订单，现代美国军备销售和援助制度初具雏形。二战结束不久，美国便开始为中东盟国提供各式武器，以此遏制苏联南下印度洋的步伐。截至 1970 年，美国对中东武器转让以军事援助为主，武器出售居次要地位。[1]

随着美国陷入越战泥潭，尼克松号召盟友承担更大防务责任，并将支持重心由地面部队培训转向武器销售方面。受此影响，美国对中东的军事销售逐渐超过军事援助。到 1974 年，美国对中东武器转让总额达 360 亿美元，而军事援助只占约 10%。[2]在整个 20 世纪下半叶，美国对中东交付武器总价值为 1389.01 亿美元，占美国军事装备交付总额的 52.24%，由此不仅深化了美国与中东国家之间的安全合作，也推

---

[1] William H. Mott, *United States Military Assistance: An Empirical Perspective*, Westport: Greenwood Press, 2002, p. 19.

[2] William J. Durch, *Constructing Regional Security: The Role of Arms Transfers, Arms Control, and Reassurance*, New York City, N. Y.: Palgrave, 2000, p. 19.

动了美国国内军工复合体乃至国民经济的健康运转。①

就沙特而言，阿卜杜勒·阿齐兹国王早在统一全国之初便与美国建立了安全伙伴关系。1951年6月，沙特外交大臣与美国驻沙大使达成《联防互助协定》和《达兰机场协定》。依据相关条款，沙特允许美国在随后五年使用达兰空军基地，美国则同意向沙特提供M-41轻型坦克和B-26轰炸机、派遣顾问帮助沙方训练部队。②随着苏联对中东渗透的加剧，1969年尼克松推出"双柱"政策，决心通过武装沙特和伊朗维护美国在中东的影响力。在此背景之下，1974年沙特与美国正式成立防务合作混合委员会，并接受了美国制定的全面军事现代化规划，从而进一步推动了沙特与美国军贸额度的持续上升。③20世纪下半叶至1999年，美国累计向沙特交付了714.16亿美元的军火，占美国对中东军售总额的51.42%，美沙军事合作由此达到新高度。④

阿联酋号称中东的"小斯巴达"，同样是美国军火的重要买家。海湾战争后，阿联酋立即启动扩军进程，将50%军事预算用于采购。⑤仅1998年5月阿布扎比王储谢赫·哈利法访美期间，阿联酋便与美国签署购入80架F-16 Block 60沙漠雄鹰战机的协议。⑥1950年到1999年，美国对阿联酋军售总额达15.91亿美元，占双边协议交易金额的91.33%，加快了阿联酋军备升级的步伐。⑦

---

① "Arms Sales in the Middle East: Trends and Analytic Perspectives for U. S. Policy", https://www.everycrsreport.com/files/20171011_R44984_9c5999ba29006bc29d0363590f5e21d9c3183668.pdf.

② Paul Aarts and Gerd Nonneman, *Saudi Arabia in the Balance*, New York City, N. Y.: New York University Press, 2005, p.377.

③ 梅新育：《美国与沙特关系何去何从》，载《21世纪经济报道》，2016年4月27日，第4版。

④ 同②。

⑤ 王宏伟：《阿联酋的军火贸易》，载《阿拉伯世界》，2001年第4期，第48—51页。

⑥ United Arab Emirates: U. S. Relations and F-16 Aircraft Sale ", https://www.everycrsreport.com/files/20000615_98-436_92abfc92e857e4f5508bee23c3487a0d3ec8ea87.pdf.

⑦ "Arms Sales in the Middle East: Trends and Analytic Perspectives for U. S. Policy", https://www.everycrsreport.com/files/20171011_R44984_9c5999ba29006bc29d0363590f5e21d9c3183668.pdf.

埃及也很重视对美军事合作。1976年埃及废除《埃苏友好条约》后,美国随即对埃出售6架C-130运输机,由此达成两国间第一笔军事交易。①自1978年起,美国向埃及提供年均13亿美元的军事援助。埃及收到相关款项后,都会先将其存入美国纽约联邦储备银行,随后转入财政部名下的一家信托基金,继而汇入美国武器制造商的账户中,最后由美国武器制造商为埃及生产军火成品。② 1950年至1999年间,美国向埃及交付了价值为149.92亿美元的军事装备,占美国对中东军售总额的10.79%,使埃及成为美国军火在中东地区仅次于沙特和以色列的第三大买家。③

2. 2001—2009年:维持转让体系,军售金额缓慢上涨

小布什自上任伊始就任命了多名有军工背景的高官。例如,其首任国防部部长拉姆斯菲尔德和财政部部长保罗·奥尼尔在进入内阁前曾分别是兰德公司的董事长和主席,而第二任财政部长约翰·史诺则曾在主营飞机和军舰生产的德士隆公司担任董事。通过此举,小布什政府为武器制造商在中东等地拓展业务提供便利。

2001年后,沙特一直是美国军火的最大客户。以2007年7月美国与海湾六国达成的军售协议为例,华盛顿同意向利雅得提供导弹防御系统等先进武器,并于2008年1月售出首批价值为1.23亿美元的900个精确制导炸弹套件。④到2008年年底,小布什政府通过国会授权的对

---

① United States Senate, Ninety - Forth Congress, Second Session, in Hearings Before the Subcommittee on Foreign Assistance of the Committee on Foreign Relations, Washington, D. C. : U. S. Government Printing Office, "Cash Sale to Egypt of Six C - 130 Aircraft and Training of Egyptian Personnel";沈鹏、周琪:《美国对以色列和埃及的援助:动因、现状与比较》,载《美国研究》,2015年第2期,第9—32页。

② 顾伟:《美国恢复援助"法老军团",埃及再获新造M1A1主战坦克》,载《坦克装甲车辆》,2016年第3期,第34—35页。

③ "Arms Sales in the Middle East: Trends and Analytic Perspectives for U. S. Policy", https://www. everycrsreport. com/files/20171011_R44984_9c5999ba29006bc29d0363590f5e21d9c3183668. pdf.

④ "U. S. Unveils Military - Aid Package for Middle East Allies", https://www. rferl. org/a/1077894. html; "Bush Delivers Major Arms Sale to Saudis", https://www. cbsnews. com/news/bush-delivers-major-arms-sale-to-saudis/.

沙特军售总额达到223.4亿美元，其中44.0%即98.3亿美元完成了交付程序。这种大规模军售增强了沙特对付伊朗的信心，也有助于塑造有利于美国的地缘政治环境。①

除沙特外，阿联酋也是美国对外军售的重要市场。2005年5月，美国洛克希德·马丁公司开始向阿联酋交付80架F-16E Bolck 60战机，并向阿布扎比提供人员培训和设备维护服务。②截至2008年，小布什政府经国会授权的对阿联酋军售总额达123.5亿美元，其中18.8亿美元完成交付，由此加速了阿联酋的军备更新，为两国开展进一步合作拓展了空间。③

2001年到2008年，美国与埃及在安全领域持续合作。截至小布什卸任，美国对埃及军事援助达101.5亿美元，武器交付总额也有103.3亿美元之多，由此提升了埃及维持地区稳定的能力。④

就整个中东而言，伊拉克战争爆发后，沙特、阿联酋等国开始大量采购美式装备以求自保。2007年7月30日，美国更与中东各国达成一揽子军事合作协议，计划在未来十年为以色列和埃及提供430亿美元军事援助，并向海湾合作委员会成员国出售一系列高精尖武器装备，以此提升中东伙伴国"在对抗激进势力方面的信心"，巩固自身"在推进中东和平上扮演的领导角色"。⑤截至2008年年底，小布什政府累计对外交付了价值为1263.4亿美元的军火，其中37.5%即474.1亿美元流向中东地区，由此在维持美国军工复合体运转的同时，提升了中

---

① "Arms Sales Dashboard", https://securityassistance.org/arm-sales/.
② "UAE to Take Delivery of First of 80 F-16s in May: Air Force Chief", http://wam.ae/en/details/1395227368925; "United Arab Emirates Celebrates Arrival of First Lockheed Martin F-16E/Fs", https://news.lockheedmartin.com/2005-05-04-United-Arab-Emirates-Celebrates-Arrival-of-First-Lockheed-Martin-F-16E-Fs.
③ 同①。
④ "Egypt: Background and U. S. Relations", https://crsreports.congress.gov/product/pdf/RL/RL33003; "Arms Sales Dashboard", https://securityassistance.org/arm-sales/.
⑤ "U. S. Unveils Military-Aid Package for Middle East Allies", https://www.rferl.org/a/1077894.html.

东国家的军事现代化水平,继而巩固了双边伙伴关系及美国的全球霸权。① 表 10 为 2001—2008 年美国对中东军售概况。

表 10:2001—2008 年美国对中东军售概况　　　(单位:亿美元)

	2001 年	2002 年	2003 年	2004 年	2005 年	2006 年	2007 年	2008 年
全球军售总额	126.9	105.7	99.8	116.8	114.9	117.6	125.7	456.0
中东军售总额(占比,%)	51.5 (39.6)	44.9 (41.8)	39.3 (39.2)	49.8 (42.3)	50.6 (44.1)	52.0 (44.1)	48.8 (39.1)	137.2 (31.7)

资料来源:国际政策中心安全援助监督处。

3. 2009—2017 年:扩大军售规模,盈利快速提升

中东国家是美国军火商的重要客户,奥巴马上任后,继续与这些国家在军售领域保持紧密合作。在沙特方面,2011 年 12 月 24 日,美国与沙特签署总价值为 294 亿美元的军贸大单,同意为利雅得升级 70 架 F-15S 战机,出售 84 架先进的 F-15SA 战机、60 架 AH-64D Block III Apache 直升机、72 架 UH-60M 黑鹰直升机和大量 AMRAAM、AIM-9X 空对空导弹、爱国者导弹,以及其他相应的弹药、备件,并提供培训、维修服务。美国助理国务卿斯皮罗表示,这一协议不仅能增强沙特的防御能力,还可以带动全美 44 个州 600 家国防工业供应商的生产,支撑 5 万多个工作岗位,为美国年度国内生产总值贡献 35 亿美元的产值。②奥巴马在任期间,共向沙特出售了价值为 1248.8 亿美元的各式武器,由此带动了国内军工行业的发展,加强了美国对中东局势的掌控。③

---

① "Arms Sales Dashboard", https://securityassistance.org/arm-sales/.
② "Special Joint Press Briefing on U. S. Arms Sales to Saudi Arabia", https://2009-2017.state.gov/r/pa/prs/ps/2011/12/179777.htm.
③ 同①。

在阿联酋方面，2014年2月，美国向阿联酋出售萨德反导系统，并为后者升级了大量F-16战机。① 2016年3月，美国国务院又向阿联酋转让了联合直接攻击弹药和4个AN/AAQ24（V）大型飞机红外系统，以此帮助阿联酋成功遏制了敌对势力的导弹威胁。② 截至2016年，美国对阿联酋军售已从2009年的34.4亿美元增至53.3亿美元，由此提升了阿联酋的防务水平，为两国进一步联合开展军事行动提供了便利。③

在埃及方面，2009年到2013年间，美国一直与埃及保持着密切的安全伙伴关系，为其提供每年13亿美元的军事援助和大量武器装备。2013年穆尔西下台后，美国立即扣下2.6亿美元的直接预算支持，并拒绝交付F-16战机、阿帕奇直升机、鱼叉导弹和M1A1坦克等大型装备，试图以此迫使埃及重启所谓"民主"过渡进程。④ 随着中东战乱的蔓延，西奈半岛局势逐渐恶化。为敦促埃及履行《埃以和平协议》，2014年4月美国正式向埃及交付10架直升机，以协助后者打击恐怖分子。次年3月，奥巴马正式恢复对埃及军事援助，并全面解除军售禁令，向埃方转让快速导弹艇和装甲车等高精尖武器。⑤ 截至卸任，奥巴马政府共对埃及出售了价值为83.4亿美元的军事物资，以此履行了自己在帮助埃及维护国家安全、打击恐怖主义等方面的承诺。⑥

总的来说，"阿拉伯之春"爆发后中东多国陷入动荡，极端组织趁势崛起。面对严峻的形势，美国与中东国家进行了高频度的军事贸易。

---

① William J. Burns, "A Renewed Agenda for U. S. -Gulf Partnership", https://2009-2017. state. gov/s/d/former/burns/remarks/2014/221809. htm.

② "U. S. Security Cooperation with the United Arab Emirates", https://2009-2017. state. gov/t/pm/rls/fs/2016/253854. htm.

③ "Arms Sales Dashboard", https://securityassistance. org/arm-sales/.

④ "Background Briefing by Senior Administration Officials on U. S. Assistance to Egypt", https://2009-2017. state. gov/r/pa/prs/ps/2013/10/215262. htm.

⑤ "US to Deliver Apache Helicopters to Egypt", http://www. aljazeera. com/news/middleeast/2014/04/us-deliver-apache-helicopters-egypt-201442342717528713. html; John Kerry, "Remarks at the U. S. -Egypt Strategic Dialogue", https://2009-2017. state. gov/secretary/remarks/2015/08/245583. htm.

⑥ 同③。

自 2009 年到 2016 年间，美国对中东军售总额为 2962.8 亿美元，在其全球军售中占比 61.1%。这一方面为洛克希德·马丁和雷神等美国本土军火商带来大批订单，另一方面提升了美国与中东伙伴国的双边军事合作水平，同时维持了美国在中东地区的优势地位。① 表 11 为 2009—2016 年美国对中东军售概况。

表 11：2009—2016 年美国对中东军售概况　　（单位：亿美元）

	2009 年	2010 年	2011 年	2012 年	2013 年	2014 年	2015 年	2016 年
全球总额	386.1	1022.3	252.4	575.3	554.5	387.7	904.1	765.1
中东军售总额（占比，%）	265.4 (68.7)	791.1 (77.8)	108.7 (43.3)	323.2 (56.2)	302.6 (54.6)	272.7 (70.8)	389.0 (46.0)	510.1 (69.1)

资料来源：国际政策中心安全援助监督处。

4. 2017—2021 年：开启倾销模式，销量屡创新高

特朗普于 2017 年就任美国总统后，大量军工高管开始在政府内身居要职。具体来说，第二任国防部长帕特·沙纳汉曾于 1986 年到 2017 年间供职于波音公司，其继任马克·埃斯珀则在 2010 年到 2016 年间担任雷神公司负责政府关系的副总裁；第二任国务卿蓬佩奥在 1998 年与友人联手创建赛耶航空公司，专门生产飞机零部件。

沙特是美国在安全方面的关键伙伴之一，特朗普早在 2017 年 5 月便与其签订武器转让协议，同意经对外军事销售系统向其出售总价值预计高达 1100 亿美元的一揽子国防装备与服务，以此提升沙特在边境管控、海上安全和导弹防御等领域的军事实力，确保沙特和海湾地区的长期安全。② 截至 2020 年，特朗普政府累计对沙军售已达 264.7 亿美元，由此在加快美国经济复苏之余提升了沙特军队的战斗力，有力制

---

① "Arms Sales Dashboard", https://securityassistance.org/arm-sales/.
② "Supporting Saudi Arabia's Defense Needs", https://2017-2021.state.gov/supporting-saudi-arabias-defense-needs/index.html.

衡了中东地区极端组织和伊朗等"敌对力量"。①

自2017年起,阿联酋在美国白宫眼中的重要性直线上升。2019年11月,主管政治军事事务的助理国务卿克拉克·库珀飞赴阿联酋参加迪拜航空展,并与阿布扎比就防务贸易事宜举行磋商,以期帮助参展的200余家美国航空航天公司打开中东市场。②2020年11月10日,美国与阿联酋达成价值约233.7亿美元的军售协议,同意为后者提供50架F-35闪电Ⅱ型战机、18架MQ-9B无人机系统以及大量配套空对空和空对地弹药,加强了阿联酋抵御伊朗威胁的能力。③2017年到2020年,美阿军售规模从28.4亿美元升至240.8亿美元,增幅达747.89%,推动双边军事合作达到新的高度。④

特朗普在任期间,美国与埃及保持了高频度的军事交流。2020年5月7日,美国正式批准向埃及出口一批旋翼经过翻新的阿帕奇直升机。在次日美国国务院召开的简报会上,助理国务卿克拉克·库珀在回应部分记者就白宫向"存在人权问题"的埃及出口武器进行的委婉批评时表示,美国对埃及军售主要是为了推动埃军现代化,帮助后者更好地在西奈半岛打击恐怖主义,最终实现美方确保近东局势稳定的目标。⑤2017年到2020年,美国年均对埃及军援和武器转让分别达13亿美元和11.9亿美元,以此提升了埃及的国防水平,也推动了美国军

---

① "Arms Sales Dashboard", https://securityassistance.org/arm-sales/.
② "Assistant Secretary of State for Political-Military Affairs R. Clarke Cooper Advocates for the U.S. Defense and Aerospace Industry at the Dubai Air Show", https://2017-2021.state.gov/assistant-secretary-of-state-for-political-military-affairs-r-clarke-cooper-advocates-for-the-u-s-defense-and-aerospace-industry-at-the-dubai-air-show/index.html.
③ Michael R. Pompeo, "U.S. Approves Advanced Defense Capabilities for the United Arab Emirates", https://2017-2021.state.gov/u-s-approves-advanced-defense-capabilities-for-the-united-arab-emirates/index.html.
④ 同①。
⑤ "Briefing with Assistant Secretary for Political-Military Affairs R. Clarke Cooper on the Political-Military Affairs Bureau's Support for Global COVID Relief Efforts", https://2017-2021.state.gov/briefings-foreign-press-centers-political-military-affairs-bureaus-support-for-global-covid-relief-efforts/index.html.

工企业的发展。①

总而言之，鉴于中东在美国全球战略中的核心地位，特朗普对美国与中东军事关系高度重视。2019年5月24日，美国国务卿蓬佩奥利用《武器出口管制法案》中的相关规定，以美伊关系紧张为由指示国务院绕开国会审查，尽快落实针对沙特、阿联酋和约旦三国的价值为81亿美元的22项武器转让协议。蓬佩奥认为，在中东局势动荡的背景下，延迟发货会导致中东伙伴武器系统退化，由此给其造成严重的适航性和互操作性问题，通过出售飞机维护设施、情报监视侦查系统等物资可提升上述三国的防卫能力，继而遏制地区敌对势力，确保中东局势可控。②面对民主党人随之而来的发难，国务院总检察长办公室于2020年8月11日发布最终报告，承认受援国存在人权问题，但坚称蓬佩奥此举并未违反《武器出口管制法案》，对遏制伊朗乃至维护海湾和平均有积极意义。③在四年任期内，特朗普政府对中东累计军售达1140.4亿美元，占对外军售总额的29.5%。④表12为2017—2020年美国对中东军售概况。

---

① "Egypt：Background and U. S. Relations"，https：//crsreports. congress. gov/product/pdf/RL/RL33003；"Arms Sales Dashboard"，https：//securityassistance. org/arm-sales/.

② Michael R. Pompeo, "Emergency Notification of Arms Sales to Jordan, the United Arab Emirates, and Saudi Arabia"，https：//2017-2021. state. gov/emergency-notification-of-arms-sales-to-jordan-the-united-arab-emirates-and-saudi-arabia/index. html；《蓬佩奥证实政府绕开国会向沙特等国售81亿美元武器，美议员：失望但不惊讶》，https：//m. huanqiu. com/article/9CaKrnKkJ18。1976年美国总统福特颁布《武器出口管制法案》，规定政府对外军售必须经过众议院和参议院外交委员会批准；如果国家进入紧急状态，总统则有权不经国会审查，直接批准对外军售协议。

③ "IG Confirms Emergency Arms Sales 'Properly Executed'"，https：//2017-2021. state. gov/ig-confirms-emergency-arms-sales-properly-executed/index. html；《受到监管机构批评后蓬佩奥为与沙特的武器交易辩护》，https：//chinese. aljazeera. net/news/2020/8/13/受到监管机构批评后。

④ "Arms Sales Dashboard"，https：//securityassistance. org/arm-sales/.

表12：2017—2020年美国对中东军售概况　　（单位：亿美元）

	2017年	2018年	2019年	2020年
全球军售金额	822.4	780.0	828.7	1437.4
中东军售金额（占比,%）	298.2（39.7）	169.5（23.0）	268.5（35.2）	404.2（28.5）

资料来源：国际政策中心安全援助监督处。

（四）小结

近20年中，白宫采取了一系列对中东经济政策，维护了美国的经济利益。

第一，美国三届政府的中东能源政策填补了美国的能源缺口，华盛顿与中东有关国家就油气产销议题达成大量共识。具体来说，在美国石油产量下降和反恐战争爆发的背景下，小布什与海湾有关国家展开积极协商，最终说服其增产保供，维护了国际油市的稳定；埃及同期油气产量相对有限，因此仅有阿帕奇等少数欧美企业参与生产，以此满足当地需求。随着伊核危机的升级和页岩革命的爆发，奥巴马在第一任期鼓励海湾国家提产压价，加快了美国经济的复苏，在第二任期则积极劝说欧佩克与俄罗斯达成减产协议，为本土能源产业发展创造了有利环境；此时埃及油气产量加速下降，但阿帕奇依旧拒绝放弃埃及市场，继续在西部沙漠开采油气。特朗普上任后，美国成为石油出口国。在新冠疫情的压力下，特朗普与海湾国家开启对话，通过落实"欧佩克+"减产协议缓解了国内页岩油产业的压力。与此同时，埃及能源产业在诸多新油气田的推动下逐渐复苏，雪佛龙等美企相继与埃及签订产量分成协议，分享了埃及的资源红利。

第二，美国白宫近20年的中东经贸策略拓展了双边经济合作的深度，也在一定程度上将域内国家进一步纳入美国主导的全球贸易与投资体系，从而巩固了美国的经济霸权。就贸易而言，小布什政府与中东多国签订自由贸易或贸易与投资框架协定，帮助其融入美国–中东自由贸易区。受此影响,双边交易类型由油气、机械等传统商品扩展到铝、电子设备等产品,规模也在 2008 年增至 2054 亿美元,从而使中东成为美国第四大商品出口市场和第五大商品进口供应商。奥巴马于 2009 年上任后,利用世界经济论坛和双边经济对话等平台,在推动中东持续出口纺织物等轻工业制品的同时,加大了美国汽车、电机等高技术附加值产品的出口量,帮助美国成功实现贸易顺差。特朗普在任期间,美国与中东高层互访一直保持在较高频率,不仅促进了商品贸易的发展,更推动了金融、旅游、企业管理等服务贸易总量的不断攀升,最终使双边贸易类型更加均衡。

就投资来说,2001 年到 2009 年间,美国向中东以核能为代表的高科技产业和电力、基建等民生工程投入了大笔资金,推动了中东的现代化进程;中东则凭借石油美元组建主权财富基金,涉足美国银行、股市等领域,缓解了次贷危机对美国金融市场的冲击。2009 年到 2017 年间,美国继续向中东国家的能源、科技企业投资,加快中东私营经济的发展步伐;中东主权财富基金则在聚焦美国金融机构之余流入当地产业系统,继而巩固了美国在全球金融市场中的领导权。2017 年到 2021 年间,美方投资由采矿逐渐转向基建和文娱产业,帮助中东国家实现"2030 愿景";中东资金对美国硅谷和页岩油气田的关注度也直线上升,从而刺激了美国实体经济发展。

第三,华盛顿与中东伙伴之间的军火交易同样加强了双边经济联系。小布什在任期间,美国向以海湾国家为主的中东伙伴国交付了包括大批战机、雷达、军舰在内的总价值为 1263.4 亿美元的军事装备,由此帮助雷神、通用等军工企业实现盈利增长。奥巴马在任期间,白宫又为中东各国提供 F-15SA 战机、M1A1 坦克和萨德反导系统等价值为 2962.5 亿美元的武器,由此继续推动了国防工业的发展。特朗普在任期间,美国通过对外军事销售和直接商业销售渠道,向沙特、埃及等国转让了 DF-35 战机、MQ-9B 无人机及配套弹药等共计 1140.4 亿美元的军事装备,进一步推动了国内经济复苏。

除此之外，上述政策中的政治考量同样不容忽视。在能源方面，美国不仅通过推动海湾合作委员会国家增产打破了伊拉克主导的石油禁运，填补了制裁伊朗所造成的石油缺口；更借国际海上安全架构与域内伙伴一道，保护中东油田和运输线路免受伊朗袭击，由此削减了反美势力利用石油武器抗衡美国的能力，维护了自身的国际和地区霸权。在经贸方面，美国先后提出"大中东北非伙伴关系计划"和多维尔与转型阿拉伯国家伙伴关系会议等官方倡议，同时维持高频度的高层互访，由此推动了中东国家的经济自由化进程，为塑造有利于美国的国际和地区政治秩序发挥了重要作用。在军售方面，美制武器及相关服务提升了其中东伙伴国阻止内战外溢、遏制恐怖主义和敌对国家的能力，由此加强了美国与中东的安全伙伴关系，最终维护了地缘政治格局的稳定，巩固了美国的地区影响力。

总而言之，小布什、奥巴马和特朗普三届政府均高度重视美国与中东国家间的经济伙伴关系，并通过提出发展倡议、组织政策对话和高层互访等途径大力提升双方在能源、经贸和军售等具体领域的合作水平，从而推动中东和美国经济的可持续发展，维护美国在中东乃至全球的地缘政治霸权。

四、结语

本文首先利用常见于新闻语篇分析和文学批评中的文本分析手法，解读了 20 年间美国国务院 1307 份报告中涉及沙特、阿联酋和埃及三国的表述，从文本层面揭示出能源安全、经贸往来和武器转让三大经济因素在美国中东政策中扮演的重要角色。随后，本章参考了大量前人成果、美方档案和权威数据，从美国外交行为层面验证了小布什、奥巴马和特朗普三届政府在确保国际油市稳定、提升双边贸易投资额和军售额方面付出的努力。

值得注意的是，美国政府对中东地区的能源、经贸和军售政策，在推动中东国家经济社会发展、巩固美国霸权的同时，也损害了这些国家的国民经济发展潜力，并为地区和国际和平稳定制造了不稳定因素。

第一，密集的能源政策协调在短期内推动了能源供应的稳定，而其胁迫性的特点则在长期内动摇了美国与中东的政治互信，削弱了中东继续合作的意愿。2001年到2008年间，美国本土油气产量持续下降，国民经济发展后劲不足。有鉴于此，美国通过高层互访和组建工作组等方式对海湾有关国家展开胁迫式外交，促使后者依据美方要求释放备用产能，以损害中东利益为代价推动了国际油价的有序回落，双边互信由此持续降低。页岩革命爆发后，美国逐渐降低对中东能源的依赖，其在国际石油市场上的举动也更具冒险性。作为回应，中东国家自2014年起借反恐战争和新冠疫情之机多次增产抑价，试图以此挤压美国页岩油的市场份额。在此情况下，华盛顿不得不通过更高频率的政策对话和高层论坛游说沙特等国，使之同意削减产量，致使其在中东地区的权力投射进一步弱化。

第二，美国与中东国家的巨额贸易、投资往来刺激了双方经济社会的发展，而不合理的贸易投资分布格局和经济改革模式则对中东国家加快经济多元化进程、进一步挖掘对美合作空间构成了阻碍。2001年到2021年，美国与中东贸易类型以矿物燃料和机械设备为主，双方投资则以海湾国家购买美国金融资产居多。在双边经贸总体稳定的背景下，美国凭借其商品的高附加值和强劲的资金吸收能力对中东保持碾压性优势，压制了后者经贸潜力的开发。与此同时，在美国-中东自由贸易区、"大中东北非伙伴关系计划"和多维尔与转型阿拉伯国家伙伴关系会议等官方倡议的推动下，美国力图在中东国家推动新自由主义经济改革，由此一面加快了中东各国加入世界贸易组织、签署双边贸易与投资框架协定和合格工业区协定的步伐，推动其私营经济发展；一面则破坏了当地原生经济结构，最终迫使各国纷纷"向东看"，通过加强与中国、印度等亚洲新兴经济体的合作，保证自己的经济主权不受侵犯。

第三，军火交易是一把双刃剑，大规模的军火交易在推动美国军工复合体运转、强化华盛顿在中东地区政治存在的同时，也加剧了中东地区各派势力之间的斗争，使中东国家陷入更深层次的动荡不安之中。2003年伊拉克战争爆发后，中东地区安全形势急剧恶化，阿联酋等国开始大批购进美国的APG-80雷达和F-16E/F战机等高精尖武器。随着"阿拉伯之春"波及范围的逐渐扩大，中东多国陷入代理人战争和恐怖袭击的乱局之中。在此背景下，美国国务院通过政治军事事务局下的对外军事销售和直接商业销售系统，向沙特、阿联酋和埃及售出AH-64D Block III Apache直升机、AIM-9X空对空导弹、M1A1坦克等高精尖军事装备，由此一方面推动了美国对中东武器转让数额与种类的全面提升，加快了中东伙伴的军事现代化进程；另一方面也破坏了域内脆弱的均势，引起伊朗等国的强烈反弹，同时使大量武器流散到民间，为极端分子发动袭击提供了可能性。

第五章 美国中东政策中的大国竞争因素

大国间的影响力竞争涉及方方面面。中东地区因其具有的资源禀赋、区位优势、地缘特殊性等条件,成为大国竞争的重要地区。长期以来,美国作为世界霸主,在中东地区拥有着无可比拟的影响力。美国希望可以继续维持这一影响力。

一、大国竞争因素与美国中东政策研究引论

(一)大国竞争因素的研究意义

长期以来,中东地区因其自身特有的地缘政治特性,成为大国争夺的焦点。一战结束后,英国、法国成为这一地区的主导者。它们在对这一区域进行殖民统治期间,不尊重该地区实际的情况,随意划分势力范围,为之后中东地区的混乱局势增加了诱因,以至于自二战结束以来,中东地区一直是世界最不稳定的地区之一。由于英法等传统大国在二战中实力受到重创,无力继续主导中东地区事务,逐渐退出了对该地区的势力争夺。冷战开始后,美苏两国从二战后期并肩作战的盟友转变为水火不容的竞争对手,开始在全球范围内进行势力争夺,中东地区也成了美苏争夺的地区之一。美苏两国竞相扶持亲近自己的

势力，以求在中东地区获得主导地位。冷战期间中东地区爆发的多场激烈战争，背后都有美苏战略争夺的影子。

20世纪90年代初，苏联解体，冷战结束，美国随之表现出了作为世界单极霸权的强烈自信。美国国家领导人急于在中东地区绘就一幅新的政治格局蓝图，试图主导建立新的地区秩序。美国的中东政策也逐渐朝着这个方向发展起来。美国开始高度关注其他域外大国可能染指中东的企图，对其他大国与中东国家的交往保持警惕，视这些交往为对其地区主导地位的挑战。尤其是进入21世纪以来，世界多极化趋势明显，美国开始越来越警惕其他大国在中东的存在。对于其他国家在中东地区进行的正常交往活动，美国也会视作对其地区势力的挑战而横加干预。虽然美国提出"重返亚太"战略，但现实是，美国很大一部分力量依旧被中东地区事务所牵制，安全战略重心的转移并非易事。在这种形势下，美国如何看待其他域外大国介入中东地区事务，本身就是一个非常值得研究的问题。

（二）域外大国的概念界定

本章单独涉及的核心概念，主要是"域外大国"，所以需要对其进行概念界定。本章所说的"域外大国"，主要是指在中东地域范围以外，既有实力又有意愿参与中东事务的国家。从国家实力考虑，政治上，美国、英国、法国、俄罗斯和中国作为联合国安理会常任理事国，在维护世界和平、解决地区冲突方面负有国际责任，有参与中东事务的义务。经济上，美国、中国、日本、德国、英国2021年的经济总量排名分列全球前五，都算是中东地区之外的经济大国。[1]军事上，根据"全球火力"公布的2022年世界军力排行榜，前五名分别为美国、俄罗斯、中国、印度和日本，都算是中东之外的军事大国。[2]从国家意愿考虑，这些国家是世界上的主要大国，在国际政治舞台上有扩大自身

---

[1] 《世界各国/地区GDP排名数据》，https://m.gotohui.com/gword。
[2] "Global Firepower 2022"，https://www.globalfirepower.com/#google_vignette。

国际影响力、履行国际义务的意愿。从以上评判角度出发，美国、俄罗斯、中国、英国、法国、德国、日本等国家，都是中东地区的域外国家，都拥有参与中东地区事务的能力与意愿。但受文章篇幅限制，本章仅选取美国、俄罗斯、中国作为代表性的研究对象。

自二战以来，美国作为中东地区的域外大国，一直积极介入和参与中东地区事务。美国与以色列、沙特、埃及等中东国家建立了紧密的伙伴关系，同时坚决打击伊朗等敌对国家。长期以来，美国试图主导中东地区秩序的构建：一方面警惕域内大国的崛起、破坏地区均势；另一方面排斥其他域外大国介入和参与中东事务，以确保自身的领导地位。美国的国家战略在界定其中东地区利益时，苏联（俄罗斯）和中国常常被提及。

在冷战时代，苏联国土与土耳其、伊朗接壤，苏联将中东地区视为重要的地缘势力范围。苏联解体后，俄罗斯基本承袭了苏联的国际地位，但囿于国内政治不稳、经济发展无力等问题，在20世纪90年代，俄罗斯没有足够的精力和能力参与中东事务。进入21世纪，在普京的带领下，俄罗斯逐步解决了国内寡头干政的问题，经济也实现了高速增长。俄罗斯开始逐步恢复其世界大国地位，恢复其地缘影响力，开始较为积极地参与中东地区事务。

中国在21世纪的第一个十年中，与中东地区的交往多限于能源贸易。随着经济的快速发展，中国与中东地区的交往范围越来越广，程度越来越深。中共十八大以后，中国的对外开放程度进一步加深。2013年，习近平主席提出了"一带一路"合作倡议，中东地区的大多数国家都分布在"丝绸之路经济带"上。中国与中东国家的合作不断深化，并推进国家间发展战略的对接，在中东地区事务中影响持续扩大。

二、域外大国与美国中东政策

本节内容分为三个部分。第一部分通过研读美国国家战略文件，梳理21世纪以来不同时期美国对域外大国的角色认知；第二部分通过分析不同历史时期美国在中东地区的核心利益关切，判定美国在中东地区重点关注的地区事务以及政策目标；第三部分通过进一步的分析推理，探究域外大国怎样对美国中东政策产生影响，即在美国视域下对域外大国的角色认知如何影响美国中东政策的目标。判定某一因素是否会影响美国中东政策的方法是，看该因素是否会影响美国中东政策的目标设定。通过比较美国对域外大国角色认知变化与美国中东政策目标的变化，可以作出合理推断：域外大国是美国制定其中东政策的重要影响因素。

（一）21世纪以来美国对域外大国的角色认知

20世纪90年代初，新生的俄罗斯政权成为苏联最大的政治遗产继承者。但是，面对四分五裂的地缘政治空间，俄罗斯只能在苏联的地缘势力范围内尽量收缩，欧亚大陆上短暂地出现了权力真空地带。这时候的俄罗斯寄希望于西方世界，渴望通过所谓"民主化"改革，成为西方世界的一员。苏联解体后，美国成为世界上唯一的超级大国，拥有着傲视全球的实力，这带给了美国过度的国家自信。美国学者弗朗西斯·福山提出的"自由民主政体是历史的终结"[①]，便是美国冷战后国家自信和自负的一个体现。在这样的自我认知下，美国再一次表现出强烈的主导冷战后世界秩序安排的意愿。整个20世纪90年代，美国没有将俄罗斯放在与苏联对等的国际地位，在美国看来，俄罗斯虽然仍值得警惕，但其已经不具备足够的全球性影响力，只是一个比较重要的地区性大国。1997年，俄罗斯和北约之间设立了常设理事会，试图加强双方的政治协商和务实合作。但是，美国试图将俄罗斯置于北约主导的欧洲防务体系之下，表面上以协商合作的姿态麻痹俄罗斯，暗中积极推动北约东扩。在这一时期，美俄双方还进行了多次

---

① 弗朗西斯·福山著，陈高华译：《历史的终结与最后的人》，广西：广西师范大学出版社，2014年版。

削减核力量谈判,美国以较小的代价获取了俄罗斯的大量让步。1999年,美国发动了科索沃战争。南联盟的解体使得俄罗斯在东欧地区的影响力再受削弱。而后北约东扩步步紧逼,波罗的海三国也加入了北约。可以说,在20世纪90年代,美国的对外政策咄咄逼人,俄罗斯则是处处退让。

冷战结束后,中美苏三角关系不复存在。中国在美国全球战略中的地位也有所下降。20世纪90年代,中美两国的经贸关系持续发展,政治交往进一步深化。在维护亚太地区安全问题上,中美具有共同的需求。美国奉行对华接触政策,试图对中国的政治、经济、文化等各方面施加影响,避免发展起来的中国在未来成为美国的威胁。[①] 美国在人权问题上企图干涉中国内政。

进入21世纪后,随着全球整体安全形势的变化,美国对中国的认知和定位发生了明显转变,对俄罗斯的定位也在变化。

1. 小布什政府时期

小布什政府于2002年发布的《美国国家安全战略报告》指出:"在领导全球反恐战争的过程中,我们正在创建一种新的、富有成效的国际关系,并以应对21世纪挑战的方式,重新定义现有的国际关系。""事态的发展使我们产生了希望,即一个真正的关于基本原则的全球共识正在慢慢形成。"[②] 从这两句话可以看出,美国正在以全球反恐为契机,试图调整当时的国际关系。同时,报告还指出:"'9·11'事件从根本上改变了美国与世界其他大国关系的背景,带来了巨大的新机遇。"[③] 于是,美国开始调整与世界大国的关系定位。

谈及俄罗斯,小布什政府指出,美俄之间已经不再是战略对手的关系,相反,两国的战略利益在许多领域存在重叠。"彼此正在扩大我

---

① 丁来强:《90年代中美关系的两大特征》,载《当代亚太》,1999年第11期,第13页。
② "The National Security Strategy of the United States of America", https://2009-2017.state.gov/documents/organization/63562.pdf.
③ 同②。

第五章　美国中东政策中的大国竞争因素

们在全球反恐战争中已经广泛的合作。在不降低标准的情况下，为俄罗斯加入世界贸易组织提供便利，以促进互利的双边贸易和投资关系。我们创建了北约－俄罗斯理事会，旨在深化俄、欧、美三方的安全合作。"① 由此可以看出，小布什政府积极与俄罗斯改善双边关系，在反恐、经济、安全等领域加强合作。但与此同时，小布什政府依然保持对俄罗斯的不信任态度，认为美俄之间依旧存在许多分歧，建立持久的战略伙伴关系需要时间；而且，俄罗斯的虚弱限制了双方进一步合作的机会。② 在2006年发布的《美国国家安全战略报告》中，小布什政府进一步表明，美国寻求就双方共同关心的战略问题，与俄罗斯开展密切合作，并管控双方利益分歧；美方承认俄罗斯出于地缘和实力的原因，不仅对欧洲和邻国拥有巨大的影响力，同时对世界其他重要地区，如中东、南亚、中亚等地区拥有巨大影响力。③ 综合以上的表述可以看出，小布什政府对俄罗斯的认知较为正面，承认俄罗斯在某些地区拥有影响力，倾向与俄罗斯在多个领域进行合作。从整体上看，小布什政府认为俄罗斯是一个正在经历转型的潜在大国，美国对其拥有绝对的领先优势。

2002年的《美国国家安全战略报告》对中美关系也作出了定性。小布什政府认为，中美关系是"促进亚太地区稳定、和平与繁荣战略的重要组成部分"。报告归纳了中美双方存在共同利益的领域，包括"反恐战争""协调阿富汗问题的未来""启动了有关打击恐怖主义和类似跨国问题的全面对话"，还指出中美两国在卫生环保领域"面临共同威胁"。美国认为中国加入世界贸易组织深化了中美之间经贸关系，美国"欢迎一个强大、和平与繁荣的中国的出现"。在2006年发布的

---

① "The National Security Strategy of the United States of America", https://2009-2017.state.gov/documents/organization/63562.pdf.
② 同①。
③ "The National Security Strategy of the United States of America", https://georgewbush-whitehouse.archives.gov/nsc/nss/2006/intro.html.

《美国国家安全战略报告》中,描述中国的篇幅大幅增加。报告指出:"中国与美国和其他大国合作,为国际稳定与安全作出了贡献。"这一说法肯定了中国作为"全球参与者"的角色。报告强调:"随着中国成为全球参与者,它必须作为一个负责任的利益攸关方,履行其义务,并与美国和其他国家合作,促进国际体系的发展。""美国鼓励中国继续沿着改革开放的道路走下去","中国同我们一样面临全球化和其他跨国问题的挑战。共同利益可以指导我们在恐怖主义、核扩散和能源安全等问题上的合作。我们将努力加强合作,防治疾病大流行和扭转环境退化"。① 从这些表述我们可以看出,当时的美国政府认为,中国主动进行改革开放,积极融入国际社会,对美国而言是有益的。这与21世纪初期美国对中国表现出的傲慢无礼态度已经很不相同。"9·11"事件是美国政府转变态度的关键因素,它需要在打击恐怖主义方面寻求与中方的合作。

综上所述,本章认为,在小布什政府时期,美方认知的俄罗斯角色是"有限合作伙伴",而认知的中国角色是世界大国和"全球参与者"。

2. 奥巴马政府时期

冷战结束后,信息、人员、商品和服务的全球化,经过 20 年左右的发展演变,深刻影响了世界政治经济格局。2008 年,美国次贷危机爆发,并迅速演变为全球性金融危机,导致全球经济陷入全面持续的衰退。这是全球化负面影响的一次集中爆发。奥巴马政府于 2010 年发布的《美国国家安全战略报告》指出,全球化已成为新的战略背景,美国的安全和利益与国界外的主体和事务有更多的相关性。美国意识到自身无法单独解决全球化带来的问题,深化与世界各国的接触与交流更有利于实现美国的国家利益。美国将中国和俄罗斯视为 21 世纪重

---

① "The National Security Strategy of the United States of America", https://georgewbush-whitehouse.archives.gov/nsc/nss/2006/intro.html.

要的影响力中心，表示将继续深化与中俄两国的合作。①

奥巴马政府注意到俄罗斯正以更加强势的姿态重返国际舞台。②美国试图在打击地区极端暴力势力及防止核扩散方面与俄罗斯加强合作。美国和俄罗斯在防止核扩散方面具有共同利益，在中东地区，美俄都不希望伊朗拥有核武器，在伊朗核问题上，美俄有进行合作的动机。但是，美国仅在有限范围内将俄罗斯视为可以进行合作的伙伴，没有充分考虑俄罗斯的实力和地位，只是在价值层面对俄罗斯进行了某种认可。从奥巴马第二任期开始，美国认为俄罗斯具有"侵略性"。2014年乌克兰危机爆发后，美国对俄罗斯实施了多轮制裁，美俄关系急剧恶化。在2015年的《美国国家安全战略报告》中，美国认为俄罗斯违背了国际规范，危及全球能源市场安全和稳定，损害了美国价值观。美俄关系恶化，也影响了美俄在其他领域的合作。美国宣称受到了所谓"威权国家"对"民主国家"的安全威胁。③由此可见，美国认为，与俄罗斯合作的范围缩小了，俄罗斯变得更加"危险"、更有"侵略性"，是一个"竞争者"的角色。

奥巴马政府对中国的认知则有所不同。2009年1月奥巴马就任美国总统，11月便对中国进行了国事访问，展现出美国对发展中美关系的重视。在2010年的《美国国家安全战略报告》中，奥巴马政府称，注意到中国正在深度参与全球化，中美双方在经贸、环境、能源等领域的合作不断深化，中美关系整体上处于较高水平。美国对中国的高速发展表示欢迎，期待中国在国际舞台上能够有所作为。④ 在2015年的《美国国家安全战略报告》中，美国表示寻求与中国发展建设性关

---

① "The National Security Strategy of the United States of America", https://obamawhitehouse.archives.gov/sites/default/files/rss_viewer/national_security_strategy.pdf.

② 同①。

③ "National Security Strategy of the United States of America", https://obamawhitehouse.archives.gov/sites/default/files/docs/2015_national_security_strategy_2.pdf.

④ "The National Security Strategy of the United States of America", https://obamawhitehouse.archives.gov/sites/default/files/rss_viewer/national_security_strategy.pdf.

系以应对全球性问题，如恐怖主义、核扩散等问题。同时，在应对全球挑战方面，美国表示寻求更大发言权和代表性的新兴大国需要承担更大责任。①从这一表述可以看出，美国支持中国的发展，自认为仍处于优势地位，有自信对中美双方之间的竞争进行管控，期待中国承担更多国际责任，支持双方开展进一步的合作以应对全球化带来的威胁挑战。但与此同时，中国的高速发展也引发了美国的担忧。美国注意到了中美关系中竞争性的一面。"虽然中美之间的竞争性开始凸显，美方将避免与中方走向对抗。"②为应对中国的崛起，美国学界和政界"重返亚太"的呼声渐盛。奥巴马政府时期，是美国对中国的认知发生重大调整的一个时期。从美方的战略文件可以看出，美国对自身拥有绝对优势的信心产生了动摇，开始对中国的发展产生警惕。美国对中国的认知开始从"建设性伙伴"向"战略竞争者"转变。

3. 特朗普政府时期

特朗普政府上台后，出台新的美国国防战略，明确指出美国面临的首要威胁是国家间的战略竞争，而不是恐怖主义。这意味着美国国家战略的重新定位，是某种意义上冷战思维的再现，表明美国将重回大国战略博弈的时代。③2019 年 7 月，美国国防部官员就美国发布的新军事战略报告发表评论，明确表示美国与中国和俄罗斯之间的大国竞争已经成为美国面临的主要威胁。④所以，美国的首要任务是与中国和俄罗斯进行长期的战略竞争。⑤特朗普版的《美国国家安全战略报告》

---

① "National Security Strategy of the United States of America", https://obamawhitehouse.archives.gov/sites/default/files/docs/2015_national_security_strategy_2.pdf.

② 同①。

③ 于霞、刘岱:《2018 年美国〈国防战略〉解读》,载《军民两用技术与产品》,2018 年第 21 期,第 52 页。

④ Jim Garamone, "National Military Strategy Addresses Changing Character of War", https://www.defense.gov/News/News-Stories/Article/Article/1903478/national-military-strategy-addresses-changing-character-of-war/.

⑤ "Summary of the 2018 National Defense Strategy of the United States of America", https://dod.defense.gov/Portals/1/Documents/pubs/2018-National-Defense-Strategy-Summary.pdf.

声称，"中国和俄罗斯正在挑战美国的霸权、影响力和利益，试图破坏美国的安全和繁荣。中俄两国正致力于弱化经济的自由和公平，扩充军队，控制信息和数据……在国际上扩充其影响力。"①从这一表述可以看出，美国战略认知中的中国和俄罗斯定位发生进一步变化，正从"战略竞争对手"转向更加危险的"战略竞争敌手"。特朗普政府认为，中国的发展"违背了美国的期待"，中国试图在亚太地区取代美国的地位，推广其施行的国家主导的经济模式，重新塑造地区秩序。俄罗斯则是寻求重新获得大国地位，并在其边境附近建立势力范围。在美国看来，中俄两国都在挑战美国主导的国际和地区秩序。

（二）21世纪以来美国在中东地区的核心利益关切

二战结束以来，中东地区一直是美国对外战略关注的重点地区，服务于美国的整体国家战略。冷战期间，中东的地区矛盾让步于美苏争霸的整体格局。冷战结束后，美国强调在中东地区拥有持久利益，中东战略成为美国全球战略的重要组成部分。在不同政府时期，美国优先关注的中东地区事务紧急程度和优先考虑的地区利益重要程度有所不同。

1. 小布什政府时期

美国的外交政策传统是理想主义与现实主义的结合体：国家目标往往是理想主义的，实现国家目标的手段是赤裸裸的现实主义的。②这一点在小布什任期内发布的两份国家安全战略报告中得到了体现。2002年9月，小布什政府发布《美国国家安全战略报告》，明确将打击恐怖主义、维护所谓"自由民主"世界的安全作为美国国家安全战

---

① "National Security Strategy of the United States of America", http://nssarchive.us/wp-content/uploads/2020/04/2017.pdf.

② "The National Security Strategy of the United States of America", https://georgewbush-whitehouse.archives.gov/nsc/nss/2006/intro.html.

略的首要目标。① 这与中东地区事务息息相关。

恐怖主义由来已久，其主要是指通过暴力、破坏、恐吓等手段，制造社会恐慌、危害公共安全、侵犯人身财产，或者胁迫国家机关、国际组织，以实现其政治、意识形态等目的的主张和行为。②在实际操作层面，通常处于绝对弱势的一方会采取恐怖手段来表达其政治主张，引起强势一方的重视，从而寻求解决实际问题。近代以来的恐怖主义与中东地区有着深刻的渊源。冷战结束后，中东地区被美苏压制的地区矛盾开始显现，苏联（俄罗斯）撤离中东后，中东地区留下了许多真空地带，地缘政治纠葛、民族宗教矛盾、对帝国主义的仇视等问题叠加影响，成为培植恐怖主义势力的肥料。宗教极端势力、暴力恐怖势力、民族分裂势力在这些地方快速发展。三股势力的并行发展很快在中东地区形成了一个恐怖主义网络，其攻击目标主要是以美国为首的西方国家。

中东地区的恐怖主义具有强烈的反美倾向。其原因主要包括三个方面：一是美国及其西方盟友支持在巴勒斯坦地区建立以色列国，并充当以色列的坚定盟友；二是美国在中东地区扶持了许多亲美的世俗政权，这些政权不遵从伊斯兰教和阿拉伯世界的政治传统和文化习俗，成为大国博弈的棋子；三是美国在中东地区的投资开发没有充分顾及当地人的感受，被他们视为掠夺地区资源、恶化地区环境，美国对付当地人反抗的方式，也常常是随意挥动制裁或战争大棒，招致了很多当地人的强烈反感。所以，很多当地人参加了形形色色武装组织，开始针对美国及其盟友的目标发动美国人眼中的"恐怖袭击"。

一开始，这种"恐怖袭击"虽时有发生，但未引起美国政府的足够重视，直到2001年发生了震惊世界的"9·11"事件。这是发生在

---

① "The National Security Strategy of the United States of America"，https://2009-2017.state.gov/documents/organization/63562.pdf.
② 《中华人民共和国反恐怖主义法（主席令第三十六号）》，http://www.gov.cn/zhengce/2015-12/28/content_5029899.htm。

美国本土的最严重的一次恐怖袭击事件，对美国的方方面面产生了巨大影响，大大降低了美国民众的经济政治安全感，也对美国整体的国家战略走向产生了重大而深远的影响。

在"9·11"事件的巨大冲击下，恐怖主义威胁成为美国及其盟友国家安全的首要问题。"9·11"事件发生后，小布什政府迅速认定本·拉登为此次恐怖袭击的策划者，随后对阿富汗发动军事进攻，以消灭"藏匿恐怖分子"的塔利班政权。这是美国对恐怖主义作出的第一次大规模反击。在2002年的《美国国家安全战略报告》中，美国将具有强烈反美倾向的国家认定为"流氓国家"。美国认为，伊拉克、伊朗、叙利亚等国被"暴政"所统治，它们可能会为恐怖分子提供庇护，并支持国际恐怖活动。这样的国家可能通过追求大规模杀伤性武器或支持恐怖主义，对美国的国家安全造成威胁。[1] 在这种假设下，美国于2003年以伊拉克"持有大规模杀伤性武器"以及"支持恐怖主义"为由，越过联合国安理会授权，发动了伊拉克战争，推翻了萨达姆政权。中东地区成为美国反恐战争的主战场。

小布什政府时期，美国一方面采用战争手段打击恐怖主义，另一方面致力于推进中东地区的所谓"民主化"改革。小布什政府认为，恐怖主义的根源是"暴政"。推翻"暴政"、促进有效的所谓"民主"，是从根源上解决恐怖主义的良策。由此可以看出，小布什任内美国在中东地区的主要利益是打击恐怖主义和促进所谓"民主化"变革。

阿拉伯国家和以色列的关系是中东地区的核心问题之一，中东地区很多问题的根源都在于此。美国历届政府都明确表示支持推动中东和平进程。但由于错综复杂的地区矛盾，这一问题一直未得到解决。进入"反恐时代"，中东和平问题依旧是美国高度关注的中东地区事务。在2002年的《美国国家安全战略报告》中，美国政府表示："始终支持建立一个独立、'民主'的巴勒斯坦，能够与以色列和平、安全

---

[1] "The National Security Strategy of the United States of America", https://2009-2017.state.gov/documents/organization/63562.pdf.

地共处。"①美国始终试图构建以美国为主导的地区秩序,引导事件按照美方设想的目标发展。"美国寻求塑造世界,而不是被世界塑造,美国要影响事件的发展方向而不是任其摆布。"② 从这句话可以看出,美国在中东地区的又一个核心利益关切是主导地区秩序。

2. 奥巴马政府时期

2008年11月,奥巴马当选美国第44任总统,也是美国历史上第一任黑人总统。奥巴马打着"变革"的口号成功当选,表现出美国民众渴望变化的呼声。在小布什政府后期,美国已经开始将其面临的主要挑战聚焦于正在迅速崛起的"全球战略竞争者"身上。2007年,由美国次贷危机引起的金融危机迅速席卷全球,世界各国经济都遭到严重冲击。美国搬起的石头,不仅砸坏了别人的脚,也砸坏了自己的脚。美国因此面临的国内和国际形势发生了剧烈变化,其国家安全战略也需作出相应的调整。2010年5月,白宫发布了奥巴马政府的第一份《美国国家安全战略报告》,将美国的国家利益分为了四部分,分别为:安全、繁荣、价值观和国际秩序。③

具体到中东地区,奥巴马政府的中东政策目标主要有以下几点:一是减少在该地区的资源投入,实现全球范围内资源的重新配置,以应对亚太地区战略竞争对手的崛起,构建有利于美国的中东地区秩序,保证美国及其盟友的利益。在维护中东地区秩序方面,美国选择将互联网作为外交政策工具,试图借此推动中东地区实现所谓"民主化"变革,美国将这一波所谓"民主化"浪潮称为"阿拉伯之春"。但是,随着事态的发展,这一变革逐渐脱离美国的预期,埃及、叙利亚等世俗化国家原本相对稳定的国内秩序也趋于瓦解,伊斯兰宗教组织迅速

---

① "The National Security Strategy of the United States of America", https://2009-2017.state.gov/documents/organization/63562.pdf.

② "A National Security Strategy for a Global Age", https://history.defense.gov/Portals/70/Documents/nss/nss2000.pdf?ver=vuu1vGIkFVV1HusDPL21Aw%3d%3d.

③ "The National Security Strategy of the United States of America", https://obamawhitehouse.archives.gov/sites/default/files/rss_viewer/national_security_strategy.pdf.

崛起，开始推行以宗教化为核心的政治变革，引起了美国的担忧。二是打击恐怖主义网络，维护美国及其盟友的安全。在中东地区，美国一开始推行以军事化的方式打击恐怖主义。但是，到了奥巴马时期，这一大规模的军事运作方式已难以维系，美国开始培训和扶持当地政府承担起打击恐怖主义的主要职责，美国投放在伊拉克和阿富汗的军队则开始收缩和回撤。但是，当美军从伊拉克撤离后，"伊斯兰国"趁机迅速发展壮大，成为中东地区一个新的不稳定因素。除了上述两点之外，奥巴马政府还致力于维护中东地区的能源安全和石油运输通道畅通，以及防止大规模杀伤性武器在中东地区的发展、扩散和使用，尤其避免这些武器流落到恐怖组织手中。①

3. 特朗普政府时期

2016 年，特朗普赢得美国总统选举。特朗普对奥巴马政府的中东政策大加指责，他认为"民主化改革"与"脱离接触"都无法实现美国在中东地区战略收缩的目标。②特朗普的竞选口号是"让美国再次伟大"，这一"美国优先"理念也在其外交战略中得以体现。在 2017 年发布的《美国国家安全战略报告》中，特朗普政府将美国的国家战略目标分为四个部分，分别是：保证美国人民、国土安全，保护美国的生活方式；促进美国经济繁荣；以实力促和平；提升美国影响力。③

具体到中东地区，特朗普政府转而以更加现实的方式来维护美国的利益。2017 年《美国国家安全战略报告》将美国在中东地区的首要目标解释为：促进有利于美国利益的稳定和力量平衡。该报告指出："美国寻求的中东不是恐怖分子的避风港或滋生地，不能被任何敌视美

---

① "National Security Strategy of the United States of America", https://obamawhitehouse.archives.gov/sites/default/files/docs/2015_national_security_strategy_2.pdf.
② "National Security Strategy of the United States of America", http://nssarchive.us/wp-content/uploads/2020/04/2017.pdf.
③ "National Security Strategy of the United States of America", https://history.defense.gov/Portals/70/Documents/nss/NSS2017.pdf?ver=CnFwURrw09pJ0q5EogFpwg%3d%3d.

国的势力所控制,并有助于全球能源市场的稳定。"① 可见,特朗普试图构建的中东地区秩序,是安全稳定和对美友好的。为实现这样的地区战略目标,特朗普政府采取的主要手段是打击极端主义势力和恐怖主义势力,与伊朗、叙利亚等反美国家作斗争,强化与传统地区盟友的联系,保证能源安全。

由此可见,这一时期,美国在中东地区的主要利益诉求包括三方面,分别是:打击恐怖主义和敌对政权、强化地区盟友关系、确保能源市场稳定。美国中东政策的关注焦点从叙利亚转向伊朗是特朗普政府中东政策的重要特征。在特朗普政府看来:"伊朗是世界上支持恐怖主义的主要国家,它利用不稳定的局势,通过合作伙伴和代理人、武器扩散和对外资助扩大其影响力。它继续发展更强大的弹道导弹,提升情报能力,并进行恶意的网络活动。伊朗继续使该地区的暴力循环持续下去,对平民造成严重伤害。相互竞争的国家正在填补由国家崩溃和长期地区冲突造成的真空。""来自恐怖组织的威胁和来自伊朗的威胁让人们意识到,以色列不再是该地区问题的根源。"② 特朗普政府认为,伊朗支持恐怖主义、谋求获取核武器、威胁美国中东地区盟友安全、干涉中东他国事务,是中东乱局的根源,美国中东政策的重点就是解决"伊朗问题"。③

综合以上分析,我们可以看出,21 世纪以来,美国历届政府的中东战略目标可以概括为主导地区秩序,如图 1 所示,该目标主要包括打击恐怖主义、对抗敌对国家、保护地区盟友,以及稳定能源市场等几个方面。

---

① "National Security Strategy of the United States of America", https://history.defense.gov/Portals/70/Documents/nss/NSS2017.pdf?ver=CnFwURrw09pJ0q5EogFpwg%3d%3d.
② 同①。
③ 莫盛凯:《特朗普政府中东政策的特点》,载《战略决策研究》,2020 年第 5 期,第 45 页。

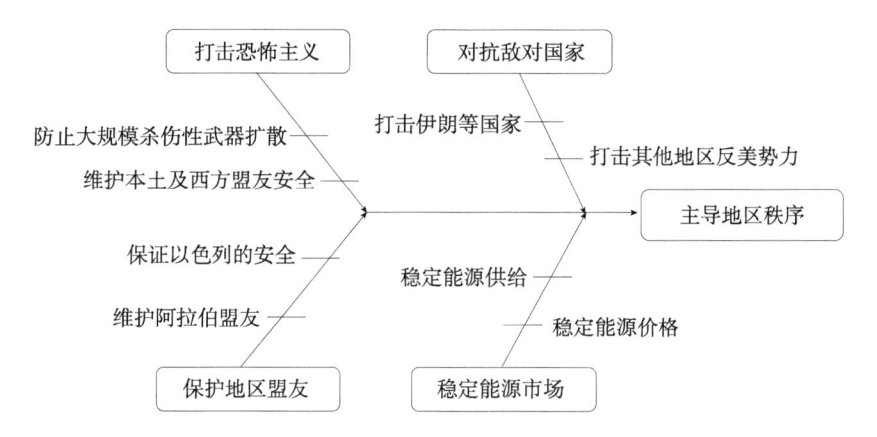

```
       打击恐怖主义           对抗敌对国家
防止大规模杀伤性武器扩散    打击伊朗等国家
                                      打击其他地区反美势力
维护本土及西方盟友安全                        主导地区秩序
保证以色列的安全        稳定能源供给
                                  稳定能源价格
维护阿拉伯盟友
       保护地区盟友         稳定能源市场
```

图1：21世纪以来美国在中东地区的核心利益关切

资料来源：作者自制。

（三）21世纪以来美国的大国认知变化对其中东政策的影响

通过前面的分析，我们认为，在小布什政府时期，美国对俄罗斯整体的角色认知是"有限合作伙伴"，对中国整体的角色认知是"全球参与者"。这一时期美国在中东地区的重要利益关切是打击地区恐怖主义。美国对中俄的角色判定，有利于中俄与美国在打击恐怖主义方面进行合作，符合美国中东政策目标的需求。在奥巴马政府时期，美国对俄罗斯整体的角色认知与小布什政府时期相比发生了较大的转变，美国认为俄罗斯寻求获取区域势力范围，是"战略竞争者"的角色。美国对中国的快速发展产生了警惕，总体认知是"建设性伙伴""值得警惕的伙伴"。这一时期美国在中东地区的重要利益关切是在力量回撤的同时保证地区局势的相对稳定。美国对中俄的角色判定，增强了美国减少在中东地区投入的决心。在特朗普政府时期，美国将中俄两国都视为战略竞争的敌对者。这一时期，美国将大国竞争作为美国国家战略的首要目标。在中东地区的重要利益关切是打击敌对国家，巩固传统盟友关系，重新回到大国竞争的状态，从中可以看出美国对中俄角色判定的影响。因此，我们可以判定，美国对域外大国的角色认定对其中东政策产生了重大影响。

三、域外大国对美国中东政策影响的实例分析

接下来,我们通过考察历史案例,对本章提出的假设进行检验。我们选取伊朗核问题和叙利亚问题作为检验使用的案例。之所以选择这两个案例,主要有四个原因:一是这两个问题都是进入21世纪以来中东地区的热点问题且事件持续时间长(都跨越了三个以上美国总统任期),可以进行长时性的比较研究;二是伊朗核问题涉及防止核扩散、打击恐怖主义、主导地区秩序等美国关注的地区政策目标;三是介入叙利亚问题是美国实现打击恐怖主义、打击敌对国家、主导地区秩序等区域政策目标的重要手段;四是这两个问题还涉及多个中东域外大国,美国对其他域外大国参与和介入中东问题保持强烈关注。

(一)伊朗核问题与美国的大国考量

美国地缘政治研究学者布热津斯基指出,美国需要警惕在欧亚大陆上俄罗斯和伊朗的接近,避免走到中国、俄罗斯、伊朗三方共同的对立面。美国在中东地区应当采取审慎的战略布局。美国在制定对伊政策时,应当尽可能地将俄罗斯的地缘政治分析考虑在内。

进入21世纪以来,伊朗核问题已经成为最重要的中东地区性问题之一。在美国的操弄下,以伊朗核问题为核心的所谓"伊朗问题",已成为国际社会关注的新焦点。伊朗在中东地区是举足轻重的大国,主要体现在以下几个方面:首先,伊朗石油、天然气和煤炭蕴藏丰富。截至2019年年底,已探明石油储量1580亿桶,居世界第四位,天然气已探明储量33.9万亿立方米,居世界第二位。[①]其次,伊朗占据着重

---

① 《伊朗国家概况》,https://www.mfa.gov.cn/web/gjhdq_676201/gj_676203/yz_676205/1206_677172/1206x0_677174/。

要的战略地位，联通东西，素有"欧亚陆桥"和"东西方空中走廊"之称。再次，伊斯兰革命后，伊朗成为伊斯兰教什叶派的大本营，在伊斯兰世界拥有较强的政治动员能力，在政治上长期反对美国和以色列；美国也一直将伊朗视为主要威胁，对其重视程度空前提高。

伊朗核问题是美国打压伊朗、削弱伊朗威胁的主要抓手之一。美国担心伊朗核计划最终导向武器化并使具有敌意的伊朗超出美国的控制范围。针对伊朗核问题，美国主要有以下两方面的政策诉求：一是可以体现出美国在对全球关键性事务的管控中具有决定性的领导能力，美国如果不能很好地处理伊朗核问题，则可能在中东盟友中失去威望和信用；二是中东地区需要维持美国主导下的战略平衡，如果伊朗拥有核武器，不仅有可能直接威胁美国和盟友利益，而且有可能引发地区性的核军备竞赛，这对美国来说是难以接受的。不仅如此，伊朗核问题已经超越了中东地区问题和美伊双边关系的范畴，还牵扯到俄罗斯、中国、印度、欧盟国家等诸多域外大国的利益，美国需要在维护自身利益的前提下进行适当的平衡，否则无法体现出超级大国的领导力。

19世纪初，俄伊之间曾爆发过两次战争。二战期间，苏联曾派兵占领过波斯。二战结束后，苏伊围绕撤军问题产生矛盾，伊朗投入了西方阵营。两伊战争爆发后，伊朗在面临重重困难和压力的情况转而求助于苏联。冷战结束后，苏联分裂为多个国家，伊朗和俄罗斯不再接壤，俄罗斯国力的衰弱也降低了伊朗的不安全感，俄伊之间的地缘政治矛盾冲突烈度降低。而与此同时，美国在中东地区一家独大。"9·11"事件后，美国先后对阿富汗和伊拉克发动了战争。美国威胁凸显，导致伊朗和俄罗斯有了抵御美国的共同利益。[1]

---

[1] 兹比格纽·布热津斯基著，中国国际问题研究所译：《大棋局：美国的首要地位及其地缘战略》，上海：上海人民出版社，2021年版，第203—205页。

2012年，普京提出"重振俄罗斯大国地位"的战略目标，俄伊关系进入了调整期。乌克兰危机爆发后，俄罗斯遭到了西方世界的严厉制裁。俄伊在反制裁上的共同诉求，推动双方在经济、军事等一系列问题上加强合作，以尽量减少制裁对两国带来的不利影响。俄罗斯作为唯一与伊朗进行核合作的国家，在这一领域的合作也展现出了俄伊之间的特殊关系。而这都是美国制定伊朗政策不得不认真考虑的重要因素。

俄罗斯在伊朗具有与美国不同的重要利益，主张通过谈判和平解决伊朗核问题。伊朗与美国之间保持适度紧张的关系对俄罗斯而言是有利的。俄罗斯通过与伊朗开展核合作，也可以加强伊朗对俄罗斯的依赖、为俄罗斯带来巨大的经济和社会效益，并可以借机参与到中东地区事务中来。同时，在打击恐怖主义、车臣分离主义方面，鉴于伊朗在中亚和高加索地区的影响力，俄罗斯也需要伊朗的协助。基于上述原因，俄罗斯一直积极介入伊朗核问题。

在伊朗核问题爆发初期，俄罗斯成为伊朗对抗美国武力威胁的主要依靠力量。俄罗斯也以此为契机积极介入其中，展开了一系列的外交斡旋。这一时期，美国将俄罗斯视为"有限合作伙伴"，美方认为在防止核扩散方面，美国和俄罗斯的利益是相近的，都不希望伊朗拥有核武器。美俄希望在外交上能够达成合作，共同向伊朗施压，要求其履行国际义务，保证其发展仅限于民用的核力量。2005年，俄罗斯向伊朗提议联合建立铀浓缩企业，以消除国际社会对伊朗发展核武器问题的担忧。此后，俄罗斯又提出了核废料归还、核燃料异地浓缩等方案，得到了美国和西方国家的认可。在这一时期，美俄都表现出了合作的志愿，但伊朗的强硬态度使得这些方案都未能实现，俄罗斯最终同意将伊朗核问题提交联合国讨论。自2006年伊朗核问题提交至联合国安理会后，逐渐形成了中国、美国、俄罗斯、英国、法国、德国与伊朗围绕伊朗核问题的六国磋商机制，有关各方进行了长期、多轮的谈判磋商，受到了国际社会的普遍关注。在美国的推动下，联合国安理会通过了数个涉及伊朗核问题的决议，美国联合西方对伊朗实施了严格的制裁。

21世纪以来，随着中国经济的高速增长，中国的能源需求量也不断增加。中国自身的石油储量有限，需要从中东地区进口大量石油，伊朗是中国进口原油的第三大来源国。自中国提出"一带一路"倡议以来，伊朗积极响应，中伊双方的经贸额不断上升。中国企业积极开拓中东市场，加大对中东地区的投资，主要包括基础设施建设和油田开发项目。中国与中东地区的交流往来需要一个相对稳定和平的地区环境。但中东地区由于复杂的地缘政治、宗教派系、民族纠葛等问题，矛盾和冲突从未间断，这对中国在这一地区的投资和经贸往来构成了挑战。这就要求中国在加强与中东地区相关国家双边关系的同时，也要参与到中东地区热点事务的处理中去，为中东地区的紧张局势降温。另一方面，伊朗作为什叶派伊斯兰大国，在中亚地区有着较大的政治影响力。而中亚地区有多个国家与中国接壤，这里地形条件复杂，三股势力活跃，与伊朗建立良好的国家间关系，有助于维护中国西部边疆地区的安全和稳定。

在伊朗核问题上，中国与俄罗斯之间有许多利益共同点。中俄都希望通过和平方式解决伊朗核问题。从国际社会的角度来看，中俄认为在伊朗核问题上的合作有利于探索建立新的国际秩序。中俄反对美国对伊朗进行单边制裁，反对武力解决问题，试图推动美伊两国进行直接对话，以推动问题的和平解决。2010年6月，在联合国安理会通过第四轮对伊制裁时，中方提出了解决伊朗核问题的三个原则：一是应有利于维护核不扩散体系，充分尊重和保障伊朗和平利用核能的权利；二是应有利于维护中东特别是海湾地区的和平与稳定；三是应有利于世界经济复苏，减少对伊朗人民正常生活和各国与伊朗正常经贸往来的影响。①这展现出了中国作为负责任大国主动参与解决地区热点问题的意愿。

2013年是解决伊朗核问题过程中的一个关键时间点。美国方面，奥巴马连任成功开始第二任期，为实现全球范围内的战略调整，奥巴马有意与伊朗缓和关系。伊朗方面，温和派领袖鲁哈尼上台，为改善国内因遭受制裁而产生的经济困境，鲁哈尼希望能改善与美国之间的关系。在双方都有意加强沟通的情况下，美伊两国的关系出现了缓和。在解决伊朗核问题全面协议谈判初期，中国就全面解决伊朗核问题提出了五点主张：一是坚持走六国与伊对话道路；二是寻求全面、公平、合理的长期解决方案；三是秉持分步对等原则；四是营造有利的对话谈判氛围；五是寻求标本兼治、综合治理。②俄罗斯立场鲜明地表示，反对以军事手段解决伊朗核问题，反对美国对伊实施单边制裁，俄罗斯坚定维护国际核不扩散体系。在进行谈判的过程中，俄罗斯多次与美国进行沟通，协调美伊双方立场，推动达成实质性进展。2013年11月，伊朗核问题六国与伊朗达成了一份临时性协议，随后谈判陷入僵局，直到2015年7月，伊朗核问题六国才同伊朗达成了全面协议。该协议的主要内容是伊朗承诺限制其核计划，国际社会取消对伊朗施加的制裁。协议于2016年1月16日正式生效。这份协议的签署离不开中俄两国的外交斡旋，也是美国对伊朗政策不断调试后的一个体现。伊核协议被视为奥巴马第二任期内最重要的外交遗产，受到了国际社会的普遍赞誉，被视为通过多边合作采用外交手段解决热点问题的典范，是推动中东地区局势缓和的标志性事件。但是，这一协议在美国国内饱受争议，不少美国人认为这份协议是美国对地区传统盟友的"背叛"，是对伊朗的绥靖和妥协，将在一定程度上助长伊朗的地区霸

---

① 《安理会通过对伊朗最严厉制裁决议》，https://news.sina.com.cn/o/2010-06-11/073217642462s.shtml。
② 《中国就全面解决伊朗核问题提出"五点主张"》，http://politics.people.com.cn/n/2014/0219/c70731-24408022.html。

权和继续对抗美国的能力。

伊核协议和伊朗问题成为特朗普在竞选过程中的重要议题。特朗普在竞选期间承诺当选总统后将退出伊核协议。2018年5月，特朗普宣布美国退出伊核协议，全面恢复对伊朗的单边制裁。英法中俄德均对美方单方面退出协议的决定表示反对，表示将继续支持维护全面协议的执行。在2017年11月发布的《美国国家安全战略报告》中，特朗普将伊朗视为仅次于中俄的第二大威胁来源，将伊朗视为"头号支恐国家"，大力渲染伊朗威胁。特朗普在伊朗核问题上的态度相较于奥巴马发生了重大转变，这与特朗普的意识形态和国家角色认知变化有密切联系。

综上可以看出，小布什政府时期，俄罗斯借由伊朗核问题介入中东地区事务，当时小布什政府还认为俄罗斯是"有限合作伙伴"。基于对自身绝对实力的信心，美国欢迎俄罗斯在国际事务中承担一部分责任。在防止核扩散方面，美俄利益的一致性，为两国合作提供了可能。美俄关系在奥巴马政府后期逐渐恶化，美国认为俄罗斯正变得越来越强势。俄罗斯通过介入伊朗核问题为其就乌克兰问题与美谈判增添了政治筹码。美国的全球战略调整受到了牵制。到了特朗普政府时期，美国开始炒作"来自中俄高速发展以及中俄立场趋近的威胁"。在这一认知的推动下，特朗普遵循"美国优先"理念，在伊朗核问题上选择退出全面协议，对伊朗进行极限施压，破坏之前建立起的多边合作框架。

通过比较可以发现，不同美国政府时期，美国对中俄两国的认知不同，直接影响了美国应对伊朗核问题的方式。小布什政府时期，美国支持俄罗斯出面斡旋，支持俄罗斯就这一问题提出的解决措施和主张。到奥巴马政府时期则是寻求多方合作解决，鼓励中国等国家提出解决方案。特朗普执政时则是以"美国优先"为由，不顾其他当事国反对，单方面退出协议。这些行为基本可以分别对应美国政府对中俄的认知转变，即从"合作伙伴"到"竞争者"再到"敌对者"的三个阶段，这一事实符合本文提出的假设。

（二）叙利亚问题与美国的大国考量

叙利亚是一个典型的信仰多元化的中东国家，国内大多数民众（占总人口的85%）信仰伊斯兰教，14%信奉基督教。穆斯林人口中，逊尼派占80%（约占全国人口的68%），什叶派占20%。在什叶派中，执政的阿拉维派占75%（约占全国人口的11.5%），是典型的少数群体统治多数人口的国家。民族问题是叙利亚的另一个大问题，在叙利亚人口中，阿拉伯人占80%以上，其他20%则是库尔德人、亚美尼亚人、土库曼人等。①叙利亚位于中东地区的中心地带，它的地理位置和政治地位较为特殊。"9·11"事件发生后，美国将叙利亚列入支持恐怖主义的国家名单。叙利亚一直持强硬的反美反以立场，美国将叙利亚视为"什叶派之弧"的轴心。

2000年，巴沙尔·阿萨德在总统选举中以绝对优势当选叙利亚总统，此后又连续三次获得连任。2005年，巴沙尔推动进行经济改革，但改革并没有改善叙利亚国内原有的社会问题，反而使得贫富差距进一步扩大，加之高出生率、高失业率、高贫困率的社会境况挥之不去，为叙利亚危机埋下了导火索。2011年3月中旬，在叙利亚南部城市德拉，15名学生在公共场所涂写反政府标语遭政府逮捕，随后引发了反政府抗议活动。随后抗议活动不断升级，政府派出军警进行镇压，双方爆发冲突，造成大量人员伤亡。同年7月，叙利亚政府军队和安全部队与反政府武装展开交火，叙利亚危机升级成为内战。叙利亚问题迅速从国内动乱演变为国际热点问题，成为国际多方力量博弈的场所。

2011年8月，美英法德发布声明，以叙利亚总统巴沙尔·阿萨德侵犯人权为由，要求其立即交权下台。为应对叙利亚危机，奥巴马政府采取了所谓的"幕后式领导"，对美军在叙利亚的行动施加了诸多限

---

① 《叙利亚国家概况》，https://www.mfa.gov.cn/web/gjhdq_676201/gj_676203/yz_676205/1206_677100/1206x0_677102/。

制,在介入和退出之间反复摇摆。战争初期,叙利亚政府军节节败退,几乎失去对国家的控制。美国的政策犹疑为其他国家介入叙利亚危机留下了空间,各派势力进行武装混战,恐怖组织和极端组织在乱局中逐渐壮大,"伊斯兰国"渐成气候。同时"伊斯兰国"的扩张也成为这场危机的转折点。

在这种情况下,俄罗斯以打击恐怖主义为由,军事介入叙利亚问题,得以重返中东,打破了美国在中东地区的单极格局。[①]叙利亚政府军和反政府武装分别在俄罗斯和美国及其盟友的支持下开展反恐战争。2015年9月,俄罗斯在叙利亚政府请求下,派出俄罗斯空军部队支援叙利亚政府军,这是1973年第四次中东战争结束后,俄罗斯军队首次进入中东腹地。俄罗斯对巴沙尔政府的支持使得奥巴马政府原有的政策目标难以实现,也在一定程度上改变了奥巴马政府的决策。在俄罗斯深度介入叙利亚问题之前,奥巴马政府本不想在此浪费太多精力,希望"体面地"退出中东,减少在中东地区的资源投入,同时维持中东地区的势力均衡。美国在叙利亚的政策目标主要是:遏制巴沙尔政府、削弱政府军实力,扶持反政府实力,保证以色列安全。但在俄罗斯介入后,奥巴马政府一度放缓了撤出中东的脚步,开始尝试在与俄罗斯战略博弈的基础上建立新的权力平衡,转而积极军事介入叙利亚问题。

俄罗斯在中东地区的利益诉求主要包括三个方面:一是以参与中东地区事务为契机,扩大外交舞台,摆脱冷战结束后在国际社会的孤立状态;二是出于经济利益的考虑,通过在中东地区的贸易投资发展自身经济;三是出于维护地区稳定局势的考虑,打击极端主义和恐怖主义,避免非传统安全问题蔓延到俄罗斯及其邻国。此外,中东地区作为全球能源的重要来源地,稳定的地区局势才能保证稳定的国际能源价格,俄罗斯的经济对全球能源价格敏感度较高。基于这些原因,

---

① 吴冰冰:《中东地区的大国博弈、地缘战略竞争与战略格局》,载《外交评论》,2018年第5期,第51页。

俄罗斯积极介入中东地区事务，并把叙利亚问题作为俄罗斯中东战略的支点。

通过上文分析可以看出，美国对俄罗斯从"竞争者"向"敌对者"的认知转变，使得美国对叙利亚采取的政策发生了转变。美俄两国在叙利亚问题上更多体现的是战略竞争。奥巴马政府时期，美国将俄罗斯视为"竞争者"，在俄罗斯军事介入叙利亚问题之前，美国对叙利亚问题的态度是犹疑的，虽然美叙之间长期敌对，美国也没有迅速直接介入冲突。但在俄罗斯介入之后，奥巴马政府担心俄罗斯在中东地区扩大影响，才转而直接介入叙利亚问题。特朗普对奥巴马基于意识形态支持叙利亚反政府武装持批评态度。特朗普上台后，美国对俄罗斯的角色认知发生了显著的变化，从战略"竞争者"转变为了战略竞争"敌对者"。在2017年11月发布的《美国国家安全战略报告》中，特朗普将俄罗斯的威胁排到了恐怖主义之前。这促使特朗普在叙利亚问题上不再把主要精力放在推翻巴沙尔政府上面，而是驱使俄罗斯打击恐怖主义，以便使美国尽快从叙利亚乱局中抽身，不再虚耗国家资源。在具体行为上，无论是与俄罗斯进行竞争还是"合作"，其背后的根本目的都是与俄罗斯争夺地区影响力，损俄以肥身。

四、美国对中国角色认知变化的影响

近年来，中国在美国的国家战略文件中出现的频率越来越高。在美国政府眼中，中国在中东地区扮演着越来越重要的角色。美国对中国角色定位的认知正逐渐朝着对俄认知的方向发展。从特朗普政府以来，美国的战略文件把中俄的角色都界定为"战略竞争者"。不同的是，中国转变为"战略竞争者"的时间不长，俄罗斯则在较长时间范围内都被美国视为"战略竞争者"。

随着中国综合实力的提升，美国对中国的认知也在不断变化。2002年出台的《美国国家安全战略报告》表示："（美国）欢迎一个强大、和平、繁荣的中国的出现。"①这展示出美国拥有绝对实力所带来的强大自信,在小布什政府眼中,中国可能还"比较落后",不至于对美国构成较大威胁。美国希望中国能够步入美国主导的轨道。美国将俄罗斯、中国、印度视为"具有大国潜力的转型国家"。在2006年的《美国国家安全战略报告》中,美方提及中国时谈得更多的是"合作"。②美国将中国视为"全球参与者",鼓励中国在经济、政治领域成为负责任的利益相关方。③同时也妄议中国政治制度,在人权等问题上,干涉中国内政。进入奥巴马政府时期,美国对中国的认知发生了微妙变化。在国家战略层面,俄罗斯不再是美国眼中最主要的"战略竞争者",中国逐渐替代了俄罗斯在美国对外战略中的地位,成为美国在全球范围内首要的战略竞争大国。④美国密切关注中国的军事力量发展,自2009年开始定期发布中国军事力量报告,从中国军事战略、军备现代化发展趋势等多个角度,对中国的军事力量进行全面分析,并逐年修订最新数据,评估中国在全球范围的军事实力。截至2022年4月,在美国国防部官方网站公开可供查阅的中国军事力量报告有13份。⑤由此可见,美国对中国的戒备之心已经很重。在特朗普政府时期发布的《美国国家安全战略报告》中,中国总是与俄罗斯同时出现,美方认为中俄正在试图塑造一个与美国价值观和利益相悖的世界。⑥在特朗普政府的认知中,中国的威胁甚至更大。

美国对中国从"合作伙伴"到"敌对者"的认知变化,值得我们高度重视。建构主义认为,认知是可以通过认知主体和认知客体的互

---

① "The National Security Strategy of the United States of America", https://2009-2017.state.gov/documents/organization/63562.pdf.
② "The National Security Strategy of the United States of America", https://georgewbush-whitehouse.archives.gov/nsc/nss/2006/intro.html.
③ 同②。
④ 孙哲、徐洪峰:《奥巴马政府战略重心东移对美俄关系的影响》,载《美国研究》,2013年第1期,第19页。
⑤ 2009年至2021年间,美国国防部每年公布一份中国军事力量报告。
⑥ "National Security Strategy of the United States of America", http://nssarchive.us/wp-content/uploads/2020/04/2017.pdf.

动进行构建和重构的。认知对行为具有决定作用。美国对中国的认知角色的变化，将会通过具体行为进行表达。同一客体的同一行为，出于主体不同的角色认知，将会产生不同的意图解读。例如，就中国与伊朗进行石油贸易，若美国将中国认知为"合作伙伴"角色，则美国可能将这一行为视为普通的商业行为；若美国将中国定义为"敌对者"的角色，则可能将中国购买伊朗石油视为支持伊朗政府、挑战美国对伊政策的行为。

五、结语

鉴于大国在国际社会中占据特殊地位，大国关系决定了国际体系的基本特性和总体状况。当今世界，国家间的力量对比正在发生显著变化，大国力量此消彼长，使得大国关系面临新的考验。美国作为守成国，对崛起国的认知将直接影响其国家战略的制定。中东地区作为具有重要地缘政治地位的地区，在可预见的未来，会一直受到大国决策者的关注。美国在这一地区的政策也会继续受到大国竞争要素的显著影响。

本章通过对美国国家战略文件的分析，明晰了美国在中东地区的利益诉求及其不同时期的重点关切，同时通过梳理美国对中东域外大国的认知，探究美国对域外大国的态度变化，并在此基础上提出假设：域外大国因素的确对美国在中东地区的利益关切产生影响，进而影响美国中东政策的制定和实施。然后，我们以伊朗核问题和叙利亚问题为案例，验证了上述假设。

本章研究的基本结论是：美国高度关注其他世界大国介入中东地区事务，非常警惕域外大国在中东地区影响力的提升，尤其是中国和俄罗斯。域外大国因素是美国在制定其中东政策时会重点考虑的因素。美国对域外大国角色身份的认知，直接影响其中东政策的制定和实施。

中国需要高度关注美国战略文件和外交实践体现出来的对中国角色的认知定位及其变化,预判其可能产生的重要影响,以更好地应对大国竞争的风险挑战。

后　记

本书深入研究了美国中东政策的影响因素，目的是更好地理解美国中东政策。其实，在了解了美国在中东地区的决策因素以后，接下来的很多事情是不言自明的，读者可以自行品味。我们在本书中只是大致作一总结而已。

2013年9月，中国国家主席习近平在出访中亚和东南亚国家期间，首次提出了共建"一带一路"倡议，旨在推动共建"一带一路"国家间政策、设施、贸易、资金、民心等方面的互联互通。在共建"一带一路"背景下，中国与中东国家的互动显著增多。2016年1月，习近平主席出访中东三国，进一步加快共建"一带一路"倡议在中东地区的落实。同时，中国政府发布了首份《中国对阿拉伯国家政策文件》，全面回顾了中阿关系发展的历史，系统阐述了中阿发展国家间关系的指导原则，表达了中方致力于推动中东和平稳定的政治意愿，期待中阿国家间关系的深化发展。中国针对中东国家的重视程度可见一斑。与此同时，很多中东国家出台经济多元化发展愿景，开始重视"向东看"。中国的共建"一带一路"倡议与中东国家的"向东看"战略不谋而合，迸发出强大的合作动力。

但是，中国加强与中东国家的合作，不可避免地遇到一些"问题解决"的考验。中国需要在反恐领域和中东热点问题上发挥更大作用，

后 记

以此与中东国家建立起足够的互信。与此同时,中国与美国必然会在中东地区不期而遇,如何在中东事务上处理好与美国的关系,成为中国进入中东地区必须解决的重大问题。尤其在美国政府越来越将中国视为"竞争对手"并执着于"拉一派打一派"这一冷战思维的情况下,中国更需要考虑如何处理与美国的关系,以最大限度地减少损失、提高收益,确保共建"一带一路"倡议在中东地区平稳落地。

对于美以特殊关系,我们既要有清醒的认知,也要有足够的信心。美以特殊关系深入到美国和以色列多数选民的基本信仰中,渗透到美国国会的主流共识中,也体现在美国历届政府的决策中。所以,美国与以色列的同盟关系非常坚固。但是,这不意味着美国与以色列在国家利益的认知上完全一致。恰恰相反,美国在伊朗核问题上、在巴勒斯坦建国问题上、在对待大国冲突的态度问题上,都与以色列存在很大的分歧,两国因此产生的争冲也时常见诸媒体。不仅如此,美国与以色列在看待中国的态度上,也有很大不同。美国出于维护超级大国地位的考虑,侧重于与中国竞争。以色列出于维护国家生存和安全的考虑,尽量不得罪大国,甚至尽量保持与大国的合作关系,长期以来奉行以高新技术换取大国支持的外交政策。这意味着即便存在美以特殊关系一定程度上的干扰因素,中国和以色列仍然存在很大的合作空间。

美国在中东地区通过能源、经贸和军售三大领域与域内国家开展合作,在捍卫了本国经济利益的同时,也维持了自身在中东地区的政治影响力,改变了地区国家之间的实力对比。中国在中东地区有与美国类似的经济利益和合作内容,所以,一方面,中国可以借鉴美国的有效做法,搭建各种制度平台,为建立双边经济合作伙伴关系提供便利。另一方面,我们需要吸取美国的教训,继续坚持平等互利,摒弃恃强凌弱,与中东国家建立足够的战略互信,推动中国和中东国家共同发展经济,并进一步推动政治合作。在政策层面,中国可以在2006年1月签署的《中华人民共和国政府和沙特阿拉伯王国政府关于石油、天然气、矿产领域开展合作的议定书》基础上，进一步与阿联酋、科威特、卡塔尔等其他产油国签订双边协议，鼓励前者向中国提供更多优质能源。中国还可以将2008年成立的中国-阿拉伯国家能源大会机制推广到整个中东地区，通过购买股权和提供技术服务等方式帮助更多国家在能源勘探开发、炼化储藏等方面向纵深发展，最终优化双方在整个经济领域的伙伴关系。在经贸和投资领域，中国可以在不要求对方变更经济制度的前提下，通过促进贸易结构均衡化和增进双向投资流动，扩大彼此的贸易投资合作。在军售领域，中国可以参考美国标准提升外销武器质量，并尽量避免美国在中东倾销武器对地区安全造成的消极影响，由此在推动本国军事工业发展的同时为维护世界和平稳定作出努力。

　　在价值观方面，中国坚持不干涉、不冲突、不对抗、相互尊重、合作共赢的原则，坚定不移推进新型国际关系建设。而美国热衷于向外界宣传和推广其价值观，导致中美两国在中东地区的政策取向必然有很大不同。与此同时，中东国家比较反感和抵制美国的价值观输出和道德打压。在这种情况下，我们的政策理念必然在中东地区具有更大的吸引力和更强的相容性，更能得到中东国家的接受和认可。所以，在这一方面，我们无须受到美国影响，可以继续坚定履行我们的外交策略，深化共建"一带一路"倡议在中东地区落地，推进构建人类命运共同体，与中东国家建立越来越多的合作和互信。与此同时，我们也无须过多地高调批评美国的做法，以免引起中美两国在中东事务上不必要的对抗和冲突。

　　大国竞争也是影响美国中东政策的重要因素之一。美国作为中东地区的传统域外大国，必然会对中国深度参与中东事务产生猜疑。对此，我们需要在充分关注美国对中国角色认知变化的基础上，预判其可能出现的战略变化，及时调整自身战略，更好地应对随时出现的竞争事态。为此，我们需要首先强化自身实力，然后随机应变。一方面要积极构建共建"一带一路"倡议和人类命运共同体的话语体系，深入打造中国作为"中东和平的建设者、中东稳定的促进者、中东发展的贡献者"的国家形象，并通过各种手段推动其在中东地区落地生根，从根本上增强中国的地区话语权和影响力。另一方面，我们要继续加强与中东地区国家的务实合作，在目前已经建立起的较好基础的情况下，继续在共建"一带一路"倡议框架下，主动与中东地区国家的发展战略进行精准深入对接，真正实现互利共赢，使中东国家感受到这种合作产生的巨大效益。

最后，我们需要继续加强对美国国家战略的深入研究。一方面，不仅要强化对美国国家战略文件的研究，理解这类文件所表达出的美国利益关切，还要把握美方话语对我国的全球角色定位和地区角色认知等。另一方面，要有针对性地清晰表达我国的战略意图，对其他国家进行身份和角色的界定，对我国的利益关切进行明确阐述，尽量避免大国之间发生战略误判。

当下，适逢百年未有之大变局，各个国家的战略规划能力和执行能力受到严峻考验。美国作为世界超级大国，也是战略规划的高手。而现在中国也已站在了世界舞台的中央，面临的国际局势复杂多变，这对我国的战略规划和执行提出了更高的要求。深入探究美国在中东地区的战略博弈，厘清美国制定外交政策的真实考虑，必将有助于我们更好地应对和处理在中东地区遇到的"美国问题"、更好地认识复杂多变的国际局势、更熟练地处理复杂多变的国际事务。

参考文献

一、中文文献

(一)学术著作

1. 阿米蒂奇.独立宣言:一种全球史[M].孙岳,译.北京:商务印书馆,2014.
2. 安维华,钱学梅.海湾石油新论[G].北京:社会科学文献出版社,2000.
3. 安维华,钱学梅.美国与"大中东"[M].北京:世界知识出版社,2006.
4. 鲍威尔,多尔顿,等.当代比较政治学世界视野(第十版)[M].杨红伟,吴新叶,等,译.上海:上海人民出版社,2017.
5. 北京大学亚非研究所.第三世界石油斗争[M].北京:生活·读书·新知三联书店,1981.
6. 毕曼.美国宪法导读[G].刘雁,译.北京:商务印书馆,2016.
7. 波尔.美国平等的历程[M].张聚国,译.北京:商务印书馆,2007.
8. 布热津斯基.大棋局:美国的首要地位及其地缘战略[M].中国国际问题研究所,译.上海:上海世纪出版集团,2007.
9. 蔡华堂.美国军事战略研究[M].北京:时事出版社,2019.

10. 陈俊涛. 美国南北战争[M]. 济南:山东科学技术出版社,2017.

11. 陈天社. 穆巴拉克时期的埃及[M]. 北京:社会科学文献出版社,2019.

12. 陈小沁. 能源战争:国际能源合作与博弈[M]. 北京:新世界出版社,2015.

13. 储永正. 美以军事外交关系研究:基于军事援助的考察[M]. 北京:时事出版社,2016.

14. 董秀丽. 美国外交的文化阐释[G]. 北京:知识产权出版社,2007.

15. 范鸿达. 伊朗与美国:从朋友到仇敌[M]. 北京:新华出版社,2012.

16. 费尔克拉夫. 话语与社会变迁[M]. 殷晓蓉,译. 北京:华夏出版社,2003.

17. 费希尔. 中东史[M]. 姚梓良,译. 北京:商务印书馆,1980.

18. 高尚涛. 国际关系理论基础[M]. 北京:时事出版社,2009.

19. 高尚涛. 权力建构主义视角下的阿以关系研究[M]. 北京:世界知识出版社,2018.

20. 高祖贵. 冷战后美国的中东政策[M]. 北京:中共中央党校出版社,2001.

21. 高祖贵. 美国与伊斯兰世界[M]. 北京:时事出版社,2005.

22. 高祖贵. 全球大变局下的中东与美国[M]. 北京:时事出版社,2017.

23. 哈全安. 中东史(610-2000)[M]. 天津:天津人民出版社,2010.

24. 韩莉. 新外交·旧世界——伍德罗·威尔逊与国际联盟[M]. 北京:同心出版社,2002.

25. 韩志斌,李玮. 中东形势与战略第二辑[G]. 北京:时事出版社,2019.

26. 何锡蓉,等. 当代中国的精神旗帜:社会主义核心价值观研究[M]. 上海:上海人民出版社,2014.

27. 亨廷顿. 文明的冲突与世界秩序的重建(修订版)[M]. 周琪,等,译. 北京:新华出版社,2010.

28. 亨廷顿. 美国政治:激荡于理想与现实之间[M]. 先萌奇,景伟明,译.

北京:新华出版社,2017.

29. 胡鞍钢,门洪华.解读美国大战略[G].杭州:浙江人民出版社,2003.

30. 胡欣.美国帝国思想的对外政策含义:对国家身份、意识形态和国际秩序观的历史解读[M].南京:江苏人民出版社,2017.

31. 基辛格.美国需要外交政策吗?:21世纪的外交[M].胡利平,凌建平,译.北京:中国友谊出版公司,2003.

32. 基辛格.世界秩序[M].胡利平,林华,曹爱菊,译.北京:中信出版社,2015.

33. 江波.美国中东战略下的伊拉克战争与重建[M].北京:时事出版社,2007.

34. 江畅,张媛媛.中国梦与中国价值[M].武汉:武汉出版社,2016.

35. 江红.石油、美元与霸权:小布什发动阿富汗战争和伊拉克战争的历史透视[M].北京:中国社会科学出版社,2019.

36. 江红.为石油而战——美国石油霸权的历史透视[M].北京:东方出版社,2002.

37. 姜英梅.中东金融体系发展研究:国际政治经济学的视角[M].北京:中国社会科学出版社,2011.

38. 杰维斯.国际政治中的知觉和错误知觉[M].秦亚青,译.上海:上海世纪出版集团,2015.

39. 科尔巴奇.政策[M].张毅,韩志明,译.长春:吉林人民出版社,2005.

40. 柯克.美国秩序的根基[M].张大军,译.南京:江苏凤凰文艺出版社,2018.

41. 匡特.中东和平进程——1967年以来的美国外交和阿以冲突[M].饶淑莹,郭素琴,夏慧芳,译.上海:华东师范大学出版社,2009.

42. 李洪钧,刘万泉,王鸿宾.民主自由人权的历史与现实[G].沈阳:辽宁大学出版社,1991.

43. 刘竞.中东手册[G].银川:宁夏人民出版社,1989.

44. 柳鸣九.萨达特——中东和平进程的先行者[G].吉林:长春出版社,

45. 李庆余. 美国外交史：从独立战争至2004年[M]. 山东：山东画报出版社，2008.

46. 李若晶. 失衡的依赖：美国对中东石油外交的国际政治经济学解读（1945-1975）[M]. 北京：中国社会科学出版社，2012.

47. 李若晶. 石油冷战：中东石油与冷战中的大国竞争（1945-1990）[M]. 北京：世界知识出版社，2016.

48. 李伟建. 以色列与美国关系研究[M]. 北京：时事出版社，2006.

49. 刘月琴. 冷战后海湾地区国际关系[M]. 北京：社会科学文献出版社，2002.

50. 卢梭. 论人类不平等的起源和基础[M]. 陈伟功，吴金生，译. 北京：北京出版社，2010.

51. 米尔斯海默，沃尔特. 以色列游说集团与美国外交政策[M]. 王传兴，译. 上海：上海人民出版社，2019.

52. 尼克松. 真正的战争[M]. 萧啸，昌奉，译. 北京：世界知识出版社，2000.

53. 彭树智. 二十世纪中东史[G]. 北京：高等教育出版社，2001.

54. 施兴和. 近代国际关系史[M]. 合肥：安徽大学出版社，1999.

55. 舒先林. 美国中东石油战略研究[M]. 北京：石油工业出版社，2010.

56. 孙成昊，肖河. 白宫掌权者：美国国家安全委员会（1949-2019）[M]. 北京：时事出版社，2020.

57. 唐宝才. 伊拉克战争后动荡的中东[G]. 北京：当代世界出版社，2007.

58. 仝菲. 阿拉伯联合酋长国现代化进程研究[M]. 北京：社会科学文献出版社，2013.

59. 托克维尔. 论美国民主[M]. 吴睿，译. 北京：群言出版社，2015.

60. 瓦西里耶夫. 俄罗斯的中东政策：从列宁到普京[M]. 唐志超等，译. 北京：社会科学文献出版社，2021.

61. 王春来，卢海生. 16-19世纪世界史文献选编[G]. 上海：上海辞书出版社,2010.

62. 王帆,凌胜利. 人类命运共同体:全球治理的中国方案[M]. 长沙:湖南人民出版社,2017.

63. 王缉思主编. 布什主义的兴衰[G]. 北京:世界知识出版社,2012.

64. 王辑思. 国际政治的理性思考[M]. 北京:北京大学出版社,2006.

65. 王加丰,周旭. 美国历史与文化[G]. 杭州:浙江大学出版社,2005.

66. 王建华. 美国历届总统世界名校演说精选[G]. 南昌:江西人民出版社,2002.

67. 王京烈. 动荡中东多视角分析[M]. 北京:世界知识出版社,1996.

68. 王林聪. 中东国家民主化问题研究[M]. 北京:中国社会科学出版社,2007.

69. 王明芳. 冷战后美国的伊朗政策研究[M]. 北京:社会科学文献出版社,2015.

70. 王秦,陈小迁. 追寻政治可持续发展之路:中东现代威权政治与民主化问题研究[M]. 北京:社会科学文献出版社,2016.

71. 王荣. 《美国国家安全战略报告》研究[M]. 北京:时事出版社,2015.

72. 王晓德. 美国文化与外交(修订版)[M]. 天津:天津教育出版社,2008.

73. 韦伯. 新教伦理与资本主义精神[M]. 闫克文,译. 上海:上海人民出版社,2010.

74. 威尔逊. 美国官僚体制:政府机构的行为及其动因[M]. 李国庆,译. 北京:社会科学文献出版社,2019.

75. 沃尔特. 联盟的起源[M]. 周丕启,译. 北京:北京大学出版社,2007.

76. 吴奕新. 中国文化与核心价值观[M]. 广州:广东人民出版社,2018.

77. 小阿瑟·戈尔德施密特,劳伦斯·戴维森. 中东史[M]. 哈全安,刘志华,译. 上海:东方出版中心,2019.

78. 休柯尔. 马丁·路德·金[M]. 董佩琪,译. 北京:中国工人出版社,2009:123.

79. 亚里士多德. 政治学[M]. 颜一,秦典华,译. 北京:中国人民大学出版社,2003.

80. 杨光,王林聪编. 中东发展报告·18(2015-2016):"一带一路"建设与中东[G]. 北京:社科文献出版社,2016.

81. 杨建毅. 自由的认识与实践——马克思主义自由观及其当代意义[M]. 兰州:甘肃人民出版社,2008.

82. 杨明佳. 自由与主权之间:美国制宪辩论的政治逻辑[M]. 北京:中国社会科学出版社,2009.

83. 杨卫东. 国际秩序与美国对外战略调整[M]. 天津:天津人民出版社,2018.

84. 余国庆. 大国中东战略的比较研究[M]. 北京:中国社会科学出版社,2013.

85. 余建华主编. 中东变局研究(上卷)[G]. 北京:社会科学文献出版社,2018.

86. 袁贵仁. 价值观的理论与实践——价值观若干问题的思考[M]. 北京:北京师范大学出版社,2013.

87. 张翠容. 中东现场[M]. 桂林:广西师范大学出版社,2012.

88. 张士智,赵慧杰. 美国中东关系史. 北京:中国社会科学出版社,1993.

89. 张友伦. 美国西进运动探要[M]. 北京:人民出版社,2005.

90. 赵常庆. "颜色革命"在中亚[G]. 北京:社会科学文献出版社,2011.

91. 赵克仁. 美国与中东和平进程研究(1967-2000)[M]. 北京:世界知识出版社,2005.

92. 赵伟明. 中东问题与美国中东政策[M]. 北京:时事出版社,2006.

93. 赵晓兰. 美国的诞生[M]. 上海:复旦大学出版社,2001.

94. 赵一凡. 美国的历史文献[M]. 北京:生活·读书·新知三联书店,1989.

95. 周琪主编. 意识形态与美国外交[M]. 上海:上海人民出版社,2006.

96. 周文华. 美国核心价值观建设及启示[M]. 北京:知识产权出版社,

2014.

97. 周毅. 美国历史与文化(第2版)[M]. 北京:首都经济贸易大学出版社,2015.

98. 朱明权. 领导世界还是支配世界?——冷战后美国国家安全战略[M]. 天津:天津人民出版社,2005.

99. 朱小莉. 国际战略视野下的中东[M]. 北京:世界知识出版社,2010.

100. 朱小莉. 国际战略视野下的中东[M]. 北京:世界知识出版社,2010.

101. 朱永涛. 美国价值观——一个中国学者的探讨[M]. 北京:外语教学与研究出版社,2002.

(二)期刊文章

102. 安惠侯. 布什政府对美国中东政策的调整和再调整[J]. 阿拉伯世界研究,2007(4):3-10.

103. 安惠侯. 和平之路在何方——评中东和平"路线图"[J]. 国际问题研究,2003(5):1-5.

104. 安惠侯. 美国中东政策评析[J]. 阿拉伯世界研究,2006(1):3-7.

105. 安惠侯. "9·11"事件以来的美国中东政策评析[J]. 阿拉伯世界研究,2016(1):3-20,118.

106. 安维华. 石油与美国——伊斯兰世界关系[J]. 西亚非洲,2003(3):39-44.

107. 安维华. 中国与中东的能源合作[J]. 西亚非洲,2001(1):12-16,78.

108. 常江. 中国电视剧海外传播的文化使命[J]. 中国电视,2020(10):73-76.

109. 陈晖. 美国中东政策与美伊关系[J]. 唯实,2020(3):86-89.

110. 陈天社. 合作与冲突:穆巴拉克时期的埃美关系[J]. 西亚非洲,2008(5):68-74.

111. 陈文胜. "阿拉伯之春"中青年社交媒体参与及其启示[J]. 当代青

年研究,2017(1):110-117.

112. 邓明辉.析"美国优越论"的文化原因[J].教育艺术,2003(1):9-21.

113. 东方晓.中东:美国霸权的陷阱[J].西亚非洲,2003(6):9-13,79.

114. 杜雁芸.美国网络霸权实现的路径分析[J].太平洋学报,2016(2):65-75.

115. 范鸿达.美国特朗普政府极限施压伊朗:内涵、动因及影响[J].西亚非洲,2019(5):3-21.

116. 樊吉社.伊核问题与美国政策:历史演进与经验教训[J].西亚非洲,2020(4):124-143.

117. 樊为之.美国国会对美国中东政策的作用和影响[J].西亚非洲,2008(9):73-78.

118. 冯基华.美国中东政策的战略支点——沙特[J].亚非纵横,2014(3):1-11,121.

119. 冯基华.美国中东政策的战略支点——土耳其[J].亚非纵横,2012(4):42-49,60,62.

120. 冯绍雷.大国俄罗斯的世界构想[J].文化纵横,2021(6):104-116.

121. 甘钧先.2010年《美国国家安全战略》报告评析[J].现代国际关系,2010(6):52-57.

122. 高尚涛.阿以建交:中东局势前景展望[J].人民论坛,2020(27):122-125.

123. 高尚涛.特朗普政府的中东关系网络评析[J].当代世界,2019(2):40-46.

124. 高祖贵.大变局下美国中东政策的调整[J].当代世界,2014(3):16-20.

125. 管清友,张明.国际石油交易的计价货币为什么是美元?[J].国际经济评论,2014(3):57-60.

126. 韩召颖,岳峰.特朗普政府的中东政策探析[J].当代美国评论,

2018(2):75-96,124-125.

127. 韩志斌.中东部落:概念认知、类型演化及社会治理[J].史学月刊, 2021(5):5-12.

128. 郝斋田.美国犹太游说集团对国会及美国中东政策的影响[J].首都师范大学学报,2006(2):30-35.

129. 贺文萍.卡扎菲的"世界第三理论"[J].国际政治研究,1990(4):73-81.

130. 胡腾蛟.冷战时期美国海外图书输出的主旨探析[J].武汉大学学报(人文科学版),2013(1):57-61,127-128.

131. 胡腾蛟.文化冷战背景下美国图书的海外传播与国家形象塑造[J].中南大学学报(社会科学版),2016(2):186-192.

132. 姜淑令,褚浩.试析20世纪60年代美国对以色列的援助[J].武汉大学学报(人文科学版),2007(6):819-823.

133. 姜英梅.海湾国家石油美元投资模式[J].阿拉伯世界研究,2013(1):10-22.

134. 江泽民.高举邓小平理论伟大旗帜,把建设有中国特色社会主义事业全面推向二十一世纪——在中国共产党第十五次全国代表大会上的报告(1997年9月12日)[J].求是,1997(18):2-23.

135. 蒋真.伊朗核强硬政策评析[J].西亚非洲,2007(1):5-10.

136. 巨永明.美国是中东和平进程的主导者[J].郑州大学学报(哲学社会科学版),2006(1):148-150.

137. 李菁华.方法与应用:话语分析与美国公众外交[J].世界经济与政治,2008(5):4,37-43.

138. 李庆四.美国国会中的外来游说[J].美国研究,2007(4):3,7-18.

139. 李睿恒.美国对伊拉克库尔德问题政策的演变[J].美国研究,2007(5):7,82-108.

140. 李少军.国际关系研究与诠释学方法[J].世界经济与政治,2006(10):4,7-13.

141. 李绍先,陈双庆.大国势力博弈叙利亚[J].当代世界,2012(3):2-6.

142. 李伟,孙阿扣.巴以争端的新焦点——隔离墙问题[J].西亚非洲,2004(5):12-17,79.

143. 李伟建.中国中东外交战略构建研究[J].阿拉伯世界研究,2016(2):3-16,118.

144. 李勇慧.俄罗斯与伊朗核问题探析[J].俄罗斯东欧中亚研究,2016(2):36-49,156.

145. 廖其年,张振国.怨怨相报何时了——新一轮以巴冲突的缘起分析[J].亚非纵横,2002(2):16-20.

146. 刘宝莱.应对奥巴马"新中东政策"的几点思考[J].阿拉伯世界研究,2009(5):10-14.

147. 刘辰,刘欣路.美国对阿拉伯国家的媒体外交初探[J].白城师范学院学报,2014(6):24-27,38.

148. 刘国柱.美国中东政策的国家利益视角[J].当代世界,2016(2):20-21.

149. 刘兴华,李冰.国际安全视域下的网络文化与网络空间软实力[J].国际安全研究,2019(6):73-103,155.

150. 刘延东.面向未来、携手合作、共同谱写孔子学院发展新篇章——在第六届孔子学院大会上的致辞[J].孔子学院,2012(1):25-31.

151. 刘智.美国价值观之清教主义根源[J].深圳大学学报(人文社会科学版),2004(1):116-120.

152. 刘中民.和平与反恐:奥巴马政府中东政策面临的双重挑战[J].外交评论,2009(5):72-84.

153. 刘中民.伊斯兰的国际体系观——传统理念、当代体现及现实困境[J].世界经济与政治,2014(5):4-32,156.

154. 刘中民.在中东推进"一带一路"建设的政治和安全风险及应对[J].国际观察,2018(2):36-50.

155. 陆瑾,宋江波.伊朗与中国战略合作的动因及阻力[J].国际研究参考,2020(12):38-43.

156. 罗艳华.美国民主输出的战略手段与现实困境[J].人民论坛,2021(35):40-43.

157. 门洪华.美国外交中的文化价值观因素[J].国际问题研究,2001(5):19,51-55.

158. 莫盛凯.特朗普政府中东政策的特点[J].战略决策研究,2020(5):42-63,102-103.

159. 钮松.美国的中东和平政策及其未来走向[J].亚太安全与海洋研究,2021(1):4,90-103.

160. 牛新春.拜登政府中东政策的"变"与"不变"[J].世界知识,2021(3):18-21.

161. 牛新春.美国的中东政策:延续与变化[J].当代世界,2018(3):26-29.

162. 牛新春.美国中东政策:矛盾与困境[J].外交评论,2011(2):15-25.

163. 牛新春.美国中东政策:开启空中干预时代[J].西亚非洲,2017(1):3-23.

164. 牛新春.想像与真相:中国的中东政策[J].西亚非洲,2021(4):25-53,156-157.

165. 牛新春.选择性介入:美国中东政策调整[J].外交评论,2012(2):45-54.

166. 牛新春.中东北非动荡凸显美国对中东政策的内在矛盾[J].现代国际关系,2011(3):18-19.

167. 牛新春."一带一路"下的中国中东战略[J].外交评论,2017(4):32-58.

168. 欧阳康,钟林.美国价值观的生成、内容与特征[J].湖北行政学院学报,2015(2):5-11.

169. 潘志高,倪海宁.美国2006年度《国家安全战略报告》浅析[J].国际论坛,2006(4):18-23,79.

170. 潜旭明.美国对中东能源战略变迁的理论分析[J].阿拉伯世界研究,2012(6):54-63.

171. 沈雅梅.美国对伊朗政策调整的动因及其空间[J].现代国际关系,2013(6):47-55.

172. 史丹.世界石油供需与隐蔽的资源竞争——兼析美国军事行动下的能源战略[J].改革,2002(2):119-127.

173. 施旭,李婧.美国国家安全话语体系研究[J].中国外语,2021(4):12-18.

174. 舒先林.美国的中东石油战略与中国能源安全[J].西亚非洲,2010(2):5-10,79.

175. 舒先林.美国军事介入中东石油战略利益之透析[J].阿拉伯世界研究,2007(5):18-25.

176. 孙德刚.特朗普政府中东政策评析[J].美国问题研究,2017(2):178-197,220.

177. 孙德刚.美国与沙特准联盟外交的理论与实证研究[J].阿拉伯世界研究,2008(5):34-41.

178. 孙德刚.美国在中东军事基地的周期性变化——基于美国安全政策报告的文本分析[J].西亚非洲,2016(6):91-108.

179. 孙德刚.中东和平"路线图"浅析[J].西亚非洲,2004(1):18-22.

180. 孙立昕.特朗普政府对伊朗政策及美伊战略博弈前景[J].当代世界,2019(10):44-51.

181. 孙鲲.美国中东政策调整及对中东和平进程的影响[J].西亚非洲,1998(2):56-58,80.

182. 孙霞.中东能源地缘政治的演变与中国的对策[J].阿拉伯世界研究,2013(5):59-71.

183. 唐国栋.最新《美国国家安全战略》报告浅析[J].现代国际关系,

2002(10):18-22.

184. 唐志超. 伊朗核问题的大国博弈及其影响[J]. 当代世界,2019(8):42-48.

185. 陶文钊. 布什政府的中东政策研究[J]. 美国研究,2008(4):3,7-31.

186. 田文林. 西方对中东的意识形态渗透及其深远影响[J]. 当代世界与社会主义,2020(4):156-164.

187. 田文林. 伊核协议与美国的战略调整[J]. 现代国际关系,2015(9):21-27,65-66.

188. 田文林. 以色列安全战略及其缺陷[J]. 现代国际关系,2011(4):52-56.

189. 万光. 克林顿上台后的美以关系[J]. 西亚非洲,1998(4):16-20,79.

190. 万光. 美国对中东的政策及其面临的挑战[J]. 西亚非洲,1996(2):19-24,47,78.

191. 万光. 美国中东政策的抉择[J]. 现代国际关系,1986(2):30-34,40.

192. 汪波,伍睿. "以色列优先"与特朗普中东政策的内在逻辑[J]. 阿拉伯世界研究,2021(3):15-31,157-158.

193. 汪波,姚全. 新时期中国中东外交思想构建研究[J]. 阿拉伯世界研究,2019(2):76-90,119-120.

194. 王巾. 新闻话语中的意识形态——对《纽约时报》和《今日美国报》中处决萨达姆·侯赛因报道的批评话语分析[J]. 长春师范学院学报,2010(11):133-136.

195. 王锦. 奥巴马中东政策评析[J]. 现代国际关系,2016(11):15-20,39,63.

196. 王锦. 特朗普的中东政策及其前景[J]. 现代国际关系,2018(8):38-45,65.

197. 王晋.盟友还是对手?——俄罗斯与伊朗、土耳其在叙利亚问题上的关切与挑战[J].俄罗斯研究,2020(1):39-62.

198. 王京烈.整体考察美国的中东政策(上)[J].阿拉伯世界研究,2007(5):3-10.

199. 王京烈.整体考察美国的中东政策(下)[J].阿拉伯世界研究,2007(6):3-11.

200. 王京烈.中东战略地位与美国中东政策调整[J].西亚非洲,1998(2):58-61,80.

201. 王联.中国与中东国家的经贸关系[J].国际问题研究,2008(4):26-31.

202. 王林聪,王海媚.21世纪以来中国的中东研究:现状与前景——王林聪研究员访谈[J].国际政治研究,2021(3):140-160.

203. 王林聪.埃及政治转型的困境和出路[J].当代世界,2013(11):35-38.

204. 王林聪.卡扎菲外交思想与利比亚外交[J].西亚非洲,2004(6):33-38.

205. 王林聪.民主化还是美国化——解析美国对中东地区的政治整合与"民主改造"[J].世界经济与政治,2004(9):4-5,20-25.

206. 王猛."法老"、总统和国家——从塞西当选埃及总统说开去[J].世界知识,2014(12):44-46.

207. 王勇辉.解读小布什时期美国大战略中的中东政策[J].阿拉伯世界研究,2006(4):14-20.

208. 王勇辉.美国石油地缘战略与中东地区安全[J].阿拉伯世界,2005(6):45-50.

209. 卫兴华.掀开西方"普世价值"的面纱[J].红旗文稿,2015(23):39.

210. 吴冰冰.从埃及看中东变局[J].阿拉伯世界研究,2011(5):20-26.

211. 吴磊.中东能源结构性矛盾与中国——中东石油合作[J].阿拉伯世界研究,2012(6):19-30.

212. 吴心伯. 论中美战略竞争[J]. 世界经济与政治,2020(5):96-130,159.

213. 吴宪忠,李景富. 现代文本研究综述[J]. 情报科学,2008,26(8):1276-1280.

214. 习近平. 弘扬"上海精神"构建命运共同体——在上海合作组织成员国元首理事会第十八次会议上的讲话[J]. 中华人民共和国国务院公报,2018,18:5-7.

215. 习近平. 在纪念五四运动100周年大会上的讲话[J]. 中国共青团,2019(5):1-5.

216. 夏自军. 美国"网络自由"渗透战略的形成及其特点[J]. 和平与发展,2017(3):38-48,122.

217. 刑悦,陆晨. 对冷战后〈美国国家安全战略报告〉的文本分析[J]. 国际论坛,2019(5):3-23,155.

218. 闫文虎. 美国"大中东民主计划"的经济学分析[J]. 青岛科技大学学报(社会科学版),2004(3):105-109.

219. 杨福昌. 中阿战略伙伴关系:历史、现状与展望[J]. 新丝路学刊,2019(4):1-14.

220. 杨光. 美国的中东石油外交[J]. 国际经济评论,2003(3):33-35.

221. 杨洁勉.〈美国国家安全战略〉报告和大国关系[J]. 美国研究,2002(4):3,7-20.

222. 杨力. 试论"石油美元体制"对美国在中东利益中的作用[J]. 阿拉伯世界,2005(4):18-21.

223. 杨毅. 浅析〈美国国家安全战略报告〉[J]. 国际展望,2010(4):18-22.

224. 杨中强. 后冷战时期美国的中东战略及其对中国安全环境的影响[J]. 世界经济与政治论坛,2003(2):66-70.

225. 姚匡乙. 美国中东政策的调整和困境[J]. 国际问题研究,2014(1):30-39.

226. 姚匡乙.中国在中东热点问题上的新外交[J].国际问题研究,2014(6):7-17,130-131.

227. 姚全.美俄在叙利亚危机中的懦夫博弈论析——兼论中国的战略选择方案[J].世界经济与政治论坛,2018(5):57-76.

228. 叶青.试论海湾战争后美国中东政策的演变[J].阿拉伯世界,1999(1):12,15-18.

229. 尹继武,郑建君,李宏洲.特朗普的政治人格特质及其政策偏好分析[J].现代国际关系,2017(2):15-22,66.

230. 余崇健.美以"特殊关系"初探[J].西亚非洲,1988(6):1-11,79.

231. 于霞,刘岱.2018年美国《国防战略》解读[J].军民两用技术与产品,2018(21):52-55.

232. 余泳.伊拉克战后经济重建之机遇与挑战[J].阿拉伯世界研究,2008(2):34-41.

233. 曾向红.美国对埃及变局的应对及其效应——基于架构视角的考察[J].国际安全研究,2013(3):52-74,156-157.

234. 张帆.超越地区霸权?——试析奥巴马政府以来美国在中东的战略转型[J].美国研究,2021(5):5-6,32-60.

235. 张燕军.中东军事现代化进程中的美国因素研究[J].南京政治学院学报,2016(4):53-61.

236. 赵建明.奥巴马政府的综合性和平理念与中东和平进程[J].和平与发展,2010(1):25-30.

237. 赵建明.论美俄在伊朗核问题上的战略竞争与合作[J].俄罗斯研究,2009(5):34-44.

238. 周凯.美国电影是如何传播价值观的[J].求是,2012(14):54.

239. 周烈.叙利亚危机中的大国博弈[J].阿拉伯研究论丛,2016(1):3-20.

240. 周琪,沈鹏.要稳定,还是要民主?——2011年美国中东战略的权衡和抉择[J].社会观察,2012(1):62-65.

241. 周舟. 美国中东政策的演变[J]. 国际关系学院学报,2007(4):11-16.

242. 邹志强. 沙特在全球石油贸易治理中的角色透视[J]. 阿拉伯世界研究,2013(5):84-98.

243. 邹治波. 美国的价值观输出与全球战略布局[J]. 人民论坛·学术前沿,2016(12):26-35.

二、英文文献

(一)官方文件

1. Bureau of Democracy. Human rights and labor:2011 country reports on human rights practices[R/OL]. (2012-05-24). https://2009-2017.state.gov/j/drl/rls/hrrpt/2011/frontmatter/186157.htm.

2. Global Security. Sustaining U. S. global leadership:priorities for 21st century defense[EB/OL]. (2012-01-05). https://www.globalsecurity.org/military/library/policy/dod/defense_guidance-201201.pdf.

3. MIGDALOVITZ C. Israeli-Arab negotiations:background,conflicts,and U. S. policy[R/OL]. (2010-01-29). https://www.everycrsreport.com/files/20100129_RL33530_166738dd6ac1f69bc3beb8db5e1d4a169cbbcdef.pdf.

4. SHARP J M. U. S. foreign aid to Israel[R/OL]. (2016-12-22). https://www.everycrsreport.com/files/20161222_RL33222_38d8a59f2caabdc9af8a6cdabfabb963ae8b63ae.pdf.

5. SHARP J M. U. S. foreign aid to Israel[R/OL]. (2020-11-16). https://crsreports.congress.gov/product/pdf/RL/RL33222/40.

6. The White House. National security strategy of the united states[EB/OL]. (1990-03). https://nssarchive.us/wp-content/uploads/2020/04/1990.pdf.

7. The White House. National security strategy of the United States[EB/

OL]. (1991 – 08 – 01). https://nssarchive. us/wp – content/uploads/2020/04/1991. pdf.

8. The White House. A national strategy of engagement and enlargement [EB/OL]. (1994 – 07). https://nssarchive. us/wp – content/uploads/2020/04/1994. pdf.

9. The White House. The national security strategy of the United States of America[EB/OL]. (2002 – 09). https://2009 – 2017. state. gov/documents/organization/63562. pdf.

10. The White House. The national security strategy of the United States of America[EB/OL]. (2006 – 03 – 16). https://georgewbush – whitehouse. archives. gov/nsc/nss/2006/intro. html.

11. The White House. National security strategy[EB/OL]. (2010 – 05). https://obamawhitehouse. archives. gov/sites/default/files/rss_viewer/national_security_strategy. pdf.

12. The White House. National security strategy of the United States of America[EB/OL]. (2015 – 02). https://obamawhitehouse. archives. gov/sites/default/files/docs/2015_national_security_strategy_2. pdf.

13. The White House. National security strategy of the United States of America[EB/OL]. (2017 – 12). http://nssarchive. us/wp – content/uploads/2020/04/2017. pdf.

14. ZANOTTI J. Israel: background and U. S. relations[R/OL]. (2022 – 07 – 01). https://crsreports. congress. gov/product/pdf/RL/RL33476.

(二)领导人讲话

15. BEERS C. U. S. public diplomacy in the Arab and muslim worlds[EB/OL]. (2002 – 05 – 07). https://2001 – 2009. state. gov/r/us/10424. htm.

16. BURNS W J. Challenges and opportunities for the United States in the middle east and north Africa[EB/OL]. (2002 – 01 – 30). https://2001 – 2009.

state. gov/p/nea/rls/rm/2002/7776. htm.

17. BUSH G W. Statement by the president in his address to the nation[EB/OL]. (2001-09-11). https://2001-2009. state. gov/coalition/cr/rm/2001/5044. htm.

18. BUSH G W. State of the union address[EB/OL]. (2002-01-29). https://2001-2009. state. gov/g/wi/14573. htm.

19. BUSH G W. President Bush announces combat operations in Iraq have ended[EB/OL]. (2003-05-01). https://2001-2009. state. gov/p/nea/rls/rm/ 20203. htm.

20. CLINTON H R. Arrival at the department of state[EB/OL]. (2009-01-22). https://2009-2017. state. gov/secretary/20092013clinton/rm/2009a/01/115262. htm.

21. CLINTON H R. Remarks with visiting middle east democracy activists before their meeting[EB/OL]. (2009-06-08). https://2009-2017. state. gov/secretary/20092013clinton/rm/2009a/06/124450. htm.

22. DOBRIANSKY P J, GILLY T, ALATTAR M, et al. Human rights and women in Iraq: voices of Iraqi women[EB/OL]. (2003-03-06). https://2001-2009. state. gov/g/rls/rm/2003/ 18477. htm.

23. HAASS R N. Towards greater democracy in the Muslim world[EB/OL]. (2002-12-04). https://2001-2009. state. gov/s/p/rem/15686. htm.

24. OBAMA B. President Barack Obama's inaugural address[EB/OL]. (2009-01-21). https://obamawhitehouse. archives. gov/blog/2009/01/21/president-Barack-obamas-inaugural-address.

25. OBAMA B. Remarks of president Barack Obama -- address to joint session of congress [EB/OL]. (2009-01-24). https://obamawhitehouse. archives. gov/the-press-office/remarks-president-barack-obama-address-joint-session-congress.

26. OBAMA B. President Obama's speech in cairo: a new beginning[EB/

OL]. (2009 – 06 – 04). https://2009 – 2017. state. gov/p/nea/rls/rm/2009/124342. htm.

27. OBAMA B. Remarks by the president in state of the union address[EB/OL]. (2010 – 01 – 27). https://obamawhitehouse. archives. gov/the – press – office/remarks–president–state–union–address.

28. OBAMA B. Remarks by the president in state of the union address[EB/OL]. (2011 – 01 – 25). https://obamawhitehouse. archives. gov/the – press – office/2011/01/25/remarks–president–state–union–address.

29. SPIRNAK M E. Remarks at the center for the study of Islam and democracy's annual banquet[EB/OL]. (2009 – 05 – 05). https://2009 – 2017. state. gov/p/nea/rls/rm/2009/123119. htm.

30. U. S. Department of State. United States position on terrorists and peace in the middle east[EB/OL]. (2001 – 11 – 09). https://2001 – 2009. state. gov/secretary/former/powell/remarks/2001/6219. htm.

31. U. S. Department of State. The U. S. –middle east partnership initiative: building hope for the years ahead[EB/OL]. (2002 – 12 – 12). https://2001 – 2009. state. gov/secretary/former/powell/remarks/2002/15920. htm.

32. U. S. Department of State. Remarks at briefing on the state department's 2002 country reports on human rights practices[EB/OL]. (2003 – 03 – 31). https://2001–2009. state. gov/secretary/former/powell/remarks/2003/19218. htm.

33. U. S. Department of State. Press conference of the president after G8 summit[EB/OL]. (2004 – 06 – 10). https://2001 – 2009. state. gov/e/eeb/rls/rm/33463. htm.

(三)学术著作

34. BAKER W E. America's crisis of values: reality and perception[M]. Princeton, NJ: Princeton University Press, 2005.

35. BRZEZINSKI Z. The grand chessboard[M]. New York: Basic Books,

1997.

36. BYMAN D, MOLLER S B. The United States and the middle east: interests, risks, and costs[M]//SURI J, VALENTINO B. Sustainable security: rethinking American national security strategy. Oxford: Oxford University Press, 2016.

37. DETH J W V, SCARBROUGH E. The impact of values[M]. Oxford: Oxford University Press, 1995.

38. DUECK C. Reluctant crusaders: power, culture, and change in American grand strategy[M]. Princeton, NJ: Princeton University Press, 2008.

39. FREEMAN C W. American's misadventures in the middle east[M]. Charlottesville, V. A.: Just World Books, 2010.

40. GOLDSCHMIDT Jr. A concise history of the middle east[M]. 3rd ed. Boulder, Co: Westview Press, 1988.

41. HEINBERG R. The party's over: oil, war and the fate of industrial societies[M]. Gabriola Island, Canada: New Society Publishers, 2003.

42. KAUFMAN B I. The Arab middle east and the United States: Inter-Arab rivalry and superpower diplomacy[M]. New York: Twayne Publishers, 1996.

43. LEVINE M. Why they don't hate us: lifting the veil on the axis of evil mark levine[M]. Oxford: One world Publications, 2005.

44. MARRAR K. The Arab lobby and US foreign policy: the two-state solution[M]. London: Routledge, 2010.

45. MIGLIETTA J P. American alliance policy in the middle east, 1945-1992: Iran, Israel, and Saudi Arabia[M]. Lanham, Md: Lexington Books, 2002.

46. ORGANSKI A F K. The $36 billion bargain: strategy and politics in the U. S. assistance to Israel[M]. New York: Columbia University Press, 1990.

47. PARKES H B. The American experience[M]. New York: Vintage Books, 1959.

48. PARSONS T. The social system[M]. New York: Free Press, 1951.

49. PATNAIK P. The value of money[M]. New York: Columbia University Press, 2009.

50. PELLETIRE S C. America's oil wars[M]. Westport, Conn.: Praeger Publishers, 2004.

51. RAND D H, MILLER A P. Re-imagining U. S. strategy in the middle east: sustainable partnerships, strategic Investments[M]. Washington, D. C.: Brookings Institution Press, 2020.

52. SISODIA N S, BEHURIA A K. West Asia in turmoil: implications for global security[M]. New Delhi: Academic Foundation, 2007.

53. SPIEGEL S L. The other Arab-Israeli conflict: making America's middle east policy, from Truman to Reagan[M]. Chicago: University of Chicago Press, 1985.

54. SPIRO D E. The hidden hand of American hegemony: petrodollar recycling and international markets[M]. Ithaca, N. Y.: Cornell University Press, 1999.

55. STOOKEY R W. America and the Arab states: an uneasy encounter[M]. New York: John Wiley & Sons, 1975.

56. TERRY J J. U. S. foreign policy in the middle east: the role of lobbies and special interest groups[M]. Ann Arbor, MI: Pluto Press, 2005.

57. WILLIAMS Jr R M. The concept of values[M]. New York: Free Press, 1968.

58. WITTKOPF E R, KEGLEY Jr C W, SCOTT J M. American foreign policy: pattern and process[M]. 6th ed. Beijing: Peking University Press, 2004.

59. WRIGHT R. The Iran primer: politics, powers, and U. S. policy[M]. ed. Washington, D. C: United States Institute of Peace Press, 2010.

60. YAZICI H, ÖKE M K. Ultra-nationalist policies of trump and reflections in the world[M]. Switzerland: Peter Lang D, 2020.

(四)期刊文章

61. AARTS P. Democracy,oil and the gulf war[J]. Third World Quarterly,1992,13(3):525-538.

62. AL-YOUSEF N A. Economic models of OPEC behaviour and the role of Saudi Arabia[J]. Surrey Energy Economics Centre (SEEC) ,1998(94).

63. ALBARASNEH A S ,KHATIB D K. The US policy of containing Iran – from Obama to Trump 2009-2018[J]. Global Affairs,2019,5(4/5):369-387.

64. ALKADIRI R, MOHAMEDI F. World oil markets and the invasion of Iraq[J]. Middle East Report,2003(227): 20-31.

65. ANDERSON L. Searching where the light shines: studying democratization in the middle east[J]. Annual Review of Political Science,2006,9(2):189-214.

66. ASHFORD E. Unbalanced: rethinking America's commitment to the middle east[J]. Strategic Studies Quarterly,2018,12(1):127-148.

67. ATLAS P M. US foreign policy and the Arab spring: balancing values and interests[J]. Digest of Middle East Studies,2012,21(2):353-385.

68. BAHGAT G. Nuclear proliferation: the Islamic republic of Iran",Iranian Studies,2006,39(3):307-327.

69. BAHGAT G. Oil funds: perils and opportunities [J]. Middle Eastern Studies,2009,45(20):283-293.

70. BALAKRISHNAN R, et al. Rhyme or reason: what explains the easy financing of the U. S. current account deficit? [J]. IMF Staff Papers,2009,56(2):410-445.

71. BERRIGAN F. Made in the U. S. A. : American military aid to Israel [J]. Journal of Palestine Studies,2009,38(3):6-21.

72. BILL J A. The politics of hegemony: the United States and Iran[J]. Middle East Policy,2001,8(3):89-100.

73. BILL J A,CHAVEZ R B. The politics of incoherence: The United States

and the middle east[J]. Middle East Journal,2002,56(4): 562-575.

74. BORDENKIRCHER E J. Biden Must Not Reprise Obama's Middle East Policy[J]. Middle East Quarterly,2021,28(1).

75. BRANDS H. The unexceptional superpower: American grand strategy in the Age of Trump[J]. Survival,2017,59(6):7-40.

76. BROMLEY S. Oil and the middle east: the end of US hegemony? [J]. Middle East Report,1998(208):19-22.

77. BURKE R,MATISEK J. The illogical logic of American entanglement in the middle east[J]. Journal of Strategic Security,2020,13(1):1-25.

78. CAMPBELL K M,RATNER E. The China reckoning: how Beijing defied American expectations[J]. Foreign Affairs,2018,97(2):60-70.

79. COSTIGAN T , et al. The US dollar as the global reserve currency: implications for US hegemony[J]. World Review of Political Economy,2017,8(1):104-122.

80. FALK R. Can US policy toward the middle east change course? [J]. Middle East Journal,1993,47(1):11-20.

81. FRICK M M. Iran's Islamic revolutionary guard corps: an open source analysis[J]. Joint Force Quarterly,2008,49(2):121-127.

82. GADDIS J L. A grand strategy of transformation[J]. Foreign Policy,2002(133):50-57.

83. GAUSE III F G,LUSTICK I S. America and the regional powers in a transforming middle east[J]. Middle East Policy,2012.19(2):1-9.

84. GERGES F A. The Obama approach to the middle east: the end of America's moment[J]. International Affairs,2013,89(2):299-323.

85. GLASER C L. How oil influences U. S. national security [J]. International Security,2013,38(2):112-146.

86. HAASS R N. The irony of American strategy: putting the middle east in proper perspective[J]. Foreign Affairs,2013,92(3):57-67.

87. HAWTHORNE A. Can the United States promote democracy in the middle east[J]. Current History,2003,102(660):21-26.

88. HELLYER H A. The chance for change in the Arab world: Egypt's uprising[J]. International Affairs,2011,87(6):1313-1322.

89. HENSMAN R,CORREGGIA M. US dollar hegemony: the soft underbelly of empire[J]. Economic and Political Weekly,2005,40(12):1091-1095.

90. HIGGINS M,KLITGAARD T,LERMAN R. Recycling petrodollars[J]. Current Issues in Economics and Finance,2006,12(9).

91. HUDSON M C. To play the hegemony: fifty years of US policy toward the middle east[J]. Middle East Journal,1996,50(3):329-343.

92. JALALI A A. The strategic partnership of Russia and Iran[J]. The US Army War College Quarterly: Parameters,2001,31(4).

93. JISI W. et al. Did America get China wrong? : the engagement debate [J]. Foreign Affairs,2018,97(4):183-195.

94. JONES T C. America,oil,and war in the middle east[J]. The Journal of American History,2012,99(1):208-218.

95. KARLIN M,WITTES T C. America's middle east purgatory: the case for doing less[J]. Foreign Affairs,2019,98(1):88.

96. KEMP G. Arcs of instability: U. S. relations in the greater middle east [J]. Naval War College Review,2002,55(3):60-71.

97. LAYNE C. America's middle east grand strategy after Iraq: the moment for offshore balancing has arrived[J]. Review of International Studies,2009,35(1):5-25.

98. LAYNE C. This time it's real: the end of unipolarity and the 'Pax Americana'[J]. International Studies Quarterly,2012,56(1):203-213.

99. LEFFLER M P. 9. 11 in retrospect: George W. Bush's grand strategy, reconsidered[J]. Foreign Affairs,2011,90(5):33-44.

100. LEWIS S W. The United States and Israel: evolution of an unwritten

alliance[J]. The Middle East Journal,1999,53(3):364-378.

101. LIN S G. Economic roots of conflict in new world order[J]. Economic and Political Weekly,1993,28(5):2-12.

102. LYNCH M. America and Egypt after the uprisings[J]. Survival,2011, 53(2):31-42.

103. Maria do Céu Pinto Arena. Changing foreign policy: the Obama administration's decision to Oust Mubarak[J]. Revista Brasileira de Política Internacional,2017,60(1).

104. MCFAUL M. Russia as it is: a grand strategy for confronting Putin[J]. Foreign Affairs,2018,97(4):82-91.

105. MOMANI B. Gulf cooperation council oil exporters and the future of the dollar[J]. New Political Economy,2008,13(3):293-314.

106. MURPHY R W, GAUSE III F G. Democracy and US policy in the Muslim middle east[J]. Middle East Policy,1997,5(1):58-68.

107. NOËL P. The new US middle east policy and energy security challenges [J]. International Journal,2006,62(1):43-54.

108. NYE J S Jr. Public diplomacy and soft power[J]. The Annals of the American Academy of Political and Social Science,2008,616(1):94-109.

109. NYE J S Jr. Soft power and American foreign policy[J]. Political Science Quarterly,2004,119(2):255-270.

110. OBAMA B. Renewing American leadership[J],Foreign Affairs, 2007, 86(4):2-16.

111. PFEIFER K. Petrodollars at work and in play in the post-september 11 decade[J]. Middle East Report,2011,41(260):18-24.

112. RICE C. Rethinking the national interest: American realism for a new world[J]. Foreign Affairs,2008,87(4):2-26.

113. PILLAR P R,et al. A new US paradigm for the middle east: ending America's misguided policy of domination[J]. Quincy Papers, 2020,28(2):

266-269.

114. POMPEO M R. Confronting Iran: the Trump administration's strategy [J]. Foreign Affairs,2018,97(6):60-71.

115. PRESSMAN J. Power without influence: the bush administration's foreign policy failure in the middle east[J]. International Security,2009,33(4):149-179.

116. PRIEST T. The dilemmas of oil empire[J]. The Journal of American History,2012,99(1):236-251.

117. RABINOVICH I. The United States and Israel vs. the Syria of Bashar al-Assad: challenges,dilemmas,and options[J]. Strategic Assessment,2020,23(4):84-91.

118. SADAT M H,JONES D B. US foreign policy toward Syria: balancing ideology and national interests[J]. Middle East Policy,2009,16(2):93-105.

119. SATLOFF R, et al. Commitment issues: where should the US withdrawal from the middle east stop[J]. Foreign Affairs,2019,98(3):188.

120. SIMON S, STEVENSON J. The end of Pax Americana: why Washington's middle east pullback makes sense[J]. Foreign Affairs,2015,94(6):2-10.

121. STEPHEN Z. The influence of the Christian right in US middle east policy[J]. Middle East Policy,2005,12(2):73-78.

122. SULTAN S. The west Asian oil and the great powers[J]. The Indian Journal of Political Science,2007,68(3): 615-628.

123. TELHAMI S. The Persian gulf: understanding the American oil strategy [J]. The Brookings Review,2002,20(2):32-35.

124. THOMPSON J J. Trump's middle east policy[J]. CSS Analyses in Security Policy,2018:233.

125. TOTTEN M J. No exit: why the U. S. can't leave the middle east[J]. World Affairs,2013,176(4):8-14.

126. WAXMAN D. The real problem in U. S. —Israeli relations[J]. The Washington Quarterly,2012,35(2):71-87.

127. WAXMAN D , PRESSMAN J. The rocky future of the US – Israeli special relationship[J]. The Washington Quarterly,2021,44(2):75-93.

128. WATKINS E. The unfolding US policy in the middle east[J]. International Affairs,1997,73(1):1-14.

129. WOLF A B. Strategies of retrenchment:rethinking America's commitments to the middle east[J]. Comparative Strategy,2020,39(1):94-100.

130. WOOD R. Promoting democracy or pursuing hegemony? an analysis of U. S. involvement in the middle east[J]. Journal of Global Faultlines,2019,6(2):166-185.

131. YOM S. US foreign policy in the middle east:the logic of hegemonic retreat[J]. Global Policy,2020,11(1):75-83.

(五)智库文章

132. BENSAHEL N,BYMAN D L. The future security environment in the middle east: conflict, stability, and political change [EB/OL]. RAND Corporation. (2004–01–01). https://www. rand. org/content/dam/rand/pubs/monograph_reports/2005/MR1640. pdf .

133. BLACKWILL R D,SLOCOMBE W B. Israel:a strategic asset for the United States[EB/OL]. The Washington Institute for Near East Policy. (2011–10–31) . https://www. washingtoninstitute. org/media/3338? disposition = attachment.

134. FAROUK Y. The middle east strategic alliance has a long way to go [EB/OL]. Carnegie Endowment for International Peace. (2019–01–08). https://carnegieendowment. org/2019/02/08/middle–east–strategic–alliance–has-long-way-to-go-pub-783.

135. FRIEDBERG A L. The authoritarian challenge: China, Russia and the threat to the liberal international order [EB/OL]. The Sasakawa Peace Foundation. (2017-08-27). https://www.spf.org/_jpus-j_media/img/investigation/The_Authoritarian_Challenge.pdf.

136. HANAUER L. Israel's interests and options in Syria[EB/OL]. RAND Corporation. (2016-07-18). https://www.rand.org/content/dam/rand/pubs/perspectives/PE100/PE185/RAND_PE185.pdf.

137. KAYE D D. Israel's Iran policies after the nuclear deal[EB/OL]. RAND Corporation. (2016-08-29). https://www.rand.org/pubs/perspectives/PE207.html.

138. YACOUBIAN M. Iran and Israel are racing toward confrontation in Syria: will it lead to a wider regional conflict? [EB/OL]. United States Institute of Peace. (2018-05-21). https://www.usip.org/publications/2018/05/iran-and-israel-are-racing-toward-confrontation-syria.

139. ZUNES S. Why the U.S. supports Israel[EB/OL]. Institute for Policy Studies. (2002-05-01). https://ips-dc.org/why_the_us_supports_israel/.